**Biblioteca CCNA®**

# CCNA R&S en 30 días
**Un programa día por día para preparar el examen
CCNA Routing & Switching 200-125**

**Versión 6.2**

## Volúmen 2

Oscar Antonio Gerometta

**EDUBOOKS**
www.edubooks.com.ar

Al adquirir este libro usted ha reconocido el esfuerzo y trabajo del autor y el equipo de correctores, editores, ilustradores y demás personas que han trabajado en esta obra. Con esto hace posible que la tarea de desarrollo de nuevos materiales de estudio continúe.

Cuando un libro se copia o se distribuye de modo no autorizado, quien lo hace se apropia indebidamente del trabajo de otros y limita los recursos que se podrán destinar a continuar la tarea.

# Contenidos

# Día 18
## 5. Enrutamiento IP

 Las abreviaturas y siglas utilizadas en este manual se encuentran desarrolladas en el Glosario de Siglas y Términos de Networking que está disponible de modo gratuito en la Librería en Línea de EduBooks: https://es.scribd.com/document/292165924/Glosario-de-Siglas-y-Terminos-de-Networking-version-1-2

Un punto central en la preparación del examen de certificación CCNA es el concepto de enrutamiento IP, sus variantes, protocolos asociados e implementación.

 El protocolo IP no es el único protocolo enrutable. Sin embargo, el examen de certificación actual 200-125 contempla solamente todo lo referente al enrutamiento IP.

### Principios del enrutamiento IP

Para establecer comunicación entre dispositivos alojados en redes diferentes es necesario acudir a un dispositivo de capa 3, típicamente un router. Cada interfaz del router pertenece a una red diferente y está en capacidad de conmutar tráfico entre redes sobre la base de la información contenida en la tabla de enrutamiento.

Los procesos de enrutamiento IP permiten descubrir la ruta que ha de utilizar un paquete IP para recorrer el camino entre origen y destino a través de la red y almacenar esa información en una base de datos que denominamos tabla de enrutamiento.

La tabla de enrutamiento contiene la información correspondiente a todos los destinos posibles conocidos, e incluye como mínimo:

- Identificador de la red de destino.

- Dispositivo vecino a partir del cual se puede acceder a la red destino.

- Forma en que se mantiene y verifica la información de enrutamiento.

- La mejor ruta a cada red remota.

El router aprende acerca de las redes remotas:

- Dinámicamente, de los demás dispositivos de capa 3 de la red.

- Estáticamente, a partir de la información ingresada por un Administrador

Con esta información el router construye las tablas de enrutamiento. Estas tablas de enrutamiento son bases de datos que contienen información de ruteo que pueden construirse a partir de dos procedimientos básicos:

- Dinámicamente.
  Utilizando protocolos de enrutamiento dinámico.
  El mantenimiento de la información de enrutamiento se realiza utilizando actualizaciones que se realizan de modo automático al generarse cambios en la red.

- Estáticamente.
  Las rutas estáticas son definidas por el Administrador.
  Las modificaciones necesarias al realizarse un cambio en la red son responsabilidad del Administrador.

El router cubre 2 funciones básicas:

- Determinación de las rutas.
  El router utiliza su tabla de enrutamiento para determinar dónde debe reenviar el tráfico que recibe.
  Cuando se recibe un paquete el dispositivo verifica la dirección IP de destino y busca la mejor coincidencia en la tabla de enrutamiento.

- Reenvío de paquetes.
  Utilizando la información de la tabla de enrutamiento y la dirección IP de destino del paquete, se determina hacia dónde se debe reenviar el tráfico.
  Si el dispositivo no tiene una entrada en la tabla de enrutamiento para el destino que se busca, el paquete es descartado.

El proceso de enrutamiento que se corre en el router debe estar en capacidad de evaluar la información de enrutamiento que recibe y seleccionar la ruta a utilizar en base a criterios específicos.

Hay 3 mecanismos de reenvío de paquetes en los routers Cisco:

- Process switching
  Es el mecanismo diseñado originalmente para el enrutamiento IP. Para cada paquete que llega a una de las interfaces del router se realiza una revisión completa de la tabla de enrutamiento (full lookup).
  Es un mecanismo lento y poco utilizado en las redes actuales.

- Fast switching
  Mecanismo que utiliza una porción de memoria (caché) para almacenar las decisiones de reenvío realizadas en función de los destinos más recientes.
  De esta manera el primer paquete a un destino es procesado con una revisión completa de la tabla de enrutamiento y los paquetes siguientes se reenvían en base a lo almacenado en la memoria.

- Cisco Express Forwarding
  Es el mecanismo más rápido, más reciente y el preferido en dispositivos Cisco.
  Cada vez que se registran cambios en la topología de la red, esos cambios generan una modificación en el caché de memoria para reflejar la modificación de las rutas.

## La tabla de enrutamiento

Es un conjunto ordenado de información referida al mejor camino para alcanzar diferentes redes de destino (ruta).

La información puede ser obtenida estática o dinámicamente. Todas las redes directamente conectadas se agregan automáticamente a la tabla de enrutamiento en el momento en que la interfaz asociada a esa red alcanza estado operativo.

Cuando la red de destino no está directamente conectada al dispositivo, la tabla de enrutamiento indica a cuál de los dispositivos directamente conectados (próximo salto) se debe enviar el paquete para que alcance el destino final.

Si la tabla de enrutamiento no cuenta con una ruta a la red de destino, el paquete es descartado y se envía un mensaje ICMP al origen.

## Generación de la tabla de enrutamiento

En Cisco IOS la información de enrutamiento se incorpora en la tabla por 3 procedimientos diferentes:

- Redes directamente conectadas.
  El origen de la información es el segmento de red directamente conectado a las interfaces del dispositivo.
  Si la interfaz deja de ser operativa, la red es removida de la tabla de enrutamiento. Su distancia administrativa es 0 y son preferidas a cualquier otra ruta.
  En la tabla de enrutamiento estas redes están identificadas con la letra "C".
  Asociadas a estas redes, en la tabla de enrutamiento encontramos "rutas locales" que indican a las interfaces locales y se identifican con la letra "L".

- Rutas estáticas.
  Son ingresadas manualmente por el Administrador de la red.
  Su distancia administrativa por defecto es 1.
  Son un método efectivo de adquisición de información de enrutamiento para redes pequeñas y simples que no experimentan cambios frecuentes.
  En la tabla de enrutamiento se identifican con la letra "S".

- Rutas dinámicas.
  Son rutas aprendidas automáticamente a través de del intercambio de información con dispositivos vecinos generado por los protocolos de enrutamiento.
  Estas rutas se modifican automáticamente en respuesta a cambios en la red.
  En la tabla de enrutamiento se identifican con diferentes letras, según el protocolo de enrutamiento utilizado.

- Ruta por defecto.
  Es una entrada opcional en la tabla de enrutamiento que se utiliza cuando no hay una ruta explícita hacia la red de destino.
  Se identifica en la tabla de enrutamiento con "(*)".

| | |
|---|---|
| **C** | Redes directamente conectadas |
| **L** | Rutas locales: interfaces del dispositivo |
| **S** | Rutas estáticas |
| **(\*)** | Identifica la ruta por defecto |
| **R** | Rutas aprendidas a través del protocolo RIP |
| **O** | Rutas aprendidas a través del protocolo OSPF |
| **D** | Rutas aprendidas a través del protocolo EIGRP |

## Protocolos de enrutamiento

Un protocolo de enrutamiento define el conjunto de reglas utilizadas por un dispositivo cuando éste se comunica con los dispositivos vecinos a fin de compartir información de enrutamiento. Esta información se utiliza para construir y mantener dinámicamente las tablas de enrutamiento.

Hay disponibles diferentes protocolos de enrutamiento dinámico para operar en redes IP. Estos protocolos pueden clasificarse, en primera instancia, en función de su diseño para operar mejor en el enrutamiento interno de un sistema autónomo (protocolos de enrutamiento interior) o entre sistemas autónomos (protocolos de enrutamiento exterior).

Un sistema autónomo o dominio de enrutamiento es un conjunto de dispositivos bajo una administración única.

Los protocolos utilizados para el intercambio de información de enrutamiento dentro de un sistema autónomo reciben la denominación de Protocolos de Enrutamiento Interior:

- RIP

- EIGRP

- OSPF

- IS-IS

En cambio, los protocolos que se utilizan para intercambiar rutas entre diferentes sistemas autónomos se denominan Protocolos de Enrutamiento Exterior:

- BGPv4

Todos los protocolos de enrutamiento cubren básicamente 3 propósitos:

- Descubrir la existencia de redes remotas.
  Para esto los diferentes protocolos deben generar tráfico que utiliza parte de la capacidad de transporte (ancho de banda) de la red.

- Mantener la información de enrutamiento actualizada.
  Esta operación demanda recursos de procesamiento y memoria adicionales.

- Seleccionar la mejor ruta hacia la red destino

Se denomina Sistema Autónomo al conjunto de redes o dispositivos de enrutamiento que operan bajo una administración común, y que por lo tanto comparten estrategias y políticas de tráfico. Hacia el exterior de la red ésta se presenta como un sistema unificado y no se publican políticas de enrutamiento.

Son la base de la arquitectura de Internet. Internet es un conjunto de sistemas autónomos interconectados entre sí. El enrutamiento entre sistemas autónomos diferentes requiere la implementación de un protocolo de enrutamiento exterior.

Los sistemas autónomos se diferencian por un ID de 16 o 32 bits que es asignado por el ARIN (www.arin.net).

Protocolos que implementan el ID de sistema autónomo (AS) como parámetro de configuración:

- EIGRP.

- IS-IS.

- BGPv4.

### Comparación entre enrutamiento vector distancia y estado de enlace

Los protocolos de enrutamiento interior también se diferencian en función del algoritmo que utilizan para procesar la información de enrutamiento que intercambian y definir cuál es la mejor ruta a un destino posible.

Cada protocolo define un conjunto de reglas para el intercambio de información de enrutamiento entre dispositivos vecinos, lo que les permite mantener actualizadas sus tablas de enrutamiento. Esto permite a cada dispositivo obtener información sobre redes remotas y adaptarse a los cambios en la estructura de la red.

Hay 2 tipos de protocolos de enrutamiento interior:

- Protocolos de vector distancia.
  Determina básicamente la dirección y distancia a la que se encuentra la red de destino.
  Estos protocolos envían actualizaciones periódicamente, en las que incluyen toda la información contenida en la tabla de enrutamiento, esto puede ser una limitante en redes con una cantidad importante de rutas.

- Protocolos de estado de enlace.
  Cada router construye su propio mapa interno de la topología de la red. Para esto utiliza el algoritmo SPF con el que se genera una visión completa de la topología de la red y se utiliza esta visión para elegir la mejor ruta a cada red de destino existente en el dominio de enrutamiento.

Ambos tipos se diferencian básicamente en el algoritmo que implementan para el descubrimiento de las rutas.

Los protocolos de vector distancia aprenden la mejor ruta a la red de destino basándose en la acumulación de las métricas en rutas aprendidas salto a salto a partir de la información recibida de cada vecino.

Por su parte los protocolos de estado de enlace aprenden la topología exacta de la red entera ya que reciben información de todos los dispositivos que comparten el mismo dominio de enrutamiento. Cada dispositivo mantiene una compleja información de la topología y a partir de esta información corren un algoritmo que les permite crear una imagen común de la topología de la red entera.

Estos diferentes algoritmos de descubrimiento de las redes son la base de un conjunto de importantes diferencias entre cada uno de estos sistemas de enrutamiento:

| Protocolos por vector distancia | Protocolos por estado de enlace |
|---|---|
| Implementan el algoritmo Bellman-Ford. | Implementan el algoritmo de Dijkstra o algoritmo SPF. |
| Visualiza la red sólo desde la perspectiva de los vecinos. | Presenta una visión común de la topología de la red entera. |
| Realizan actualizaciones periódicas, por lo que son de convergencia lenta. | Los eventos activan la actualización lo que posibilita una convergencia más rápida. |
| Transmiten copias completas o parciales de la tabla de enrutamiento a los dispositivos vecinos. | Transmiten básicamente solo actualizaciones del estado de los enlaces a los otros dispositivos. |
| Requieren menor procesamiento y cantidad de memoria RAM en el dispositivo; pero utilizan más ancho de banda para el intercambio. | Requieren mayor procesamiento y cantidad de memoria RAM en el dispositivo, pero utilizan menos ancho de banda para el intercambio. |

| Protocolos por vector distancia | Protocolos por estado de enlace |
| --- | --- |
| Cada dispositivo sólo tiene una visión parcial de la red a través de los dispositivos adyacentes. | Cada dispositivo tiene una visión completa de la topología de la red, manteniendo una compleja base de datos de información de topología. |
| Requieren menor procesamiento y disponibilidad de memoria RAM en el dispositivo; pero utilizan más ancho de banda. | Requieren mayor procesamiento y cantidad de memoria RAM en el dispositivo, pero utilizan menor ancho de banda. |
| Son más simples para el diseño y configuración. | Son más complejos en cuanto a requerimientos de diseño y configuración. |

## Protocolos classful y classless

Hay otra visión diferente entre protocolos de enrutamiento según el modo en que se publican las redes de destino:

- Enrutamiento classful.
  Estos protocolos no incluyen la información de la máscara de enrutamiento correspondiente en las rutas publicadas.
  Cuando se utilizan estos protocolos todas las subredes pertenecientes a una misma red (clase A, B o C) deben utilizar la misma máscara de subred. En este caso los routers aplican sumarización automática de rutas cuando se publican rutas más allá de las fronteras de la red. Estos protocolos son considerados obsoletos hoy.

- Enrutamiento classless.
  Son considerados protocolos de enrutamiento de segunda generación ya que están diseñados para superar las limitaciones de los protocolos de enrutamiento classful iniciales.
  Estos protocolos incluyen la máscara de subred en las actualizaciones de las rutas publicadas, lo que posibilita en consecuencia variar la máscara de subred en las diferentes subredes que componen una red (VLSM) y controlar manualmente la sumarización de rutas a cualquier posición de bit dentro de la dirección (CIDR).

## La métrica

Es el parámetro generado por el algoritmo de enrutamiento para calificar cada ruta hacia una red de destino y que refleja la "distancia" existente entre el dispositivo y la red de destino. Es una de las bases para la selección de la mejor ruta.

La métrica es el resultado de la operación del algoritmo del protocolo de enrutamiento a partir de uno o varios parámetros combinados. La menor métrica es la que corresponde a la mejor ruta.

Cada protocolo de enrutamiento utiliza diferentes métricas que se pueden basar en una o más características de la ruta:

- Ancho de banda.

- Delay.

- Cantidad de saltos.

- Costo.
  Valor arbitrario que puede ser asignado por el Administrador o calculado a partir de alguna fórmula.

**La Distancia Administrativa**

Es el valor que permite clasificar las diferentes rutas que se aprenden a un mismo destino de acuerdo a la confiabilidad de la fuente de la información de enrutamiento.

Es un parámetro propietario de Cisco que IOS utiliza para seleccionar la mejor ruta cuando hay rutas al mismo destino de diferente origen. Es un valor entero entre 0 y 255, que a menor valor denota mayor confiabilidad. Cada fuente de información tiene un valor asignado por defecto, que puede ser modificado por configuración.

| Fuente de información de ruteo | Valor |
|---|---|
| Ruta a una red directamente conectada | 0 |
| Ruta estática (por defecto) | 1 |
| Ruta eBGP | 20 |
| Ruta EIGRP interna | 90 |
| Ruta OSPF | 110 |
| Ruta IS-IS | 115 |
| Ruta RIP | 120 |
| Ruta EIGRP externa | 170 |
| Ruta iBGP | 200 |
| Ruta inalcanzable | 255 |

Si bien las rutas estáticas y cada protocolo de enrutamiento tienen asignadas por IOS una distancia administrativa por defecto puede ocurrir que ese valor no sea la mejor opción para una red en particular. En este caso, la distancia administrativa de los diferentes protocolos puede ser ajustada utilizando el siguiente comando:

```
Router(config)#router [protocolo]
Router(config-router)#distance [#]
```

De este modo, cuando se implementan varios protocolos simultáneamente se puede lograr que, por ejemplo, las rutas aprendidas por OSPF sean preferidas a las aprendidas por EIGRP.

No hay un comando que permita cambiar la distancia administrativa por defecto de todas las rutas estáticas a la vez, se debe hacer ruta por ruta.

### Determinación de la ruta

La tabla de enrutamiento recibe información de 3 fuentes: las redes directamente conectadas, las rutas estáticas y las descubiertas utilizando un protocolo de enrutamiento. Esta información debe ser evaluada por el dispositivo y seleccionar la mejor ruta que será la que luego se colocará en la tabla de enrutamiento.

Cuando hay información referida a una misma red destino, de diferente origen, el router utiliza una secuencia de parámetros propios de la información de enrutamiento para definir cuál es la mejor ruta hacia ese destino.

- La Distancia Administrativa.
  Cuando el dispositivo aprende rutas a una misma red de destino a partir de diferentes fuentes de información, las compara y selecciona considerando en primer lugar la distancia administrativa como medida de la confiabilidad de la información de enrutamiento.
  El dispositivo selecciona la ruta con menor distancia administrativa por considerarla mejor (más confiable).

 El criterio es:
Menor Distancia Administrativa = Mejor ruta.

- La Métrica.
  La métrica es el criterio de medición que utiliza un protocolo para calcular la ruta más corta a cada destino conocido. Es un valor que mensura la conveniencia de cada ruta específica. Cada protocolo de enrutamiento utiliza una métrica diferente y tiene su mecanismo de cálculo.
  Cuando un dispositivo encuentra varias rutas a una red de destino con la misma Distancia Administrativa (se aprenden utilizando el mismo protocolo) selecciona entonces la de menor métrica.

 El criterio es:
Menor Métrica = Mejor ruta.

Cuando el dispositivo encuentra varias rutas a la misma red de destino con igual distancia administrativa e igual métrica, las conserva en la tabla de enrutamiento y realiza balanceo de tráfico entre esas rutas.

Cisco IOS permite balancear tráfico entre un número variable de rutas de igual métrica dependiendo de la plataforma y la versión de IOS. Por defecto balancea tráfico utilizando hasta 4 rutas de igual métrica.

---

📋 Atención:
En versiones anteriores de IOS la cantidad máxima de rutas para hacer balanceo de tráfico era 6. Este valor se modificó en IOS 12.4.

---

Cuando al seleccionar una ruta para alcanzar el destino se encuentran varias rutas posibles, se selecciona aquella de prefijo de mayor longitud (aquella en la que mayor cantidad de bits coinciden con la dirección IP de destino). Por ejemplo, en la tabla de enrutamiento puede encontrarse una ruta a la red 172.16.0.0/16 y otra a la red 172.16.1.0/24. Si la dirección IP destino es 172.16.1.50, entonces se utilizará la segunda ruta que es la de prefijo más largo (24 bits).

De esta manera, en la decisión de reenvío del paquete intervienen 3 procesos diferentes:

- Los diferentes protocolos de enrutamiento que recogen información de enrutamiento y que eligen la mejor ruta que han encontrado a cada destino posible.

- La tabla de enrutamiento misma, en la cual confluyen las redes directamente conectadas, la mejor ruta propuesta por cada protocolo y las rutas estáticas, y que es en base a la cual se define el proceso de reenvío.

- El proceso de reenvío que tomando la información de la tabla de enrutamiento define el reenvío del tráfico hacia la red destino.

Cuando se procesa un paquete para definir el reenvío del mismo hacia su destino:

- Si la dirección de destino coincide con una única entrada en la tabla de enrutamiento, se reenvía el paquete a través de la interfaz que está definida en el route.

- Si la dirección de destino coincide con más de una entrada en la tabla de enrutamiento, y esas entradas tienen el mismo prefijo, los paquetes a ese destino se distribuyen entre las múltiples rutas que estén contenidas en la tabla de enrutamiento.

- Si la dirección de destino coincide con más de una entrada en la tabla de enrutamiento, pero esas entradas tienen diferente prefijo, el paquete se reenviará a través de la interfaz indicada por la ruta de prefijo más largo.

- Si la dirección de destino del paquete no coindice con ninguna entrada en la tabla de enrutamiento, se utiliza la ruta por defecto.
Si no hay una ruta por defecto, se descarta el paquete.

## Configuración de las interfaces del router

Un elemento clave en la operación de los routers son sus interfaces. Son su punto de conexión con las diferentes redes y por lo tanto es esencial la correcta configuración de cada una de ellas ya que es a través de ellas que se reciben y envían paquetes.

Los routers Cisco presentan 2 tipos básicos de interfaces físicas:

- Interfaces Ethernet o LAN
  Se trata de interfaces de tecnología Ethernet que permiten la conexión con tramos de red de 10 / 100 / 1000 Mbps.

- Interfaces Seriales o WAN
  Son interfaces que soportan la conexión de diferentes tecnologías WAN: líneas punto a punto, líneas Frame Relay, etc. Estas líneas soportan diferentes protocolos de capa de enlace de datos tales como HDLC o PPP.

Una mención aparte merecen las interfaces loopback. Se trata de interfaces puramente virtuales que operan a nivel de la lógica del dispositivo y que no están conectadas a ningún dispositivo. Son generalmente utilizadas para facilitar tareas de gestión y operación de diferentes protocolos.

*Configuración de interfaces loopback*

```
Router#configure terminal
Router(config)#interface loopback 0
```

Este comando permite crear una interfaz loopback o ingresar a la configuración de la misma. Es posible crear múltiples interfaces loopback en un mismo dispositivo.

```
Router(config-if)#ip address 192.168.100.1 255.255.255.255
```

Asigna una dirección IP a la interfaz.

En interfaces loopback es frecuente utilizar máscaras de subred de 32 bits de longitud ya que se trata de redes de un único host.

```
Router(config-if)#exit
```

Estas interfaces no requieres habilitación administrativa ya que por defecto están siempre activas salvo que sean desactivadas manualmente por el Administrador.

```
Router(config)#
```

*Configuración de interfaces Ethernet*

```
Router(config)#interface GigabitEthernet0/0
```

Accede al modo de configuración de la interfaz

```
Router(config-if)#ip address 172.16.1.1 255.255.255.0
Router(config-if)#no shutdown
```

Las interfaces del router requieren activación por parte del Administrador ya que por defecto no se encuentran activas y por lo tanto no participarán del proceso de enrutamiento.

```
Router(config-if)#exit
```

*Configuración de interfaces Seriales*

```
Router(config)#interface Serial0/0/0
Router(config-if)#encapsulation [ppp|hdlc|frame]
```

En el caso de interfaces seriales se pueden implementar diferentes formatos de encapsulación de capa 2. La opción por defecto es HDLC (propietario de Cisco).

```
Router(config-if)#ip address 172.16.20.1 255.255.255.0
Router(config-if)#no shutdown
Router(config-if)#exit
```

### Verificación de la configuración y estado de las interfaces

```
Router#show ip interface brief
```

Permite verificar una lista de las interfaces, su estado y parte de su configuración.

```
Router#show protocols Serial0/0/0
```

Permite ver una síntesis de los detalles de una interfaz en particular.

```
Router#show interfaces
```

Muestra los detalles de cada interfaz y sus estadísticas de operación.

# Laboratorio 5.1: Configuración inicial de un router Cisco

Antes de iniciar las tareas de este laboratorio ingrese a las consolas de los diferentes dispositivos y realice los siguientes cambios:

- Elimine las subinterfaces creadas en el puerto Gi0/1 de GTW1 y GTW2.

- Vuelva la interfaz Gi0/1 de GTW1 a su configuración IP inicial (172.16.50.1/24).

- Vuelva la interfaz Gi0/1 de GTW2 a su configuración IP inicial (172.16.51.2/24).

- Coloque los puertos Gi0/1 y Gi0/10 de ASW1 como puertos de acceso en la VLAN 1.

- Desactive los puertos Gi0/3 y Gi0/4 de ASW1.

- Configure los puertos Gi0/1 y Gi0/10 de ASW2 como puertos de acceso en la VLAN1.

- Vuelva la configuración IP de PC10 a su estado inicial (IP: 172.16.50.10/24. GT: 172.16.50.1).

- Vuelva la configuración IP de PC20 a los valores originales (IP:172.16.51.20/24. GT: 172.16.51.2)

 Para la realización de los laboratorios de esta Guía se ha diseñado la topología de una maqueta única que permite cubrir todos los ejercicios propuestos. La descripción e información correspondiente a esta maqueta la encontrará en el inicio del manual.
Para este ejercicio debe concentrarse solamente en una parte de esa maqueta, a la que denominamos "Topología a utilizar".

## Topología a utilizar

Antes de iniciar el ejercicio asegúrese de desactivar los puertos que no participan de esta topología para tener lecturas más claras de los comandos show.

Consideraciones a tener en cuenta para este ejercicio:

- No se utilizan los enlaces que conectan ASW1 con ASW2. Esos puertos deben desactivarse utilizando el comando shutdown.

```
ASW1(config-if)#interface GigabitEthernet0/2
ASW1(config-if)#shutdown
ASW1(config-if)#interface GigabitEthernet0/3
ASW1(config-if)#shutdown

ASW2(config-if)#interface GigabitEthernet0/2
ASW2(config-if)#shutdown
ASW2(config-if)#interface GigabitEthernet0/3
ASW2(config-if)#shutdown
```

- De las conexiones seriales que conectan GTW2 con CE se utiliza solamente una, la otra debe desactivarse.

- La terminal ISE se utiliza solamente como terminal, no publica ningún servicio en este ejercicio.

- En el enlace serial que une CE con GTW2 el extremo DCE de la conexión es el router CE. Ese enlace tiene un ancho de banda de 4 Mbps.

- Modificaciones de direccionamiento IP respecto del laboratorio anterior:

| Dispositivo | Interfaz | IP | Máscara de Subred |
|---|---|---|---|
| PC20 | Gi | 172.16.51.20 | 255.255.255.0 |
| ASW2 | VLAN1 | 172.16.51.102 | 255.255.255.0 |
| GTW2 | G0/1 | 172.16.51.2 | 255.255.255.0 |

Asegúrese de realizar estos cambios en la PC20 y ASW2.

### Direccionamiento IP inicial

| Dispositivo | Interfaz | IP | Máscara de Subred |
|---|---|---|---|
| PC10 | Gi | 172.16.50.10 | 255.255.255.0 |
| PC20 | Gi | 172.16.51.20 | 255.255.255.0 |
| ISE | Gi | 192.168.1.10 | 255.255.255.0 |
| ASW1 | VLAN1 | 172.16.50.101 | 255.255.255.0 |
| ASW2 | VLAN1 | 172.16.51.102 | 255.255.255.0 |

| Dispositivo | Interfaz | IP | Máscara de Subred |
|---|---|---|---|
| GTW1 | G0/0 | 172.16.1.5 | 255.255.255.252 |
| | G0/1 | 172.16.50.1 | 255.255.255.0 |
| | G0/2 | 172.16.1.1 | 255.255.255.252 |
| GTW2 | G0/1 | 172.16.51.2 | 255.255.255.0 |
| | G0/2 | 172.16.1.2 | 255.255.255.252 |
| | S0/0 | 172.16.1.9 | 255.255.255.252 |
| CE | G0/0 | 172.16.1.6 | 255.255.255.252 |
| | S0/0 | 172.16.1.10 | 255.255.255.252 |
| | G0/1 | 200.1.1.10 | 255.255.255.0 |
| PE | G0/0 | 192.168.1.1 | 255.255.255.0 |
| | G0/1 | 200.1.1.1 | 255.255.255.0 |

## Configuración de direccionamiento IP en las interfaces del router

1. Acceda a la consola del router GTW1 y asegúrese de ingresar al modo de configuración global.

```
Router>enable
Router#configure terminal
Router(config)#_
```

2. Asigne al dispositivo el nombre definido en la documentación previa (GTW1).

```
Router(config)#hostname GTW1
GTW1(config)#_
```

3. Ingrese a la configuración de la interfaz G0/1 y defina direccionamiento IP de acuerdo a la tabla de direccionamiento IP que se le proporcionó antes. Asegúrese de activar la interfaz.

```
GTW1(config)#interface GigabitEthernet0/1
GTW1(config-if)#ip address 172.16.50.1 255.255.255.0
GTW1(config-if)#description Interfaz LAN
GTW1(config-if)#no shutdown
```

4. Verifique la tabla de enrutamiento del dispositivo. Debe encontrar ahora 2 rutas: una Local (L) a la dirección IP que acaba de asignar, otra Directamente Conectada (C) a la subred de la LAN conectada.

```
GTW1(config-if)#end
GTW1#show ip route
```

5. Repita la operación del paso 3 para configurar las demás interfaces involucradas en la topología de la maqueta.

```
GTW1#configure terminal
GTW1(config)#interface GigabitEthernet0/0
GTW1(config-if)#ip address 172.16.1.5 255.255.255.252
GTW1(config-if)#description Enlace con CE
GTW1(config-if)#no shutdown
GTW1(config-if)#interface GigabitEthernet0/2
GTW1(config-if)#ip address 172.16.1.1 255.255.255.252
GTW1(config-if)#description Enlace entre gateways
GTW1(config-if)#no shutdown
```

6. Configure la clave de acceso a modo privilegiado.

```
GTW1(config-if)#exit
GTW1(config)#enable secret Cisco
```

7. Configure el acceso remoto utilizando Telnet.

```
GTW1(config)#line vty 0 4
GTW1(config-line)#password Cisco
GTW1(config-line)#login
GTW1(config-line)#exit
```

8. Encripte las claves que se han guardado en el archive de configuración en formato de texto plano. Concluida la configuración verifique la misma.

```
GTW1(config)#service-password encryption
GTW1(config)#end
GTW1#show running-config | include password
GTW1#copy running-config startup-config
GTW1#_
```

## Verifique la configuración y estado de las interfaces

1. Verifique la configuración de las interfaces en el archivo de configuración activa.

```
GTW1#show running-config | begin interface
```

2. Verifique el estado de cada una de las interfaces en el dispositivo.

```
GTW1#show ip interface brief
```

## Configuración de interfaces en los routers restantes

1. Complete la configuración del router GTW2 repitiendo el procedimiento utilizado con GTW1 y la información provista en la tabla de direccionamiento IP inicial.

```
Router>enable
Router#configure terminal
Router(config)#hostname GTW2
GTW2(config)#interface GigabitEthernet0/1
GTW2(config-if)#ip address 172.16.51.2 255.255.255.0
```

```
GTW2(config-if)#description Interfaz LAN
GTW2(config-if)#no shutdown
GTW2(config-if)#interface GigabitEthernet0/2
GTW2(config-if)#ip address 172.16.1.2 255.255.255.252
GTW2(config-if)#description Enlace entre gateways
GTW2(config-if)#no shutdown
GTW2(config-if)#interface serial0/0
GTW2(config-if)#ip address 172.16.1.9 255.255.255.252
GTW2(config-if)#description Enlace con CE
GTW2(config-if)#bandwidth 4000
GTW2(config-if)#no shutdown
GTW2(config-if)#exit
GTW2(config)#enable secret Cisco
GTW2(config)#line vty 0 4
GTW2(config-line)#password Cisco
GTW2(config-line)#login
GTW2(config-line)#exit
GTW2(config)#service-password encryption
GTW2(config)#end
GTW2#show running-config | include password
GTW2#copy running-config startup-config
GTW2#_
```

2.  Complete la configuración del router CE utilizando el procedimiento
    anterior y la información provista en la tabla de direccionamiento IP inicial.

```
Router>enable
Router#configure terminal
Router(config)#hostname CE
CE(config)#interface GigabitEthernet0/0
CE(config-if)#ip address 172.16.1.6 255.255.255.252
CE(config-if)#description Enlace con GTW1
CE(config-if)#no shutdown
CE(config-if)#interface GigabitEthernet0/1
CE(config-if)#ip address 200.1.1.10 255.255.255.0
CE(config-if)#description Enlace WAN con PE
CE(config-if)#no shutdown
CE(config-if)#interface serial0/0
CE(config-if)#ip address 172.16.1.10 255.255.255.252
CE(config-if)#clock rate 4000000
CE(config-if)#bandwidth 4000
```

 Según lo indicado en la descripción de la maqueta, los enlaces
seriales tienen su extremo DCE en el router CE, por lo que es preciso
definir el clock rate de 4 Mbps en este extremo.

```
CE(config-if)#description Enlace con GTW2
CE(config-if)#no shutdown
CE(config-if)#exit
CE(config)#enable secret Cisco
CE(config)#line vty 0 4
CE(config-line)#password Cisco
CE(config-line)#login
CE(config-line)#exit
```

```
CE(config)#service-password encryption
CE(config)#end
CE#show running-config | include password
CE#copy running-config startup-config
CE#_
```

3. Complete finalmente la configuración del router PE utilizando el procedimiento que hemos descripto y la información provista en la tabla de direccionamiento IP.

```
Router>enable
Router#configure terminal
Router(config)#hostname PE
PE(config)#interface GigabitEthernet0/0
PE(config-if)#ip address 192.168.1.1 255.255.255.0
PE(config-if)#description Interfaz LAN
PE(config-if)#no shutdown
PE(config-if)#interface GigabitEthernet0/1
PE(config-if)#ip address 200.1.1.1 255.255.255.0
PE(config-if)#description Enlace WAN con CE
PE(config-if)#no shutdown
PE(config-if)#exit
PE(config)#enable secret Cisco
PE(config)#line vty 0 4
PE(config-line)#password Cisco
PE(config-line)#login
PE(config-line)#exit
PE(config)#service-password encryption
PE(config)#end
PE#show running-config | include password
PE#copy running-config startup-config
PE#_
```

4. Verifique la configuración y estado de las interfaces en cada uno de los dispositivos configurados.

```
GTW2#show ip interface brief
CE#show ip interface brief
PE#show ip interface brief
```

5. Si alguna de las interfaces no se encuentra activa, regresa a la configuración y resuelva el fallo.

### Seguridad en el acceso con autenticación de usuario y clave

1. Regrese a la consola de GTW1 y genere un usuario local. Nombre del usuario: Admin1; clave: Cisco

```
GTW1#configure terminal
GTW1(config)#username Admin1 password Cisco
```

2. Modifique la configuración de seguridad de la línea de terminal virtual de modo tal que requiera ahora el ingreso de usuario y clave (utilizando la base de datos de usuarios locales) para el acceso por Telnet.

```
GTW1(config)#line vty 0 4
GTW1(config-line)#login local
GTW1(config-line)#no password
GTW1(config-line)#end
GTW1#
```

3. Verifique la configuración realizada accediendo a la consola de ASW1 y accediendo a través de Telnet a GTW1. Ahora deberá requerir la identificación con usuario y clave.

```
ASW1#telnet 172.16.50.1
Trying 172.16.50.1 ... Open

User Access Verification

Username: Admin1
Password:
GTW1>
```

4. Salga de la sesión Telnet abierta hacia GTW1.

```
GTW1>exit
ASW1#
```

## Configuración de acceso remoto utilizando SSH

1. Regrese a la consola de GTW1 y complete la configuración necesaria para generar las claves RSA necesarias para utilizar en SSH. SSH se habilita automáticamente una vez generada la clave RSA.

```
GTW1#configure terminal
GTW1(config)#ip domain-name ccna.lab
GTW1(config)#crypto key generate rsa
The name for the keys will be: GTW1.ccna.lab
Choose the size of the key modulus in the range of 360 to 2048 for
your General Purpose Keys. Choosing a key modulus greater than 512
may take a few minutes.

How many bits in the modulus [512]: 1024
% Generating 1024 bit RSA keys, keys will be non-exportable...[OK]

GTW1(config)#
Sep 12 19:17:53.175: %SSH-5-ENABLED: SSH 1.99 has been enabled
```

2. Verifique que ya está disponible el acceso por SSH intentando el ingreso desde ASW1. La acción debe ser exitosa.

```
ASW1>ssh -l Admin1 172.16.50.1
Password:

GTW1>_
```

3. Concluida la verificación, cierre la sesión SSH.

```
GTW1>exit
[Connection to 172.16.50.1 closed by foreign host]
ASW1>
```

4. Acceda nuevamente a la consola de GTW1 y limite SSH a utilizar solamente versión 2.

```
GTW1(config)#ip ssh version 2
```

5. Finalmente, accede a la línea de terminal virtual y asegúrese que se limite el acceso a SSH y no sea posible acceder por Telnet

```
GTW1(config)#line vty 0 4
GTW1(config-line)#transport input ssh
GTW1(config-line)#exit
```

6. Complete la configuración definiendo un banner que se muestre cuando se accede a la CLI que indique "SOLO PERSONAL AUTORIZADO, si no es un usuario autorizado de la red desconéctese inmediatamente".

```
GTW1(config)#banner exec "
Enter TEXT message.  End with the character '"'
SOLO PERSONAL AUTORIZADO
Si no es un usuario autorizado de la red desconéctese
inmediatamente
"
GTW1(config)#
```

7. Para verificar los cambios realizados regrese a la consola de ASW1 e intente el acceso a GTW1 por Telnet. El dispositivo debe rechazar nuestra solicitud.

```
ASW1>telnet 172.16.50.1
Trying 172.16.50.1 ...
% Connection refused by remote host
ASW1>_
```

8. Verifique ahora que permite el acceso utilizando SSH.

```
ASW1>ssh -v 2 -l Admin1 172.16.50.1
Password:
SOLO PERSONAL AUTORIZADO
Si no es un usuario autorizado de la red desconéctese
inmediatamente

GTW1>
```

9. Antes de concluir cierre la sesión SSH abierta.

De esta manera concluye este laboratorio.

# Laboratorio 5.2: Utilización de CDP

📝 Para la realización de los laboratorios de esta Guía se ha diseñado la topología de una maqueta única que permite cubrir todos los ejercicios propuestos. La descripción e información correspondiente a esta maqueta la encontrará en el inicio del manual.
Para este ejercicio debe concentrarse solamente en una parte de esa maqueta, a la que denominamos "Topología a utilizar".

## Topología a utilizar

Consideraciones a tener en cuenta para este ejercicio:

- La terminal ISE se utiliza solamente como terminal, no publica ningún servicio en este ejercicio.

- Las claves de acceso son las mismas en todos los dispositivos.

  - Clave de acceso a modo enable:   Cisco

  - Clave de acceso por Telnet:   Cisco

### Descubrimiento de vecinos con CDP

1. Acceda a la consola de ASW1.

2. Utilice el comando show cdp neighbor a fin de determinar con qué dispositivos se encuentra conectado y qué interfaces está utilizando. Documente los hostnames y las interfaces que establecen la conexión.

```
ASW1>enable
Password:
ASW1#show cdp neighbor
```

3. Utilice CDP para obtener mayor información sobre el dispositivo vecino. En este caso la dirección IP de GTW1. Documente esa dirección IP.

```
ASW1#show cdp neighbor detail
```

4. Desde la consola de ASW1 inicie una sesión Telnet a GTW1 utilizando la información IP obtenida en el paso anterior. Cuando la conexión requiera contraseña ingrese la asignada durante la configuración inicial del dispositivo.

```
ASW1#telnet 172.16.50.1
Trying 172.16.50.1 ...Open
Password:

GTW1>_
```

5. Ya en la CLI de GTW1 acceda al modo privilegiado y repita las verificaciones de conectividad con vecino. Documente interfaces de conexión y la dirección IP de CE.

```
GTW1>enable
Password:
GTW1#show cdp neighbor
GTW1#show cdp neighbor detail
```

6. Concluido el relevamiento de información cierre las sesiones Telnet para regresar a la CLI de ASW1.

```
GTW1#exit
ASW1#_
```

 De esta manera concluye este laboratorio.

# Día 19

Las abreviaturas y siglas utilizadas en este manual se encuentran desarrolladas en el Glosario de Siglas y Términos de Networking que está disponible de modo gratuito en la Librería en Línea de EduBooks: https://es.scribd.com/document/292165924/Glosario-de-Siglas-y-Terminos-de-Networking-version-1-2

## Enrutamiento estático

Una ruta estática es una ruta manualmente ingresada en la tabla de enrutamiento del dispositivo. Esta información de enrutamiento requiere ser mantenida manualmente por el Administrador de la red lo cual representa ventajas y desventajas respecto de la utilización de protocolos de enrutamiento dinámico.

| Ventajas | Desventajas |
| --- | --- |
| No genera carga de procesamiento. | El Administrador debe tener una comprensión amplia de la red. |
| No utiliza ancho de banda. | El Administrador debe agregar manualmente la ruta hacia cada red. |
| Son más seguras. | La actualización de rutas puede convertirse en un trabajo full-time. |
| Fácil diagnóstico. | Requiere alto mantenimiento y no tiene adaptabilidad a los cambios. |

Puede ser conveniente utilizar rutas estáticas cuando:

- La red está constituida por unas pocas rutas.

- La red está conectada a Internet a través de un único service provider.

- La red está configurada sobre un modelo hub-and-spoke.

- Es necesario implementar rápidamente una ruta con un propósito específico.

El proceso de activación de una ruta estática se puede esquematizar en 3 pasos:

- El Administrador configura la ruta.

- El router instala la ruta en su tabla de enrutamiento.

- Los paquetes son enrutados utilizando la ruta estática.

## Procedimiento para la configuración de enrutamiento estático

1. Definir o diseñar las rutas estáticas a configurar en cada dispositivo de la red.

2. Configurar manualmente cada una de las rutas estáticas definidas para cada dispositivo.

3. Verificar en cada dispositivo la configuración realizada utilizando los comandos show running-config  y show ip route.

4. Si la configuración es la deseada, almacene los cambios utilizando el comando copy running-config startup-config.

5. Luego de almacenados los cambios pase al dispositivo siguiente y repita el proceso desde el paso 2.

6. Verifique el funcionamiento del enrutamiento extremo a extremo utilizando el procedimiento para diagnóstico de fallas de enrutamiento que se describe más adelante.

## Configuración de una ruta estática

Las rutas estáticas son configuradas manualmente en cada dispositivo.

*Ruta estática IPv4:*

```
Router(config)#ip route [red destino] [máscara] [próximo salto]
[distancia administrativa]
```

Red de destino.
Dirección de red de la red o subred hacia la cual se quiere introducir una entrada en la tabla de enrutamiento.

Máscara.
Máscara de subred a utilizar con la dirección de red de destino.

Próximo salto.
Dirección IP del puerto del router vecino hacia el que se debe enviar el paquete.
También se puede utilizar en su lugar la interfaz de salida en el propio dispositivo.

Distancia Administrativa.
Determina la confiabilidad de la fuente de origen de la información de enrutamiento.
Se ingresa únicamente si se desea modificar el valor por defecto (1).

Un ejemplo:

```
Router(config)#ip route 201.15.14.0 255.255.255.0 191.35.152.17 10
Router(config)#ip route 201.15.10.0 255.255.255.0 Serial0/0/0 10
```

En la definición de la ruta estática se puede utilizar tanto la dirección IP del próximo salto como la interfaz a través de la cual se debe reenviar el tráfico.

*Ruta estática IPv6:*

```
Router#configure terminal
Router(config)#ipv6 unicast-routing
```

El enrutamiento IPv6 no se encuentra activado por defecto en IOS, por lo que es necesario habilitarlo explícitamente.

```
Router(config)#ipv6 route [prefijo] [próximo salto] [distancia administrativa]
```

La sintaxis del comando que crea rutas IPv6 es semejante al que lo hace en redes IPv4.

Un ejemplo:

```
Router(config)#ipv6 route 2001:DB8:0:1::/64 Serial0/0/0 10
```

## Rutas por Defecto

También llamadas gateway of last resort.

Las rutas por defecto son rutas utilizada para enrutar paquetes que tienen como destino una dirección perteneciente a una red para la cual no hay una ruta específica en la tabla de enrutamiento.

 Tenga presente que si en la tabla de enrutamiento no hay una ruta específica a la red de destino, o una ruta por defecto, el paquete será descartado.

Es una ruta que puede ser utilizada por cualquier dirección IP de destino y con la cual coinciden todos los paquetes sin importar su dirección de destino. Generalmente es utilizada cuando no se encuentra coincidencia para la dirección IP de destino con una ruta más específica.

Se utilizan rutas por defecto se utilizan:

- Cuando en función de la dirección IP de destino no se encuentra en la tabla de enrutamiento una ruta más específica. Se suele utilizar en redes corporativas en la conexión a Internet.

- Cuando se trata de una red stub. Es decir, una red que tiene un solo enlace de entrada y de salida.

### Configuración de una ruta por defecto

```
Router(config)#ip route 0.0.0.0 0.0.0.0 [próximo salto]
```

Genera una ruta estática a "cualquier destino" que se utiliza como ruta por defecto.

```
Router(config)#ip route 0.0.0.0 0.0.0.0 191.35.152.17
```

> Para identificar "cualquier destino" se utiliza como ruta de destino y máscara de subred 0.0.0.0 0.0.0.0 (llamada ruta "quad-zero").

```
Router(config)#ip route 0.0.0.0 0.0.0.0 Serial 0/0/0
```

> En la ruta por defecto también puede utilizarse tanto la dirección IP del próximo salto como la interfaz de salida.

Para configurar una ruta por defecto para enrutamiento IPv6:

```
Router(config)#ipv6 route ::/0 Serial 0/0/0
```

Estos comandos deben ejecutarse en el router que tiene directamente conectada la red que va a ser utilizada como ruta por defecto y luego publicada a todos los demás dispositivos, por ejemplo, redistribuyéndola a través de un protocolo de enrutamiento como una ruta estática.

# Laboratorio 5.3: Configuración de rutas estáticas

 Para la realización de los laboratorios de esta Guía se ha diseñado la topología de una maqueta única que permite cubrir todos los ejercicios propuestos. La descripción e información correspondiente a esta maqueta la encontrará en el inicio del manual.
Para este ejercicio debe concentrarse solamente en una parte de esa maqueta, a la que denominamos "Topología a utilizar".

## Topología a utilizar

Consideraciones a tener en cuenta para este ejercicio:

- La terminal ISE se utiliza solamente como terminal, no publica ningún servicio en este ejercicio.

- Las claves de acceso son las mismas en todos los dispositivos.

  o Clave de acceso a modo enable:     Cisco

  o Clave de acceso por Telnet:     Cisco

## Direccionamiento IP inicial

| Dispositivo | Interfaz | IP | Máscara de Subred |
|---|---|---|---|
| PC10 | Gi | 172.16.50.10 | 255.255.255.0 |
| ASW1 | VLAN1 | 172.16.50.101 | 255.255.255.0 |
| GTW1 | G0/0 | 172.16.1.5 | 255.255.255.252 |
|  | G0/1 | 172.16.50.1 | 255.255.255.0 |
|  | G0/2 | 172.16.1.1 | 255.255.255.252 |
| GTW2 | G0/1 | 172.16.51.2 | 255.255.255.0 |
|  | G0/2 | 172.16.1.2 | 255.255.255.252 |
|  | S0/0 | 172.16.1.9 | 255.255.255.252 |
| CE | G0/0 | 172.16.1.6 | 255.255.255.252 |
|  | S0/0 | 172.16.1.10 | 255.255.255.252 |
|  | G0/1 | 200.1.1.10 | 255.255.255.0 |
| PE | G0/0 | 192.168.1.1 | 255.255.255.0 |
|  | G0/1 | 200.1.1.1 | 255.255.255.0 |

## Verificación de la accesibilidad de los dispositivos

1. Acceda a la consola de ASW1 y verifique conectividad desde la CLI a los diferentes puertos del router GTW1. Todos deben responder exitosamente.

```
ASW1#ping 172.16.50.1
ASW1#ping 172.16.1.1
ASW1#ping 172.16.1.5
```

2. En la consola de GTW1 verifique que el dispositivo posee una ruta a la red 172.16.50.0/24 (subred a la que pertenece la IP de origen del ping, que es la de la VLAN 1 de ASW1).

```
GTW1#show ip route
GTW1#show ip route 172.16.50.0
```

3. Desde la consola de ASW1 efectúe un ping a la interfaz G0/0 de CE. Aunque está interfaz está en la misma subred que la interfaz G0/0 de GTW1 (172.16.1.5) la prueba fallará ya que el router CE carece de ruta para responder al origen que pertenece a la red 172.16.50.0/24.

```
ASW1#ping 172.16.1.6
```

4. Ingrese ahora a la consola de CE y verifique si el dispositivo posee una ruta a la red 172.16.50.0/24. No debe encontrar una ya que no es una red directamente conectada.

```
CE#show ip route
CE#show ip route 172.16.50.0
```

### Configuración de rutas estáticas

1. Ingrese en la consola del router CE y configure una ruta estática que apunte a la red 172.16.50.0/24 definiendo como próximo salto el puerto G0/0 del GTW1.

```
CE#configure terminal
CE(config)#ip route 172.16.50.0 255.255.255.0 172.16.1.5
```

2. Verifique ahora la ruta ingresada en la tabla de enrutamiento de CE.

```
CE(config)#end
CE#show ip route
CE#show ip route 172.16.50.0
```

3. Verifique ahora nuevamente la conectividad realizando ping desde ASW1 al puerto G0/0 de CE. El resultado de la prueba ahora debe ser exitoso.

```
ASW1#ping 172.16.1.6
```

4. Desde ASW1 haga una nueva prueba de conectividad, esta vez al puerto G/0 de PE. La prueba fallará.

```
ASW1#ping 192.168.1.1
```

5. Verifique el punto de interrupción de la ruta utilizando traceroute desde ASW1. El comando indicará que solamente se llega al puerto G0/1 de GTW1 y luego no sigue.

```
ASW1#traceroute 192.168.1.1
```

6. Desde la consola de GTW1 verifique si tiene ruta a la red de destino (192.168.1.0/24).

```
GTW1#show ip route 192.168.1.0
```

7. GTW1 no tiene ruta a la red de destino. Defina entonces una ruta estática hacia la red destino con próximo salto en el puerto G0/0 de CE.

```
GTW1#configure terminal
GTW1(config)#ip route 192.168.1.0 255.255.255.0 172.16.1.6
```

8. Ingrese ahora a la consola del router CE y verifique si CE posee una ruta a la red 192.168.1.0/24.

```
CE#show ip route 192.168.1.0
```

9. CE tampoco tiene una ruta a la red destino. Cree una ruta estática en CE hacia la red destino con próximo salto en el puerto G0/1 de PE.

```
CE#configure terminal
CE(config)#ip route 192.168.1.0 255.255.255.0 200.1.1.1
```

10. Regrese a la consola de ASW1 y verifique nuevamente si ahora tiene conectividad utilizando el ping. Una vez más la prueba fallará.

```
ASW1#ping 192.168.1.1
```

11. Verifique en qué punto se interrumpe la ruta hacia el destino utilizando traceroute. La ruta ahora debe interrumpirse en el router PE.

```
ASW1#traceroute 192.168.1.1
```

12. Ingrese en la consola de PE y verifique si existe una ruta a la red 172.16.50.0/24. Esta ruta es necesaria para que el dispositivo pueda responder los mensajes que recibe con una dirección de origen en esa red.

```
PE#show ip route 172.16.50.0
```

13. Cree en PE una ruta con destino la rede 172.16.50.0/24 cuyo próximo salto sea la interfaz G0/1 del router CE que es el primero en la ruta de retorno. Concluida la tarea verifique que la ruta haya sido incluida en la tabla de enrutamiento.

```
PE#configure terminal
PE(config)#ip route 172.16.50.0 255.255.255.0 201.1.1.10
PE(config)#end
PE#show ip route
```

14. Regrese ahora a la consola de ASW1 y repita la prueba de ping a la IP 192.168.1.1. Ahora la respuesta debe ser exitosa (no es necesario crear una ruta para el retorno en GTW1 ya que la hemos creado antes).

```
ASW1#ping 192.68.1.1
```

### Configuración de una ruta estática de respaldo

En este punto hay una ruta que une la red 172.16.50.0/24 con la red 192.168.1.0/24 a través de los router GTW1 – CE – PE. Aprovechando el enlace que une GTW1 con GTW2 vamos a construir una ruta alternativa a través de los routers GTW1 – GTW2 – CE – PE.

Con este propósito definiremos nuevas rutas estáticas con una distancia administrativa mayor de modo que solo ingresen en la tabla de enrutamiento cuando la ruta principal no está disponible.

1. Ingrese a la consola de GTW1 y cree una ruta estática hacia la red 192.168.1.0/24 cuyo próximo salto sea la interfaz Gi0/2 de GTW2 con una distancia administrativa de 10.

```
GTW1#configure terminal
GTW1(config)#ip route 192.168.1.0 255.255.255.0 172.16.1.2 10
```

2. Verifique la tabla de enrutamiento de GTW1. La ruta recientemente creada no debe aparecer en ella, debe encontrarse la ruta estática que apunta a CE.

```
GTW1(config)#exit
GTW1#show ip route
```

3. Ingrese ahora a la consola de GTW2 y desactive la interfaz Gi0/1.

```
GTW2#configure terminal
GTW2(config)#interface GigabitEthernet 0/1
GTW2(config-if)#shutdown
```

4. Cree en este dispositivo una ruta estática hacia la red 192.168.1.0/24 con próximo salto en la interfaz S0/0 de CE; y otra ruta estática hacia la red 172.16.50.0/24 cuyo próximo salto sea la interfaz Gi0/2 de GTW1.

```
GTW2(config-if)#exit
GTW2(config)#ip route 192.168.1.0 255.255.255.0 172.16.1.10 10
GTW2(config)#ip route 172.16.50.0 255.255.255.0 172.16.1.1 10
```

5. Verifique la tabla de enrutamiento de GTW2, ambas rutas deben aparecer pues en este dispositivo no se han creado rutas con menor distancia administrativa.

```
GTW2(config)#exit
GTW2#show ip route
```

6. Ingrese a la consola del router CE. En este dispositivo debemos crear solamente una ruta de respaldo a la red 172.16.50.0/24 cuyo próximo salto sea el puerto S0/0 de GTW2. No necesitamos crear ruta a la red 192.168.1.0/24 pues ya contamos con una ruta a ese destino y no tenemos ruta alternativa posible.

```
CE#configure terminal
CE(config)#ip route 172.16.50.0 255.255.255.0 172.16.1.9 10
```

7. Verifique la tabla de enrutamiento de CE. La ruta recientemente creada no debe aparecer en la tabla de enrutamiento ya que está operativa la ruta estática que apunta a GTW1.

```
CE(config)#exit
CE#show ip route
```

8. Acceda a la consola de ASW1. Desde la CLI del switch verifique la ruta en uso hacia la red 192.168.1.0/24 con una prueba de traceroute. La ruta debiera ser GTW1 – CE – PE.

```
ASW1#traceroute 192.168.1.1
```

9. Provoque intencionalmente una ruptura en la ruta en uso. Para eso ingrese a la consola del router GTW1 y desactive el puerto G0/0 que lo enlaza directamente a CE.

```
GTW1#configure terminal
GTW1(config)#interface GigabitEthernet 0/0
GTW1(config-if)#shutdown
```

10. Verifique nuevamente la tabla de enrutamiento de GTW1. Ahora debemos encontrar en la tabla la ruta estática que apunta a GTW2 que ha reemplazado a la que apuntaba a CE.

```
GTW1(config-if)#end
GTW1#show ip route
```

11. Acceda nuevamente a la consola de ASW1 y repita la verificación de la ruta que realizó anteriormente. Ahora la ruta que se muestra en uso debiera ser GTW1 – GTW2 – CE – PE.

```
ASW1#show ip route
```

12. Antes de concluir el ejercicio restablezca el estado inicial de la topología. Para eso, ingrese a GTW1 y active nuevamente el puerto G0/0. Concluya verificando nuevamente la tabla de enrutamiento para constatar que se ha restablecido la ruta a la red 192.168.1.0/24 a través de CE.

```
GTW1#configure terminal
GTW1(config)#interface GigabitEthernet 0/0
GTW1(config-if)#no shutdown
GTW1(config-if)#end
GTW1#show ip route
```

## Configuración de una ruta por defecto

En nuestra maqueta de trabajo la red 172.16.0.0/16 tiene un único punto de ingreso y salida que es el enlace que conecta CE con PE.

Consecuentemente, cualquier destino que se busque desde la red 172.16.0.0/16 se encuentra a través de la interfaz Gi0/1 de CE. Por esto es posible reemplazar toda ruta fuera de la red 172.16.0.0/16 por una ruta por defecto que apunte hacia la interfaz Gi0/1 del router PE.

1. Ingrese en la consola del router CE y elimine la ruta estática a la red 192.168.1.0/24. Reemplácela por una ruta por defecto que apunte a la interfaz Gi/1 de PE.

```
CE#configure terminal
CE(config)#no ip route 192.168.1.0 255.255.255.0 200.1.1.1
CE(config)#ip route 0.0.0.0 0.0.0.0 200.1.1.1
CE(config)#exit
CE#show ip route
```

2. Ingrese ahora en la consola del router GTW1 y elimine la ruta estática a la red 192.168.1.0/24 reemplazándola por una ruta estática que apunte a la interfaz Gi0/0 de CE.

```
GTW1#configure terminal
GTW1(config)#no ip route 192.168.1.0 255.255.255.0 172.16.1.6
GTW1(config)#no ip route 192.168.1.0 255.255.255.0 172.16.1.2 10
GTW1(config)#ip route 0.0.0.0 0.0.0.0 172.16.1.6
GTW1(config)#exit
GTW1#show ip route
```

3. Concluida la tarea y luego de verificar las tablas de enrutamiento de cada dispositivo, ingrese al switch ASW1 y verifique accesibilidad y ruta utilizada para llegar al router PE. La ruta utilizada debe ser GTW1 – CE – PE.

```
ASW1#ping 192.168.1.1
ASW1#ping 200.1.1.1
ASW1#traceroute 200.1.1.1
```

 De esta manera concluye este laboratorio.

## Enrutamiento Dinámico

Un protocolo de enrutamiento dinámico es un conjunto de procesos, algoritmos y formatos de mensajes que permiten intercambiar información de enrutamiento entre dispositivos con el propósito de construir las tablas de enrutamiento.

De esta manera, y a partir del intercambio de información actualizada, cada dispositivo puede construir una tabla de enrutamiento ajustada que se actualiza dinámicamente y puede aprender respecto de redes remotas y cómo llegar hasta ellas.

| Ventajas | Desventajas |
|---|---|
| Alto grado de adaptabilidad a los cambios. | Requieren cantidades significativas de procesamiento y memoria RAM. |
| Requiere muy poco mantenimiento. | Utiliza ancho de banda para el intercambio de información. |

La operación de los protocolos de enrutamiento, de modo genérico, puede describirse así:

- Los dispositivos envían y reciben mensajes con información de enrutamiento a través de sus interfaces.

- El dispositivo comparte su información de enrutamiento con otros dispositivos utilizando el mismo protocolo de enrutamiento.

- A través del intercambio de información los dispositivos aprende respecto de la existencia y la forma de llegar a redes remotas.

- Cuando se detecta un cambio de topología se utiliza el protocolo de enrutamiento para notificar de este cambio a los otros dispositivos en el dominio de enrutamiento.

### Protocolos de enrutamiento por vector distancia

Este tipo de protocolos basa su operación en el  envío a los dispositivos vecinos la información contenida en la tabla de enrutamiento. El envío de información se hace regularmente cada intervalos fijos de tiempo aun cuando no haya cambios en la red.

El dispositivo que recibe una actualización, compara la información recibida con la contenida en la propia tabla de enrutamiento:

- Para establecer la métrica se toma la métrica recibida en la actualización y se le agrega la del propio enlace.

- Si la ruta aprendida es mejor (menor métrica) que la contenida en la tabla de enrutamiento hasta ese momento, se actualiza la tabla de enrutamiento con la nueva información.

Los eventos que pueden provocar cambios en la información de enrutamiento son varios:

- La falla de un enlace.

- La activación de un nuevo enlace.

- La falla de un dispositivo.

- El cambio de los parámetros de un enlace.

Estos protocolos son sensibles a la posibilidad de generación de bucles de enrutamiento. Un bucle de enrutamiento es una condición por la cual un paquete se transmite ininterrumpidamente a través de una serie definida de dispositivos sin que logre alcanzar la red de destino.

Para prevenir o solucionar este inconveniente, los protocolos de vector distancia implementan varios recursos:

- Cuenta al infinito.
  Es una contramedida que soluciona un posible bucle de enrutamiento.
  Con este propósito se define "infinito" como una cantidad máxima de saltos (dispositivos de capa 3) que puede atravesar una ruta para alcanzar un destino.
  Cuando la ruta alcanza la cantidad de saltos máxima definida por el protocolo, se considera que la red de destino está a una distancia infinita y por lo tanto es inalcanzable.
  Esta técnica no evita el bucle, sino que lo resuelve evitando la propagación indefinida de los paquetes.

Número máximo de saltos RIP = 15
Número máximo de saltos EIGRP = 224

- Horizonte dividido (Split horizon).
Técnica para prevenir la formación de bucles.
La regla indica que nunca es útil reenviar información sobre una ruta a través de la misma interfaz por la cual se recibió esa información.
Por lo tanto, la regla de horizonte dividido establece que no se publica información de enrutamiento por la misma interfaz por la cual se aprendió.
Permite prevenir los bucles de enrutamiento provocados por información de enrutamiento errónea, acelerar y asegurar la convergencia.

- Ruta envenenada (Route poisoning).
Mecanismo para prevenir la formación de bucles.
Es una variante de la técnica de horizonte dividido. Horizonte dividido previene los bucles entre dispositivos adyacentes, pero el envío de "rutas envenenadas" permite prevenir bucles de mayores dimensiones.
Consiste en crear una entrada en la tabla de enrutamiento en la que se guarda la información respecto de una ruta que está fuera de servicio (ruta envenenada) esperando que el resto de la red converja en la misma información. En esa entrada la red de destino es marcada como inalcanzable, y esa información se publica con las actualizaciones del protocolo hacia todos los dispositivos vecinos.
De este modo se evita que el dispositivo pueda aceptar información incoherente. Funciona en combinación con los temporizadores de espera.

- Temporizadores de espera (Hold-down timers).
Se utilizan  para evitar que las actualizaciones regulares reinstalen una ruta inapropiada en la tabla de enrutamiento.
También permiten prevenir que los cambios se hagan con excesiva rapidez, permitiendo que una ruta caída vuelva a ser operativa dentro de un lapso de tiempo sin que haya habido cambios.
Fuerzan a que el dispositivo retenga algunos cambios por un período de tiempo determinado, antes de incorporarlos en la tabla de enrutamiento.
Regularmente es un período de tiempo equivalente a tres veces el intervalo de actualización utilizado por el protocolo. Cuando es necesario, los temporizadores también pueden ser ajustados en el modo de configuración del protocolo de enrutamiento.

  o El temporizador de espera se activa cuando el router recibe la primera actualización indicando que una red que estaba activa ahora es inaccesible: se marca la ruta como inaccesible (se "envenena") y se activa el temporizador.

  o Si se recibe una nueva actualización del mismo origen con una métrica mejor, el temporizador se remueve y se marca la ruta nuevamente como accesible.

  o Si se recibe una actualización desde un origen distinto del inicial, con una métrica mejor que la original, se remueve el temporizador y la ruta se marca como accesible.

o Si la actualización que se recibe de un origen diferente tiene una métrica peor que la original, es descartada mientras el temporizador se encuentre activo y por lo tanto sigue contando. Una vez vencido el tiempo de espera la ruta será incorporada como válida.

- Actualizaciones desencadenadas.
Es un mecanismo diseñado para acelerar la convergencia en caso de cambios en la red.
Para esto se utilizan actualizaciones desencadenadas por eventos que se envían inmediatamente en respuesta a un cambio sin esperar el período de actualización regular.

## Protocolos de enrutamiento por estado de enlace

Los protocolos por estado de enlace son mecanismos de mantenimiento de información de enrutamiento de convergencia rápida, escalables y no propietarios de modo que aseguran interoperabilidad ente diferentes fabricantes.

Tienen algunas ventajas respecto de los protocolos de vector distancia:

- Son más escalables.
Se basan en un diseño jerárquico con lo que pueden escalar bien en redes muy grandes (cuando están adecuadamente diseñadas).

- Cada dispositivo tiene la información completa de la topología de la red.
Esto permite que cada dispositivo pueda definir una ruta completa libre de bucles basado en el costo para alcanzar cada vecino.

- Las actualizaciones se envían cuando se produce un cambio en la topología, y se inundan periódicamente (por defecto cada 30 minutos).

- Responde rápidamente a los cambios en la topología.

- Hay mayor intercambio de información entre los dispositivos.
Cada dispositivo tiene toda la información referida a otros dispositivos y los enlaces que los conectan.

### Estructura de la información

Para su operación estos protocolos mantienen varias tablas o bases de datos:

- Base de datos de adyacencias.
Utilizando paquetes hello detecta y negocia relaciones de vecindad con dispositivos adyacentes. A partir de esta negociación recaba información con la que mantiene una base de datos de los dispositivos OSPF directamente conectados con los que mantiene intercambio de información.

- Base de datos topológica.
Una vez establecida la relación de vecindad los dispositivos sincronizan su base de datos topológica (LSDB) intercambiando LSAs. Esto es el fundamento para mantener una base de datos con la información completa

del estado de todos los enlaces que componen la red.
Todos los dispositivos de un área tienen la misma base de datos topológica.

La unidad básica para el intercambio de información son los LSAs. Un LSA describe un dispositivo y la red que está conectada a ese dispositivo. Cada vez que se produce un cambio en la topología se generan nuevos LSAs que se propagan a través de la red.

La descripción de un enlace incluye:

- Interfaz del dispositivo.

- Dirección IP y máscara de subred.

- Tipo de red.

- Dispositivos conectados a ese segmento de red.

Como resultado final, luego de aplicar el algoritmo de Dijkstra a la base de datos topológica se determina la ruta más corta a cada destino que se propone a la tabla de enrutamiento.

## RIP versión 2

- Es un protocolo de enrutamiento por vector distancia classless: soporta VLSM y CIDR.

- Es muy popular por su sencillez, robustez y características estándar que permiten operar en redes de múltiples fabricantes.

- Protocolo de enrutamiento de vector distancia estándar.

- RFC 2453.

- Métrica: número de saltos

- Métrica máxima: 15 saltos – 16 saltos = inalcanzable

- Algoritmo Bellman-Ford

- ID en la tabla de enrutamiento: R

- Distancia Administrativa: 120

- Temporizadores:

  - Período de actualización: 30 segundos

  - Período de invalidación de ruta: 90 segundos

  - Período de renovación de rutas: 240 segundos

  - La implementación de Cisco agrega a la actualización por temporizadores actualizaciones disparadas por eventos mejorando los tiempos de convergencia. Estos envíos se hacen con independencia de las actualizaciones por intervalos regulares.

- Propagación por multicast: 224.0.0.9

- Balancea carga hasta entre 6 rutas de igual métrica – 4 por defecto. La distribución de la carga se realiza utilizando una lógica de "round robin" (por turnos).

- Admite autenticación para sus actualizaciones: texto plano (por defecto) o cifrado utilizando MD5.

- Sumariza rutas por defecto automáticamente al límite de la clase.

Solo cuenta "saltos" (routers o dispositivos de capa 3 que debe atravesar en la ruta hasta el destino) para determinar la mejor ruta. Si encuentra más de un enlace a la misma red de destino con la misma métrica, automáticamente realiza balanceo de carga. RIP puede realizar balanceo de carga en hasta 6 enlaces de igual métrica.

La limitación de este protocolo se presenta cuando la red cuenta con enlaces de igual métrica en saltos pero diferente ancho de banda. El protocolo balanceará tráfico por igual entre ambos enlaces, tendiendo a provocar la congestión del enlace de menor ancho de banda (pinhole congestion).

### Configuración

```
Router(config)#router rip
```

Activa el protocolo de enrutamiento e ingresa al modo de configuración correspondiente.

Atención: En entornos Cisco IOS, por defecto se escuchan actualizaciones versión 1 y 2; y solo se envían actualizaciones versión 1.

El proceso del protocolo no se iniciará hasta tanto se asocie la primer interfaz utilizando el comando network.

```
Router(config-router)#version 2
```

Desactiva la versión 1 y activa la versión 2. Por defecto se utiliza la versión 1.

```
Router(config-router)#network 172.16.0.0
```

El primer comando network que se ingresa inicia el proceso del protocolo.

Asocia interfaces al proceso de enrutamiento RIP, lo que determina cuáles son las interfaces que participan en el envío y recepción de actualizaciones de enrutamiento. Además permite que el router publique esa red.

---

 Se ingresa exclusivamente el número de red, no las subredes.
Cuando hay varias subredes de la misma red, se ingresa únicamente la red.
Esto aun cuando se trate de RIP versión 2.

---

```
Router(config-router)#timers basic 60 180 180 240
```

Modifica los timers de operación del protocolo. En este caso coloca en 60 segundos el período de actualización mientras deja los demás timers con sus valores por defecto.

```
Router(config-router)#no auto-summary
```

Desactiva la sumarización automática de rutas que se encuentra activa por defecto.

```
Router(config-router)#passive-interface GigabitEthernet0/0
```

Desactiva el envío y recepción de actualizaciones de RIP a través de la interfaz que se especifica.

```
Router(config-router)#passive-interface default
```

Cambia el comportamiento por defecto del protocolo desactivando el envío y recepción de actualizaciones de RIP en todas las interfaces del dispositivo. Para que se negocie el protocolo sobre una interfaz será necesario negar esta opción para esa interfaz en particular.

```
Router(config-router)#no passive-interface Serial0/0
```

En routers en los que por defecto no se envían ni reciben actualizaciones de RIP en ninguna interfaz, habilita la interfaz indicada (y solamente a ella) para enviar y recibir información del protocolo.

```
Router(config-router)#default-information originate
```

Hace que el protocolo de enrutamiento propague una ruta por defecto hacia los dispositivos vecinos.

*Monitoreo*

```
Router#show ip protocol
```

Verifica la configuración de todos los protocolos de enrutamiento, brindando información sobre los temporizadores y las estadísticas de intercambio de información.

```
Router#show ip route
```

Muestra la tabla de enrutamiento. Las rutas identificadas en la columna del extremo izquierdo con la letra "R" son las aprendidas utilizando RIP.

```
Router#show ip route rip
```

Muestra solamente las rutas aprendidas por RIP que han ingresado en la tabla de enrutamiento.

```
Router#show ip rip database
```

Muestra la base da información de enrutamiento del protocolo, incluyendo aquellas rutas que no se han incorporado en la tabla de enrutamiento.

# Laboratorio 5.4: Configuración y verificación de RIP v2

 Para la realización de los laboratorios de esta Guía se ha diseñado la topología de una maqueta única que permite cubrir todos los ejercicios propuestos. La descripción e información correspondiente a esta maqueta la encontrará en el inicio del manual.
Para este ejercicio debe concentrarse solamente en una parte de esa maqueta, a la que denominamos "Topología a utilizar".

### Topología a utilizar

 Antes de iniciar el ejercicio asegúrese de desactivar los puertos que no participan de esta topología para tener lecturas más claras de los comandos show.

 Para la asignación de direcciones de cada puerto y terminal diríjase a la tabla "Direccionamiento IP inicial" al inicio de la Guía.

Consideraciones a tener en cuenta para este ejercicio:

- No se utilizan los enlaces que conectan ASW1 con ASW2. Esos puertos deben desactivarse utilizando el comando shutdown.

- De las conexiones seriales que conectan GTW2 con CE se utiliza solamente una, la otra debe desactivarse.

- La terminal ISE se utiliza solamente como terminal, no publica ningún servicio en este ejercicio.

- Todos los dispositivos deben tener su configuración básica como punto de partida, con la configuración IP completa de todas las interfaces que intervienen en esta topología.

- En el enlace serial que une CE con GTW2 el extremo DCE de la conexión es el router CE. Ese enlace tiene un ancho de banda de 4 Mbps.

- Modificaciones de direccionamiento IP respecto del "Laboratorio de prácticas" descripto en el inicio:

| Dispositivo | Interfaz | IP | Máscara de Subred |
|---|---|---|---|
| PC20 | Gi | 172.16.51.20 | 255.255.255.0 |
| ASW2 | VLAN1 | 172.16.51.102 | 255.255.255.0 |
| GTW2 | G0/1 | 172.16.51.2 | 255.255.255.0 |

## Direccionamiento IP inicial

| Dispositivo | Interfaz | IP | Máscara de Subred |
|---|---|---|---|
| PC10 | Gi | 172.16.50.10 | 255.255.255.0 |
| PC20 | Gi | 172.16.51.20 | 255.255.255.0 |
| ISE | Gi | 192.168.1.10 | 255.255.255.0 |
| ASW1 | VLAN1 | 172.16.50.101 | 255.255.255.0 |
| ASW2 | VLAN1 | 172.16.51.102 | 255.255.255.0 |
| GTW1 | G0/0 | 172.16.1.5 | 255.255.255.252 |
| | G0/1 | 172.16.50.1 | 255.255.255.0 |
| | G0/2 | 172.16.1.1 | 255.255.255.252 |
| GTW2 | G0/1 | 172.16.51.2 | 255.255.255.0 |
| | G0/2 | 172.16.1.2 | 255.255.255.252 |
| | S0/0 | 172.16.1.9 | 255.255.255.252 |
| CE | G0/0 | 172.16.1.6 | 255.255.255.252 |
| | S0/0 | 172.16.1.10 | 255.255.255.252 |
| | G0/1 | 200.1.1.10 | 255.255.255.0 |
| PE | G0/0 | 192.168.1.1 | 255.255.255.0 |
| | G0/1 | 200.1.1.1 | 255.255.255.0 |

## Configurar y verificar RIPv2

1. Configure RIPv2 en los routers GTW1, GTW2, CE y PE.

2. En cada uno de los dispositivos asocie al proceso de RIPv2 cada una de las redes directamente conectadas.

```
GTW1#configure terminal
GTW1(config)#router rip
GTW1(config-router)#version 2
```

```
GTW1(config-router)#network 172.16.0.0
GTW1(config-router)#end

GTW2#configure terminal
GTW2(config)#router rip
GTW2(config-router)#version 2
GTW2(config-router)#network 172.16.0.0
GTW2(config-router)#end

CE#configure terminal
CE(config)#router rip
CE(config-router)#version 2
CE(config-router)#network 172.16.0.0
CE(config-router)#network 200.1.1.0
CE(config-router)#end

PE#configure terminal
PE(config)#router rip
PE(config-router)#version 2
PE(config-router)#network 192.168.1.0
PE(config-router)#network 200.1.1.0
PE(config-router)#end
```

3. Verifique la tabla de enrutamiento en GTW2. Debiera encontrar 2 rutas hacia la red 172.16.1.4/30.
   Observe que ambas rutas son de diferente capacidad, una a través del puerto G0/2, otra a través del puerto S0/1.

```
GTW2#show ip route
```

### Ajustar los temporizadores de RIP

1. Verifique los temporizadores de RIP en el route GTW2.

```
GTW2#show ip protocols
```

2. Modifique el tiempo de actualización del protocolo (que está en su valor por defecto de 30 segundos) a 60 segundos, pero deje los demás temporizadores en sus valores por defecto.

```
GTW2#configure terminal
GTW2(config)#router rip
GTW2(config-router)#timers basic 60 180 180 240
GTW2(config-router)#end
```

3. Examine cómo ha cambiado la configuración de las interfaces que operan con RIP.

```
GTW2#show running-config interface G0/1
GTW2#show running-config interface S0/1
GTW2#show running-config | begin router rip
```

La primera vez que se modifican los temporizadores IOS realiza los cambios a nivel de la interfaz y del protocolo. Para introducir nuevos cambios será necesario realizar las modificaciones en los 2 niveles: en las interfaces y en el protocolo.

4. Verifique el cambio de los temporizadores en el protocolo mismo.

```
GTW2#show ip protocols
```

### Suprimir la opción de sumarización automática

1. En el router PE verifique las rutas existentes a subredes de la red 172.16.0.0/16 en la tabla de enrutamiento. Ud. Debería encontrar solamente una ruta a la red completa 172.16.0.0/16.

```
PE#show ip route
```

2. Ingrese a la consola del router CE y desactive la sumarización automática de rutas.

```
CE#configure terminal
CE(config)#router rip
CE(config-router)#no auto-summary
CE(config-router)#end
```

3. Regrese a la consola del router PE y revise nuevamente la tabla de enrutamiento del dispositivo. Ahora debe encontrar una ruta específica para cada subred de la red 172.16.0.0/16.

```
PE#show ip route
```

 Si no se aún no se refleja el cambio en la tabla de enrutamiento desactive y vuelva a activar la interfaz GigabitEthernet 0/1 del router PE para forzar la actualización.

### Desactivar la publicación de actualizaciones RIP

1. En el router CE verifique a través de qué interfaces se están enviando actualizaciones del protocolo de enrutamiento. El dispositivo debería estar enviando actualizaciones a través de todas sus interfaces.

```
CE#show ip protocols
```

2. Ingrese ahora al router PE y verifique su tabla de enrutamiento. El dispositivo debería estar aprendiendo ruta a la red 172.16.0.0/16 a través del router CE.

```
PE#show ip route
```

3. Regrese al router CE y desactive la publicación de actualizaciones RIP a través de la interfaz G0/1.

```
CE#configure terminal
CE(config)#router rip
```

```
CE(config-router)#passive-interface GigabitEthernet 0/1
CE(config-router)#end
```

4.  Verifique ahora en el router CE, a través de qué interfaces se están publicando actualizaciones. Ahora no debe aparecer en la lista la interfaz G0/1, al mismo tiempo que se ha agregado ahora como interfaz pasiva.

```
CE#show ip protocols
```

5.  Ingrese nuevamente al router PE y verifique nuevamente su tabla de enrutamiento. Ahora no debiera tener ya rutas aprendidas a través de RIP.

```
PE#show ip route
```

## Generar una ruta por defecto con RIP

1.  Configure RIP en el router CE de modo de publicar una ruta por defecto.

```
PE#configure terminal
PE(config)#router rip
PE(config-router)#default-information originate
PE(config-router)#end
```

2.  Ingrese en el router GTW1 y verifique la tabla de enrutamiento. Ahora debe aparecer una ruta por defecto aprendida por RIP que está identificada como R*

```
GTW1#show ip route
```

 De esta manera concluye este laboratorio.

# Día 20

## Enrutamiento IPv6

IPv6 es un protocolo enrutado completamente diferente de IPv4. En consecuencia,
los protocolos de enrutamiento IP que se utilizan en el entorno tradicional no son
aplicables en redes IPv6. Por esto son necesarios protocolos de enrutamiento
específicos que respondan a la nueva arquitectura de IPv6.

Además del enrutamiento estático es posible utilizar alguno de los protocolos de
enrutamiento actualmente disponibles en Cisco IOS para redes IPv6:

- RIPng.

- OSPFv3.

- IS-IS.

- EIGRP.

- MP-BGP.

En dispositivos Cisco IOS el enrutamiento IPv6 se encuentra inactivo por defecto, por lo cual es necesario activarlo al iniciar las tareas de configuración de enrutamiento IPv6.

```
Router#configure terminal
Router(config)#ipv6 unicast-routing
```

### Configuración de enrutamiento estático IPv6

La implementación de enrutamiento estático en entornos IPv6 es semejante a la que se realiza en entornos IPv4.

La distancia administrativa por defecto de estas rutas es 1 y su ID en la tabla de enrutamiento es "S".

```
Router#configure terminal
Router(config)#ipv6 route 2001:db8:0:1::/64 Serial0/1
```

La sintaxis de la ruta estática es la que se utiliza en rutas IPv4: se indica la red destino utilizando dirección de red y longitud de prefijo, y dirección del próximo salto o interfaz de salida.

```
Router(config)#ipv6 route ::/0 Serial0/0
```

Genera una ruta IPv6 por defecto.

*Verificación del enrutamiento IPv6*

```
Router#show ipv6 route
```

Muestra la tabla de enrutamiento IPv6.

```
Router#show ipv6 route static
```

Muestra las rutas IPv6 estáticas que se incorporan en la tabla de enrutamiento IPv6.

```
Router#traceroute 2001:db8:0:1::10
```

Permite descubrir la ruta utilizada para alcanzar un destino específico.

# Laboratorio 5.5: Configuración básica de IPv6

 Para la realización de los laboratorios de esta Guía se ha diseñado la topología de una maqueta única que permite cubrir todos los ejercicios propuestos. La descripción e información correspondiente a esta maqueta la encontrará en el inicio del manual.
Para este ejercicio debe concentrarse solamente en una parte de esa maqueta, a la que denominamos "Topología a utilizar".

## Topología a utilizar

 Antes de iniciar el ejercicio asegúrese de desactivar los puertos que no participan de esta topología para tener lecturas más claras de los comandos show.

Consideraciones a tener en cuenta para este ejercicio:

- No se utilizan los enlaces que conectan ASW1 con ASW2. Esos puertos deben desactivarse utilizando el comando shutdown.

- De las conexiones seriales que conectan GTW2 con CE se utiliza solamente una, la otra debe desactivarse.

- La terminal ISE se utiliza solamente como terminal, no publica ningún servicio en este ejercicio.

- En el enlace serial que une CE con GTW2 el extremo DCE de la conexión es el router CE. Ese enlace tiene un ancho de banda de 4 Mbps.

- Modificaciones de direccionamiento IP respecto del laboratorio anterior:

## Direccionamiento IP

| Dispositivo | Interfaz | IPv4 / IPv6 | Máscara de Subred |
|---|---|---|---|
| PC10 | Gi | 172.16.50.10 <br> 2001:DB8:0:1::10/64 | 255.255.255.0 |
| PC20 | Gi | 172.16.51.20 <br> 2001:DB8:0:2::20/64 | 255.255.255.0 |
| ISE | Gi | 192.168.1.10 <br> 2001:DB8:B:1::/64 Auto | 255.255.255.0 |

| Dispositivo | Interfaz | IPv4 / IPv6 | Máscara de Subred |
|---|---|---|---|
| ASW1 | VLAN1 | 172.16.50.101 | 255.255.255.0 |
| ASW2 | VLAN1 | 172.16.51.102 | 255.255.255.0 |
| GTW1 | G0/0 | 172.16.1.5<br>2001:DB8:1:2::5/64 | 255.255.255.252 |
| | G0/1 | 172.16.50.1<br>2001:DB8:0:1::1/64 | 255.255.255.0 |
| | G0/2 | 172.16.1.1<br>2001:DB8:1:1::1/64 | 255.255.255.252 |
| GTW2 | G0/1 | 172.16.51.2<br>2001:DB8:0:2::2/64 | 255.255.255.0 |
| | G0/2 | 172.16.1.2<br>2001:DB8:1:1::2/64 | 255.255.255.252 |
| | S0/0 | 172.16.1.9<br>2001:DB8:1:3::13/64 | 255.255.255.252 |
| CE | G0/0 | 172.16.1.6<br>2001:DB8:1:2::6/64 | 255.255.255.252 |
| | S0/0 | 172.16.1.10<br>2001:DB8:1:3::14/64 | 255.255.255.252 |
| | G0/1 | 200.1.1.10<br>2001:DB8:A:1::10/64 | 255.255.255.0 |
| PE | G0/0 | 192.168.1.1<br>2001:DB8:B:1::1/64 | 255.255.255.0 |
| | G0/1 | 200.1.1.1<br>2001:DB8:A:1::1/64 | 255.255.255.0 |

## Configuración de direccionamiento IPv6 en las terminales

1. Acceda a la terminal PC10. Acceda al Centro de redes y recursos compartidos, una vez allí seleccione la conexión de red activa.

o En la ventana que muestra el estado de la conexión, en la sección Actividad seleccione la opción Propiedades, se mostrará la solapa Funciones de red.

o En esa solapa asegúrese que el Protocolo de Internet versión 6 (TCP/IPv6) se encuentra activo, si no lo está, actívelo.

o Seleccione Protocolo de Internet versión 6 y luego el botón Propiedades.

o En la ventana de Propiedades de TCP/IPv6 seleccione "Usar la siguiente dirección IPv6".

o En la ventana IPv6 ingrese 2001:DB8:0:1::10

o En Longitud del prefijo de subred ingrese 64

o En Puerta de enlace predeterminada ingrese 2001:DB8:0:1::1

o En Servidor DNS preferido ingrese 2001:4860:4860::8888 (El DNS público de Google).

o Completada la tarea seleccione el botón Aceptar. En la ventana de Propiedades seleccione nuevamente Aceptar.

2. Verifique el resultado de la configuración realizada utilizando el botón Detalles de la ventana de Estado de la conexión. A continuación abra una ventana de Símbolo del Sistema e ingrese en el prompt el comando ipconfig /all. Debe ver ahora la información de configuración IPv6 completa.

```
C:\>ipconfig /all

Configuración IP de Windows

    Nombre de host. . . . . . . . . : PC10
    Sufijo DNS principal  . . . . . :
    Tipo de nodo. . . . . . . . . . : híbrido
    Enrutamiento IP habilitado. . . : no
    Proxy WINS habilitado . . . . . : no

Adaptador de Ethernet Conexión de área local:

[se omiten algunas líneas]
    Descripción . . . . . . . . . . . . . . . : Realtek PCIe GBE
    Dirección física. . . . . . . . . . . . . : 00-50-56-C0-00-01
    Dirección IPv6 . . . . . . . . . : 2001:db8:0:1::10(Preferido)
    Vínculo: dirección IPv6 local. . . : fe80::5140:f89a:4b23:e028%6
    Dirección IPv4. . . . . . . . . . . . . . : 172.16.50.10
    Máscara de subred . . . . . . . . . . . . : 255.255.255.0
        Puerta de enlace predeterminada . . . . : 2001:db8:0:1::1
                                                  172.16.50.1
[se omiten algunas líneas]
    Servidores DNS. . . . . . . . . . . . . . : 2001:4860:4860::8888
                                                8.8.8.8
[se omiten algunas líneas]
```

3. Repita los pasos 1 y 2 para realizar la configuración de las terminales PC20 y ISE. En esta tarea utilice la información de configuración contenida en la tabla de Direccionamiento IP.

### Configuración de direccionamiento IPv6 en los routers

1. Desde la consola del router GTW1 acceda al modo de configuración global del dispositivo y habilite el enrutamiento IPv6.

```
GTW1#configure terminal
GTW1(config)#ipv6 unicast-routing
```

2. Configure IPv6 en cada una de las interfaces de GTW1 utilizando la información contenido en la tabla de Direccionamiento IP.

```
GTW1(config)#interface GigabitEthernet 0/0
GTW1(config-if)#ipv6 address 2001:DB8:1:2::5/64
GTW1(config-if)#interface GigabitEthernet 0/1
GTW1(config-if)#ipv6 address 2001:DB8:0:1::1/64
GTW1(config-if)#interface GigabitEthernet 0/2
GTW1(config-if)#ipv6 address 2001:DB8:1:1::1/64
GTW1(config-if)#end
```

3. Verifique la configuración realizada en las interfaces.

```
GTW1#show ip interface brief
GigabitEthernet0/0          [up/up]
    FE80::207:EFF:FE55:7660
    2001:DB8:1:2::5
GigabitEthernet0/1          [up/up]
    FE80::207:EFF:FE55:7661
    2001:DB8:0:1::1
GigabitEthernet0/2          [up/up]
    FE80::207:EFF:FE55:7662
    2001:DB8:1:1::1

GTW1#sh run interface GigabitEthernet0/1
Building configuration...

Current configuration : 129 bytes
!
interface GigabitEthernet0/1
 ip address 172.16.50.1 255.255.255.0
 duplex auto
 speed auto
 ipv6 address 2001:DB8:0:1::1/64
end
```

4. Verifique la conectividad IPv6 ejecutando un ping hacia la dirección IPv6 de PC10. La respuesta debe ser exitosa.

```
GTW1#ping 2001:DB8:0:1::10
```

5. Repita la operación realizada en los routers GTW2, CE y PE. En cada caso verifique la configuración de las interfaces una vez concluida la tarea.

```
GTW2#configure terminal
GTW2(config)#ipv6 unicast-routing
GTW2(config)#interface GigabitEthernet 0/1
GTW2(config-if)#ipv6 address 2001:DB8:0:2::2/64
GTW2(config-if)#interface GigabitEthernet 0/2
GTW2(config-if)#ipv6 address 2001:DB8:1:1::2/64
GTW2(config-if)#interface Serial 0/0
GTW2(config-if)#ipv6 address 2001:DB8:1:3::13/64
GTW2(config-if)#end
GTW2#show ip interface brief

CE#configure terminal
CE(config)#ipv6 unicast-routing
CE(config)#interface GigabitEthernet 0/0
CE(config-if)#ipv6 address 2001:DB8:1:2::6/64
CE(config-if)#interface GigabitEthernet 0/1
CE(config-if)#ipv6 address 2001:DB8:A:1::10/64
CE(config-if)#interface Serial 0/0
CE(config-if)#ipv6 address 2001:DB8:1:3::14/64
CE(config-if)#end
CE#show ip interface brief
```

```
PE#configure terminal
PE(config)#ipv6 unicast-routing
PE(config)#interface GigabitEthernet 0/0
PE(config-if)#ipv6 address 2001:DB8:B:1::1/64
PE(config-if)#interface GigabitEthernet 0/1
PE(config-if)#ipv6 address 2001:DB8:A:1::1/64
PE(config-if)#end
PE#show ip interface brief
```

 De esta manera concluye este laboratorio.

## Laboratorio 5.6: Configuración de enrutamiento estático IPv6

 Para la realización de los laboratorios de esta Guía se ha diseñado la topología de una maqueta única que permite cubrir todos los ejercicios propuestos. La descripción e información correspondiente a esta maqueta la encontrará en el inicio del manual.
Para este ejercicio debe concentrarse solamente en una parte de esa maqueta, a la que denominamos "Topología a utilizar".

### Topología a utilizar

 Antes de iniciar el ejercicio asegúrese de desactivar los puertos que no participan de esta topología para tener lecturas más claras de los comandos show.

Consideraciones a tener en cuenta para este ejercicio:

- No se utilizan los enlaces que conectan ASW1 con ASW2. Esos puertos deben desactivarse utilizando el comando shutdown.

- De las conexiones seriales que conectan GTW2 con CE se utiliza solamente una, la otra debe desactivarse.

- La terminal ISE se utiliza solamente como terminal, no publica ningún servicio en este ejercicio.

- En el enlace serial que une CE con GTW2 el extremo DCE de la conexión es el router CE. Ese enlace tiene un ancho de banda de 4 Mbps.

- En el desarrollo del ejercicio no es necesario activar el enrutamiento de unicast IPv6 ya que esta tarea se ha cumplido en el laboratorio anterior.

## Direccionamiento IP

| Dispositivo | Interfaz | IPv6 | Longitud de Prefijo |
|---|---|---|---|
| PC10 | Gi | 2001:DB8:0:1::10 | /64 |
| PC20 | Gi | 2001:DB8:0:2::20 | /64 |
| ISE | Gi | 2001:DB8:B:1::10 | /64 |
| GTW1 | G0/0 | 2001:DB8:1:2::5 | /64 |
| | G0/1 | 2001:DB8:0:1::1 | /64 |
| | G0/2 | 2001:DB8:1:1::1 | /64 |
| GTW2 | G0/1 | 2001:DB8:0:2::2 | /64 |
| | G0/2 | 2001:DB8:1:1::2 | /64 |
| | S0/0 | 2001:DB8:0:2::13 | /64 |
| CE | G0/0 | 2001:DB8:1:2::6 | /64 |
| | S0/0 | 2001:DB8:1:3::14 | /64 |
| | G0/1 | 2001:DB8:A:1::10 | /64 |
| PE | G0/0 | 2001:DB8:B:1::1 | /64 |
| | G0/1 | 2001:DB8:A:1::1 | /64 |

## Verificación de conectividad IPv6

1. Abra una ventana de Símbolo del Sistema en la terminal PC10. Desde el prompt del sistema operativo verifique la conectividad con el puerto G0/0 de GTW1. La respuesta debe ser afirmativa.

```
C:\>ping 2001:DB8:1:2::5
```

2. Verifique a continuación conectividad con el puerto Gi0/0 de CE. En este caso el intento debe fracasar (time out) ya que CE no tiene ruta hacia la red 2001:DB8:0:1::/64 para enviar la respuesta.

```
C:\>ping 2001:DB8:1:2::6
```

### Configuración de una ruta estática por defecto

1. Ingrese a la consola de GTW1 y defina una ruta por defecto que utilice como próximo salto el puerto Gi0/0 de CE. Concluida la configuración verifique que la ruta haya ingresado en la tabla de enrutamiento.

```
GTW1#configure terminal
GTW1(config)#ipv6 route ::/0 2001:DB8:1:2::6
GTW1(config)#exit
GTW1#show ipv6 route
```

2. Ingrese ahora a la consola de CE y defina una ruta estática con destino a la red 2001:DB8:0:1::/64 cuyo próximo salto sea el puerto Gi0/0 de GTW1. Concluida la tarea verifique que la ruta haya sido incluida en la tabla de enrutamiento.

```
CE#configure terminal
CE(config)#ipv6 route 2001:DB8:0:1::/64 2001:DB8:1:2::5
CE(config)#exit
CE#show ipv6 route
```

3. Verifique ahora la conectividad IPv6 ejecutando un ping desde la PC10 hacia el Puerto Gi0/0 de CE. Esta vez la respuesta debe ser exitosa.

```
C:\>ping 2001:DB8:1:2::6
```

4. Regrese a la consola del router CE y configure una ruta estática hacia la red 2001:DB8:B:1::/64 a través del puerto G0/1 de PE. A continuación verifique que la ruta haya sido incluida en la tabla de enrutamiento.

```
CE#configure terminal
CE(config)#ipv6 route 2001:DB8:B:1::/64 2001:DB8:A:1::1
CE(config)#exit
CE#show ipv6 route
```

5. Ingrese a la consola de PE y acceda al modo de configuración global. Configure una ruta estática con destino a la red 2001:DB8::/48 cuyo próximo salto sea la interfaz G0/1 de CE. Terminada la configuración verifique la ruta en la tabla de enrutamiento.

```
PE#configure terminal
PE(config)#ipv6 route 2001:DB8::/48 2001:DB8:A:1::10
PE(config)#exit
PE#show ipv6 route
```

6. Verifique la configuración realizada desde la PC10 ejecutando un ping a 2001:DB8:B:1::10. La prueba debe ser exitosa.

```
C:\>ping 2001:DB8:B:1::10
```

7. Complete la prueba verificando la ruta con una prueba de traceroute.

```
C:\>tracert 2001:DB8:B:1::10
```

8. Antes de terminar, elimine las rutas estáticas creadas en cada uno de los dispositivos.

```
GTW1#configure terminal
GTW1(config)#no ipv6 route ::/0 2001:DB8:1:2::6
GTW1(config)#exit

CE#configure terminal
CE(config)#no ipv6 route 2001:DB8:0:1::/64 2001:DB8:1:2::5
CE(config)#no ipv6 route 2001:DB8:B:1::/64 2001:DB8:A:1::1
CE(config)#exit

PE#configure terminal
PE(config)#no ipv6 route 2001:DB8::/48 2001:DB8:A:1::10
PE(config)#exit
```

 De esta manera concluye este laboratorio.

## Enhanced Interior Gateway Routing Protocol (EIGRP)

Como su nombre lo indica (Enhanced Interior Gateway Routing Protocol), se trata de una versión mejorada de IGRP lanzada por Cisco en el año 1994. Ambos protocolos (IGRP y EIGRP) son compatibles entre sí, lo que permite una interoperabilidad transparente: ambos protocolos redistribuyen información uno del otro de modo automático con la única condición de que utilicen el mismo número de sistema autónomo. Fue publicado como un estándar abierto en el año 2013.

Sus principales características son:

- Protocolo de enrutamiento por vector distancia avanzado.
  Es un protocolo de vector distancia mejorado incorporando algunos elementos de los protocolos de estado de enlace.

- Protocolo propietario de Cisco.

 Atención:
Si bien a efectos del examen de certificación EIGRP sigue siendo un protocolo propietario de Cisco, en febrero del año 2013 Cisco Systems anunció su apertura, y ha pasado a ser un protocolo de tipo abierto detallado en un conjunto de RFCs de la IETF.
http://tools.ietf.org/html/draft-savage-eigrp-00

- Algoritmo de selección de mejor ruta: DUAL
  Utiliza la Máquina de Estado Finito DUAL (FSM).
  Calcula las rutas con la información que le proveen la tabla de vecindades y la tabla topológica asegurando de esta manera rutas libres de bucles y rutas de respaldo a lo largo de todo el dominio de enrutamiento.

- Mantiene una tabla de vecindades y una tabla topológica.

- Implementa el concepto de "rutas sucesoras".

- Si una ruta deja de estar disponible inmediatamente propone a la tabla de enrutamiento la ruta sucesora; si no existe una ruta sucesora se inicia un requerimiento a los vecinos para descubrir la posibilidad de una ruta alternativa.

- No realiza actualizaciones periódicas.
  Sólo se envían actualizaciones cuando una ruta cambia (actualizaciones incrementales). Estas actualizaciones se envían solamente a los dispositivos que son afectados por los cambios.
  De esta forma se minimizan los requerimientos de ancho de banda.

- Envía paquetes hello utilizando multicast: 224.0.0.10 o FF02::A.
  Cuando se trata de comunicarse con un vecino específico, utiliza unicast.

- En los paquetes hello se incluyen los temporizadores, si no se recibe un hello de un vecino dentro del intervalo de tiempo definido como hold time DUAL informará de un cambio topológico.

- Soporta VLSM, enrutamiento de redes discontiguas y sumarización de rutas.

- Por defecto NO sumariza rutas.
  Se puede activar sumarización automática, al límite de la clase; o se puede realizar sumarización manual de rutas.

 Esta opción por defecto cambió con la versión IOS 15.0. Hasta IOS 12.4, por defecto, EIGRP sumarizaba rutas automáticamente al límite de la clase.

- Soporta autenticación con intercambio de claves predefinidas y cifradas con MD5.
  Se autentica el origen de cada actualización de enrutamiento.

- Diseño modular utilizando PDM.
  Cada PDM es responsable de todas las funciones relacionadas con un protocolo enrutado específico. Esto posibilita actualizaciones sin necesidad de cambio completo del software.
  De este modo soporta múltiples protocolos enrutados: IPv4, IPv6, IPX y AppleTalk. Esta es una de sus características sobresalientes.

- Utiliza RTP (protocolo propietario de capa de transporte) para asegurar una comunicación confiable.

Esto asegura independencia respecto del protocolo enrutado y acelera el proceso de convergencia ya que los dispositivos no necesitan esperar al vencimiento de los temporizadores para retransmitir.
No se utiliza RTP para el envío de paquetes hello.

- Métrica de 32 bits compuesta utilizando 4 parámetros: ancho de banda, retraso, confiabilidad y carga.
  Métrica por defecto = ancho de banda + retardo.
  Cada parámetro está modificado por una constante (modificable por configuración) que impacta su influencia en la métrica:

  - Métrica = [K1 x ancho de banda + (K2 x ancho de banda) / (256 − carga) + K3 x retardo] x [K5 / (confiabilidad + K4)]

  - Valores de las constantes por defecto: K1=1, K2=0, K3=1, K4=0, K5=0

  - Métrica por defecto = ancho de banda + retardo

- Balancea tráfico entre rutas de igual métrica. 4 por defecto, máximo 32 (depende de la plataforma).
  Es posible definir balanceo de tráfico entre rutas de diferente métrica.

- Cantidad máxima de saltos: 224.

- Permite distinguir 2 tipos de rutas:

  - Rutas Internas.
    Rutas originadas dentro del sistema autónomo de EIGRP por el mismo protocolo.

  - Rutas Externas.
    Rutas originadas fuera del dominio de enrutamiento de EIGRP. Pueden ser aprendidas o redistribuidas desde otro protocolo o pueden ser rutas estáticas.

- ID en la tabla de enrutamiento: D
  Para rutas externas D EX.

- Distancia Administrativa: 90
  Para rutas externas: 170.

- Su configuración requiere que se defina un número de Sistema Autónomo (AS).
  Dado que es un protocolo de enrutamiento interior no requiere de un ID de AS público asignado por IANA. Si es condición que todos los dispositivos que deban intercambiar información de enrutamiento utilicen el mismo ID.

- Realiza actualizaciones parciales, incrementales y limitadas utilizando multicast o unicast.

  - Utiliza paquetes hello para el mantenimiento de las tablas.

- El tiempo de actualización de hello por defecto depende del ancho de banda de la interfaz.
  Es de 5 segundos para enlaces Ethernet o punto a punto de más de 1,544 Mbps.

- No requiere que el tiempo de actualización sea el mismo en todos los dispositivos.

- Solo envía actualizaciones cuando se verifica algún cambio.

- Utiliza diferentes tipos de paquetes:

| Tipo de paquete | IP destino |
|---|---|
| Hello | Multicast |
| Acknowledgment | Unicast |
| Update | Unicast / Multicast |
| Query | Unicast / Multicast |
| Reply | Unicast |

Los routers EIGRP mantienen tablas de información interna del protocolo:

- Una Tabla de vecinos.
  Es un registro de los vecinos que descubre a través del intercambio de paquetes de hello y con los que establece adyacencias.
  Se utiliza para hacer seguimiento de cada uno de los vecinos utilizando paquetes hello.

- Una tabla topológica.
  Contiene todas las rutas a cada destino posible, descubiertas por el protocolo a través de los dispositivos vecinos.
  Mantiene la información de las rutas sucesoras factibles (FS): Rutas de respaldo. Estas rutas son utilizadas cuando una ruta sucesora cae.

## Selección de rutas EIGRP

La selección de la mejor ruta es realizada por el protocolo a partir de la información contenida en la tabla topológica; en dicha tabla se mantiene para cada una de las redes destino posibles:

- La métrica con la que cada vecino publica cada una de las diferentes rutas a esa red destino (AD).

- La métrica que el dispositivo calcula para alcanzar esa red destino a través de ese dispositivo sucesor utilizando esa ruta (FD – Feasible Distance).
  FD = AD + Métrica para alcanzar el vecino
  La feasible distance será la métrica de enrutamiento que se asignará a esa ruta si es colocada en la tabla de enrutamiento.

| Red | Métrica |
|---|---|
| 10.1.1.0/24 | 5000 |

| Red | AD | FD |
|---|---|---|
| 10.1.1.0/24 | 5000 | 6200 |

10.1.1.0/24

Métrica: 5000    Métrica: 1200

Como resultado del análisis de estas métricas, la ruta con menor métrica (successor route) es propuesta a la tabla de enrutamiento como la mejor ruta; y se elige una ruta de respaldo o feasible successor route.

Para esto el algoritmo de EIGRP compara las FDs de todas las rutas al mismo destino y selecciona la ruta con menor FD; esta será la ruta propuesta para la tabla de enrutamiento del dispositivo.

Si por cualquier motivo la ruta seleccionada (successor route) deja de estar disponible o ser válida el algoritmo DUAL:

1. Verifica si se ha seleccionado un feasible sucesor a la red destino; si hay un feasible sucesor se lo utiliza como ruta de respaldo evitando así la necesidad de procesar nuevamente la información de enrutamiento.

2. Si no hay un feasible successor la ruta cambia a estado activo e inicia un proceso de re cómputo para obtener una nueva successor route.
   Este proceso es intensivo en requerimiento de procesador, por lo que se intenta evitar todo lo posible esta situación previendo la presencia de un feasible successor en la tabla topológica.

## Métrica

EIGRP implementa una métrica compuesta calculada a partir de 4 parámetros; 2 por defecto y 2 opcionales.

Componentes por defecto:

- Ancho de banda.
  El menor ancho de banda de todas las interfaces salientes en la ruta entre origen y destino expresado en kilobits por segundo. No es un valor acumulativo.

- Delay.
  Suma acumulada del delay que se acumula a lo largo de la ruta al destino, expresada en decenas de microsegundos.

Adicionalmente puede considerar:

- Confiabilidad.
  Representa el tramo menos confiable en la ruta entre origen y destino, tomando como base los keepalives.

- Carga.
Representa el enlace con mayor carga en la ruta entre origen y destino, tomando como base la tasa de paquetes y el ancho de banda configurado en las interfaces.

 Estos dos parámetros no suelen utilizarse ya que suelen generar un frecuente recálculo de la topología de la red.

 En las actualizaciones se incluye el valor de MTU de los enlaces pero no es considerado en el cálculo de la métrica.

El valor de cada uno de estos parámetros en las diferentes interfaces puede revisarse utilizando el comando show interface.

Los valores de ancho de banda y delay pueden ser establecidos en cada interfaz por configuración.

```
Router#show interface Serial0/0/0
Router#configure terminal
Router(config)#interface Serial0/0/0
Router(config-if)#bandwidth 4000
```

Establece un valor de referencia para el ancho de banda, expresado en Kbps.

```
Router(config-if)#delay 10000
```

Define un valor de delay, expresado en microsegundos, para la interfaz.

Estos 4 parámetros se integran en una fórmula de cálculo en la que son modificados utilizando valores constantes (K1, K2, K3, K4 y K5) que pueden ser modificados por configuración y que reciben la denominación de "pesos".

Por defecto K1=1 y K3=1; K2=0, K4=0 y K5=0. Esto resulta en que solamente se utilizan en el cálculo el ancho de banda y el delay.

 El valor de los "pesos" de cada constante se incluye en los mensajes hello y debe ser igual en los dispositivos que componen el mismo sistema autónomo. De lo contrario no se establece relación de vecindad.

## Balanceo de carga

Es la capacidad del dispositivo de distribuir el tráfico entre múltiples rutas de igual métrica; esto permite aumentar la utilización de los diferentes segmentos de red.

EIGRP tiene la posibilidad de distribuir carga entre enlaces de igual o desigual métrica.

ROUTER 1 Tabla Topológica

| Red | FD | |
|---|---|---|
| 10.1.1.0/24 | 6200 9500 | Successor Feas. Succ. |

ROUTER 1 Tabla de Enrutamiento

| Red Destino | Métrica | Próx. Salto |
|---|---|---|
| 10.1.1.0/24 | 6200 | ROUTER 2 |

## *Balanceo de carga entre rutas de igual métrica*

- Es el modo de operación por defecto.

- Por defecto balancea carga en hasta 4 rutas de igual métrica a través de la instalación de hasta 4 rutas de igual métrica en la tabla de enrutamiento.

- La cantidad máxima de rutas posibles para el balanceo depende de la plataforma.

## *Balanceo de carga entre rutas de diferente métrica*

- Se puede balancear tráfico entre rutas que tengan una métrica hasta 128 veces peor que la métrica de la successor route elegida.

ROUTER 1 Tabla Topológica

| Red | FD | |
|---|---|---|
| 10.1.1.0/24 | 6200 9500 | Successor Successor |

variance 2

ROUTER 1 Tabla de Enrutamiento

| Red Destino | Métrica | Próx. Salto |
|---|---|---|
| 10.1.1.0/24 | 6200 9500 | ROUTER 2 ROUTER 3 |

## Configuración de EIGRP en redes IPv4

```
Router(config)#router eigrp 1
```

Selecciona el protocolo de enrutamiento e ingresa al submodo de configuración del mismo.

Requiere la asignación de un ID de sistema autónomo (1 a 65535), que debe ser igual en todos los dispositivos que participan del mismo dominio de enrutamiento. En este caso se utiliza el ID de sistema autónomo 1. En el caso de EIGRP el ID de sistema autónomo es elegido por el Administrador de la red.

```
Router(config-router)#network 172.16.1.0 0.0.0.255
```

Declara las interfaces que participan del intercambio de información de enrutamiento enunciando las redes a las que pertenecen esas interfaces. Se puede utilizar máscara de wildcard para especificar una subred o un conjunto de subredes en particular.

Si no se utiliza la máscara de wildcard se asuma la red al límite de la clase con lo que incluye todas las interfaces que pertenecen a diferentes subredes de la misma red.

 IOS 15 permite utilizar también la máscara de subred. En este caso IOS convertirá automáticamente la máscara de subred a máscara de wildcard.

```
Router(config-router)#maximum-paths 2
```

Ajusta el balanceo de tráfico entre hasta 2 rutas con igual métrica. El máximo posibles es 32.

Si se define el valor 1 se suprime el balanceo de tráfico.

```
Router(config-router)#shutdown
```

EIGRP incluye la posibilidad de apagar el proceso del protocolo de enrutamiento utilizando el comando shutdown.

El comportamiento por defecto es diferente en distintas versiones de IOS, por lo que en algunos casos puede ser necesario ejecutar el comando no shutdown.

```
Router(config-router)#eigrp router-id 1.1.1.1
```

Permite definir un router ID manualmente. Cada dispositivo debe tener un router ID único dentro del dominio de enrutamiento.

Si no se configura un router ID el proceso selecciona la dirección IP más alta de las interfaces de loopback; si no hay interfaces de loopback se asume la dirección

IP más alta de las interfaces activas. El router ID no cambia a menos que se reinicie el proceso.

El router ID se utiliza para validar el origen de las comunicaciones EIGRP.

`Router(config-router)#passive-interface GigabitEthernet0/0`

Interrumpe el envío de paquetes EIGRP hello sobre una interfaz específica, con lo que no se establecerá una relación de vecindad a través de ella. También se suprime el envío y recepción de actualizaciones de enrutamiento EIGRP.

---

📝 No se forman adyacencias a través de interfaces que han sido pasivadas.

---

`Router(config-router)#passive-interface default`

Todas las interfaces en las que se ha activado el protocolo de enrutamiento se asumen como pasivas por defecto. Este comando impide el establecimiento de adyacencias con cualquier dispositivo vecino, por lo tanto para que el protocolo realmente opere es necesario complementarlo con la indicación de cuáles son las interfaces a través de las cuáles se debe establecer adyacencias.

`Router(config-router)#no passive-interface Serial 0/0/0`

Cuando la opción por defecto es que las interfaces son pasivas para el intercambio de información, elimina esa restricción en una interfaz específica.

`Router(config-router)#auto-summary`

Activa la función de sumarización automática de rutas. Sumarizará las subredes de una misma red al límite de la clase. No se debe utilizar en el caso de utilizar subredes discontinuas.

`Router(config-router)#exit`

*Verificación*

`Router#show ip route eigrp`

Muestra las rutas aprendidas utilizando EIGRP que se han ingresado en la tabla de enrutamiento.

`Router#show ip protocols`

Muestra los parámetros de configuración y operación de los protocolos de enrutamiento activos en el dispositivo.

`Router#show ip eigrp interfaces`

Visualiza las interfaces sobre las cuáles EIGRP se encuentra activo.

Indica cuántos vecinos se han encontrado a través de cada interfaz, la cantidad de paquetes EIGRP en cola de espera, etc.

```
Router#show ip eigrp neighbors
```

Muestra los dispositivos vecinos que EIGRP ha descubierto y con los cuales intercambia información de enrutamiento.

Indica si el intercambio con ese vecino se encuentra activo o inactivo.

```
Router#show ip eigrp topology
```

Muestra la tabla de topología de EIGRP. Contiene además de las rutas sucesoras, las rutas sucesoras factibles, las métricas, el origen de la información y los puertos de salida.

```
Router#show ip eigrp topology all-links
```

Muestra en el resultado todas las rutas aprendidas, aún aquellas que no alcanzan la categoría de feasible route.

*Balanceo de carga*

```
Router#configure terminal
Router(config)#router eigrp 1
Router(config-router)#maximum-paths 3
```

Especifica el número de rutas a un mismo destino que EIGRP puede incorporar en la tabla de enrutamiento.

El valor por defecto es 4, un valor de 1 suprime el balanceo de carga. El valor máximo depende de la plataforma.

Por defecto se trata de rutas de igual métrica.

```
Router(config-router)#variance 2
```

Habilita la posibilidad del balanceo de carga entre rutas de diferente métrica. El valor por defecto es 1 (utiliza solo rutas de igual métrica).

Define un valor ente 1 y 128 para ser utilizado como múltiplo de los valores de métrica de la mejor ruta que son aceptables para realizar balanceo de tráfico entre rutas de diferente métrica.

## EIGRP en redes IPv6

La operación de EIGRP en redes IPv6 es semejante a la operación en redes IPv4, pero exige una configuración y gestión diferenciadas. En el protocolo original se ha incorporado en enrutamiento de IPv6 en un módulo separado.

- Es fácil de configurar.

- Mantiene sus características de protocolo de vector distancia avanzado (en definitiva, es el mismo protocolo).

- El soporte de múltiples protocolos se realiza a través de módulos.

- Soporta IPv6 como un contexto de enrutamiento separado.

- Utiliza direcciones link-local para la definición de adyacencias y el atributo de próximo salto.

- Se configura en las interfaces (no utiliza comandos network).

- Se mantienen tablas de vecinos independientes para IPv4 e IPv6.

- En los demás aspectos operativos del protocolo y el algoritmo permanece igual que en IPv4.

### Configuración de EIGRP en redes IPv6

```
Router(config)#ipv6 unicast routing
```
> Activa el enrutamiento IPv6.
>
> Este debiera ser el primer comando IPv6 ejecutado en el router.

```
Router(config)#ipv6 router eigrp 1
```
> Crea una instancia de enrutamiento EIGRP para IPv6 e ingresa al submodo de configuración del protocolo.
>
> El número de sistema autónomo debe ser el mismo en todos los dispositivos que conforman un dominio de enrutamiento.

```
Router(config-rtr)#no shutdown
```
> Como ocurre en IPv4, es posible que el proceso de EIGRP se encuentre apagado, con lo que puede ser necesario activarlo.

```
Router(config-rtr)#exit
Router(config)#interface GigabitEthernet 0/0
Router(config-if)#ipv6 enable
Router(config-if)#ipv6 address FC00:1:1:1::/64 eui-64
Router(config-if)#ipv6 eigrp 1
```
> Inicia la operación de la instancia de EIGRP previamente creada, en la interfaz.

```
Router(config-if)#Ctrl-Z
```

*Verificación*

```
Router#show ipv6 router eigrp
```
> Muestra las rutas IPv6 aprendidas utilizando el protocolo EIGRP que se han ingresado en la tabla de enrutamiento IPv6.

```
Router#show ipv6 eigrp 1 interfaces
Router#show ipv6 eigrp 1 neighbors
```

Muestra los vecinos IPv6 descubiertos por el proceso de EIGRP.

```
Router#show ipv6 eigrp 1 topology
```
Muestra la composición de la tabla topológica IPv6 de EIGRP.

## Laboratorio 5.7: Configuración y verificación de EIGRP

 Para la realización de los laboratorios de esta Guía se ha diseñado la topología de una maqueta única que permite cubrir todos los ejercicios propuestos. La descripción e información correspondiente a esta maqueta la encontrará en el inicio del manual.
Para este ejercicio debe concentrarse solamente en una parte de esa maqueta, a la que denominamos "Topología a utilizar".

### Topología a utilizar

 Antes de iniciar el ejercicio asegúrese de desactivar los puertos que no participan de esta topología para tener lecturas más claras de los comandos show.

 Para la asignación de direcciones de cada puerto y terminal diríjase a la tabla "Direccionamiento IP inicial" al inicio de la Guía.

Consideraciones a tener en cuenta para este ejercicio:

- No se utilizan los enlaces que conectan ASW1 con ASW2. Esos puertos deben desactivarse utilizando el comando shutdown.

- De las conexiones seriales que conectan GTW2 con CE se utiliza solamente una, la otra debe desactivarse.

- La terminal ISE se utiliza solamente como terminal, no publica ningún servicio en este ejercicio.

- Todos los dispositivos deben tener su configuración básica como punto de partida, con la configuración IP completa de todas las interfaces que intervienen en esta topología.

- En el enlace serial que une CE con GTW2 el extremo DCE de la conexión es el router CE. Ese enlace tiene un ancho de banda de 4 Mbps.

## Direccionamiento IP inicial

| Dispositivo | Interfaz | IP | Máscara de Subred |
|---|---|---|---|
| PC10 | Gi | 172.16.50.10 | 255.255.255.0 |
| PC20 | Gi | 172.16.51.20 | 255.255.255.0 |
| ISE | Gi | 192.168.1.10 | 255.255.255.0 |
| ASW1 | VLAN1 | 172.16.50.101 | 255.255.255.0 |
| ASW2 | VLAN1 | 172.16.51.102 | 255.255.255.0 |
| GTW1 | G0/0 | 172.16.1.5 | 255.255.255.252 |
| | G0/1 | 172.16.50.1 | 255.255.255.0 |
| | G0/2 | 172.16.1.1 | 255.255.255.252 |
| GTW2 | G0/1 | 172.16.51.2 | 255.255.255.0 |
| | G0/2 | 172.16.1.2 | 255.255.255.252 |
| | S0/0 | 172.16.1.8 | 255.255.255.252 |
| CE | G0/0 | 172.16.1.6 | 255.255.255.252 |
| | S0/0 | 172.16.1.10 | 255.255.255.252 |
| | G0/1 | 200.1.1.10 | 255.255.255.0 |
| PE | G0/0 | 192.168.1.1 | 255.255.255.0 |
| | G0/1 | 200.1.1.1 | 255.255.255.0 |

## Configurar y verificar EIGRP

1. Configure EIGRP sistema autónomo 100 en los routers GTW1, GTW2, CE y PE.

2. En cada uno de los dispositivos asocie al proceso de EIGRP cada una de las redes directamente conectadas.
   En el router CE asigne 2.2.2.2 como router ID para el proceso de EIGRP.

```
GTW1#configure terminal
GTW1(config)#router eigrp 100
GTW1(config-router)#network 172.16.0.0
```

```
GTW1(config-router)#end

GTW2#configure terminal
GTW2(config)#router eigrp 100
GTW2(config-router)#network 172.16.0.0
GTW2(config-router)#end

CE#configure terminal
CE(config)#router eigrp 100
CE(config-router)#eigrp router-id 2.2.2.2
CE(config-router)#network 172.16.0.0
CE(config-router)#network 200.1.1.0
CE(config-router)#end

PE#configure terminal
PE(config)#router eigrp 100
PE(config-router)#network 192.168.1.0
PE(config-router)#network 200.1.1.0
PE(config-router)#end
```

3. Verifique la tabla de enrutamiento en CE.

```
CE#show ip route
```

4. Verifique en el mismo CE las rutas aprendidas utilizando EIGRP

```
CE#show ip route eigrp
```

5. Verifique la información propia del protocolo en los routers CE y PE.

```
CE#show ip eigrp neighbors
PE#show ip eigrp neighbors

CE#show ip eigrp interfaces
```

6. Verifique las tablas topológicas en ambos dispositivos.
   Aproveche a verificar el router ID de CE.
   Utilizando las tablas topológicas verifique el comportamiento del algoritmo
   de cálculo de la métrica de EIGRP analizando las métricas (FD y AD) de la
   ruta a la red 172.16.50.0/24 en ambos dispositivos.

```
CE#show ip eigrp topology
PE#show ip eigrp topology
```

### Desactivar la publicación de actualizaciones EIGRP

1. En el router GTW1 verifique a través de qué interfaces se están enviando
   actualizaciones del protocolo de enrutamiento. El dispositivo debería estar
   enviando actualizaciones a través de todas sus interfaces.

```
GTW1#show ip protocols
GTW1#show ip eigrp interfaces
```

2. Ingrese ahora al router PE y verifique su tabla de enrutamiento. El dispositivo debería estar aprendiendo ruta a la red 172.16.0.0/16 a través del router CE.

```
PE#show ip route
```

3. Regrese al router GTW1 y desactive la publicación de actualizaciones EIGRP a través de la interfaz G0/1 que conecta a la red 172.16.50.0/24.

```
GTW1#configure terminal
GTW1(config)#router eigrp 100
GTW1(config-router)#passive-interface GigabitEthernet 0/1
GTW1(config-router)#end
```

4. Verifique ahora en el router GTW1, a través de qué interfaces se están publicando actualizaciones. Ahora no debe aparecer en la lista la interfaz G0/1, al mismo tiempo que se ha agregado ahora como interfaz pasiva.

```
GTW1#show ip protocols
GTW1#show ip eigrp interfaces
```

5. Ingrese nuevamente al router PE y verifique nuevamente su tabla de enrutamiento. Debiera estar aprendiendo las mismas redes por EIGRP que las que visualizó en el paso 2.

```
PE#show ip route eigrp
```

6. Ingrese ahora a la consola de GTW2 y desactive la publicación de actualizaciones EIGRP a través de la interfaz G0/1, pero ahora indicando que la opción por defecto es que no se publiquen actualizaciones. Asegúrese de que SI se publiquen actualizaciones a través de las interfaces G0/2 y S0/1.

```
GTW2#configure terminal
GTW2(config)#router eigrp 100
GTW2(config-router)#passive-interface default
GTW2(config-router)#no passive interface GigabitEthernet0/2
GTW2(config-router)#no passive interface Serial 0/1
GTW2(config-router)#end
```

7. Verifique ahora qué interfaces de GTW2 están participando del proceso de enrutamiento EIGRP 100.

```
GTW2#show ip protocols
GTW2#show ip eigrp interfaces
```

De esta manera concluye este laboratorio.

# Laboratorio 5.8: Configuración de enrutamiento EIGRP para IPv6

 Para la realización de los laboratorios de esta Guía se ha diseñado la topología de una maqueta única que permite cubrir todos los ejercicios propuestos. La descripción e información correspondiente a esta maqueta la encontrará en el inicio del manual.
Para este ejercicio debe concentrarse solamente en una parte de esa maqueta, a la que denominamos "Topología a utilizar".

## Topología a utilizar

 Antes de iniciar el ejercicio asegúrese de desactivar los puertos que no participan de esta topología para tener lecturas más claras de los comandos show.

 Para la asignación de direcciones de cada puerto y terminal diríjase a la tabla "Direccionamiento IP inicial" al inicio de la Guía.

Consideraciones a tener en cuenta para este ejercicio:

- No se utilizan los enlaces que conectan ASW1 con ASW2. Esos puertos deben desactivarse utilizando el comando shutdown.

- De las conexiones seriales que conectan GTW2 con CE se utiliza solamente una, la otra debe desactivarse.

- La terminal ISE se utiliza solamente como terminal, no publica ningún servicio en este ejercicio.

- Todos los dispositivos deben tener su configuración básica como punto de partida, con la configuración IPv6 completa de todas las interfaces que intervienen en esta topología.

- En el enlace serial que une CE con GTW2 el extremo DCE de la conexión es el router CE. Ese enlace tiene un ancho de banda de 4 Mbps.

- En el desarrollo del ejercicio no es necesario activar el enrutamiento de unicast IPv6 ya que esta tarea se ha cumplido en un laboratorio anterior.

## Direccionamiento IP inicial

| Dispositivo | Interfaz | IPv6 | Longitud de Prefijo |
|---|---|---|---|
| PC10 | Gi | 2001:DB8:0:1::10 | /64 |
| PC20 | Gi | 2001:DB8:0:2::20 | /64 |
| ISE | Gi | 2001:DB8:B:1::10 | /64 |
| GTW1 | G0/0 | 2001:DB8:1:2::5 | /64 |
| | G0/1 | 2001:DB8:0:1::1 | /64 |
| | G0/2 | 2001:DB8:1:1::1 | /64 |
| GTW2 | G0/1 | 2001:DB8:0:2::2 | /64 |
| | G0/2 | 2001:DB8:1:1::2 | /64 |
| | S0/0 | 2001:DB8:1:3::13 | /64 |
| CE | G0/0 | 2001:DB8:1:2::6 | /64 |
| | S0/0 | 2001:DB8:1:3::14 | /64 |
| | G0/1 | 2001:DB8:A:1::10 | /64 |
| PE | G0/0 | 2001:DB8:B:1::1 | /64 |
| | G0/1 | 2001:DB8:A:1::1 | /64 |

## Configurar y verificar EIGRP

1. Configure enrutamiento EIGRP para IPv6 utilizando el sistema autónomo 100 en los routers GTW1, GTW2, CE y PE.

2. En cada uno de los dispositivos asocie al proceso de EIGRP cada una de las interfaces configuradas.

```
GTW1#configure terminal
GTW1(config)#ipv6 router eigrp 100
GTW1(config-router)#exit
GTW1(config)#interface GigabitEthernet0/0
GTW1(config-if)#ipv6 eigrp 100
GTW1(config-if)#interface GigabitEthernet0/1
GTW1(config-if)#ipv6 eigrp 100
GTW1(config-if)#interface GigabitEthernet0/2
GTW1(config-if)#ipv6 eigrp 100
GTW1(config-if)#end

GTW2#configure terminal
GTW2(config)#ipv6 router eigrp 100
GTW2(config-router)#exit
```

```
GTW2(config)#interface GigabitEthernet0/1
GTW2(config-if)#ipv6 eigrp 100
GTW2(config-if)#interface GigabitEthernet0/2
GTW2(config-if)#ipv6 eigrp 100
GTW2(config-if)#interface Serial0/0
GTW2(config-if)#ipv6 eigrp 100
GTW2(config-if)#end

CE#configure terminal
CE(config)#ipv6 router eigrp 100
CE(config-router)#exit
CE(config)#interface GigabitEthernet0/0
CE(config-if)#ipv6 eigrp 100
CE(config-if)#interface GigabitEthernet0/1
CE(config-if)#ipv6 eigrp 100
CE(config-if)#interface Serial0/0
CE(config-if)#ipv6 eigrp 100
CE(config-if)#end

PE#configure terminal
PE(config)#ipv6 router eigrp 100
PE(config-router)#exit
PE(config)#interface GigabitEthernet0/0
PE(config-if)#ipv6 eigrp 100
PE(config-if)#interface GigabitEthernet0/1
PE(config-if)#ipv6 eigrp 100
PE(config-if)#end
```

3. Verifique la tabla de enrutamiento en CE.

```
CE#show ipv6 route
```

4. Verifique en el mismo CE las rutas aprendidas utilizando EIGRP

```
CE#show ipv6 route eigrp
```

5. Verifique la información propia del protocolo en los routers CE y PE.

```
CE#show ipv6 eigrp neighbors
PE#show ipv6 eigrp neighbors

CE#show ipv6 eigrp interfaces
```

6. Verifique las tablas topológicas en ambos dispositivos.
   Utilizando las tablas topológicas verifique el comportamiento del algoritmo
   de cálculo de la métrica de EIGRP analizando las métricas (FD y AD) de la
   ruta a la red 172.16.50.0/24 en ambos dispositivos.

```
CE#show ipv6 eigrp topology
PE#show ipv6 eigrp topology
```

De esta manera concluye este laboratorio.

# Día 21

Las abreviaturas y siglas utilizadas en este manual se encuentran desarrolladas en el Glosario de Siglas y Términos de Networking que está disponible de modo gratuito en la Librería en Línea de EduBooks: https://es.scribd.com/document/292165924/Glosario-de-Siglas-y-Terminos-de-Networking-version-1-2

## Open Shortest Path First (OSPF)

Se trata del protocolo de estado de enlace cuyo conocimiento requiere el examen de certificación. Si bien su configuración puede ser compleja, el examen de certificación solo requiere las habilidades necesarias para la configuración básica del protocolo. Esto lo hace bastante más sencillo.

Este protocolo tiene diferencias significativas respecto de otros protocolos, si bien EIGRP se le asemeja en alguno de sus mecanismos de actualización y relacionamiento con los dispositivos vecinos.

Las principales características de OSPF son las siguientes:

- Protocolo de enrutamiento abierto por estado de enlace.
  Cada uno de los dispositivos tiene una visión completa de la topología de la red.

- Protocolo estándar definido por la IETF a través de la RFC 2328 y sus modificatorios.

- Protocolo de enrutamiento classless.
  Soporta VLSM y CIDR.

- Métrica: costo.
  El costo es un valor arbitrario que califica el enlace.
  Puede ser configurado por el Administrador; Cisco IOS utiliza por defecto el ancho de banda declarado en el comando `bandwidth` para hacer el cálculo utilizando la fórmula $10^8$ / ancho de banda en bps.

- Balancea tráfico entre rutas de igual métrica.
  4 rutas de igual métrica por defecto, máximo 16.

- Algoritmo de cálculo de la mejor ruta: Dijkstra, también llamado SPF (Shortest Path First).

- ID en la tabla de enrutamiento: `O`.

- Distancia Administrativa: 110.

- Utiliza paquetes hello para descubrir dispositivos OSPF vecinos y mantener la relación de vecindad.
  El período de actualización de paquetes hello depende del tipo de red:

  - 10 segundos en redes multiacceso y punto a punto.

  - 30 segundos en redes NBMA.

- Además del intercambio de hellos, cuando se produce un evento en la red se desencadena el intercambio de LSAs para actualizar información.

- Utiliza diferentes tipos de paquetes de actualización (LSA):

| Tipo de paquete | IP destino |
|---|---|
| Tipo 1 – Hello | 224.0.0.5 / FF02::5<br>224.0.0.6 / FF02::6 |
| Tipo 2 – BDB (DataBase Description packet) | |
| Tipo 3 – LSR (Link-State Request) | |
| Tipo 4 – LSU (Link-State Update) | 224.0.0.5 / FF02::5 |
| Tipo 5 – LSAck (Link-State Acknowledgment) | 224.0.0.5 / FF02::5 |

- Permite realizar sumarización manual de rutas.

- Soporta autenticación con intercambio de claves en texto plano o cifradas con MD5.

Para su operación mantiene varias tablas o bases de datos:

- Base de datos de adyacencias.
  Mantiene una base de datos de los dispositivos OSPF directamente conectados con los que mantiene intercambio de información.

- Base de datos topológica.
  Mantiene una base de datos con la información del estado de todos los enlaces que componen la red.

TABLA TOPOLÓGICA     ALGORITMO SPF     TABLA DE ENRUTAMIENTO

## Establecimiento de adyacencias

La operación del algoritmo de selección de la mejor ruta que es la base de la operación del protocolo se realiza sobre una base de datos de estado de los enlaces compuesta con información recogida de los dispositivos vecinos a partir del intercambio de LSAs.

Los LSAs se intercambian con los dispositivos vecinos con los que se ha establecido relación de adyacencia a partir de una negociación realizada utilizando paquetes hello. No se intercambia información con dispositivos con los que no se ha establecido una relación de adyacencia.

- Los paquetes hello establecen y mantienen la relación de adyacencia.

- Aseguran la comunicación bidireccional entre vecinos.

- Utilizan la dirección de multicast 224.0.0.5.

- Transportan un paquete de información:

    o Router ID.
      Identificador único de 32 bits de longitud.

    o Intervalo de hello y dead.
      Son los temporizadores que definen la periodicidad con la cual se envían paquetes hello y el tiempo durante el cual se mantiene una vecindad sin recibir mensajes hello del vecino. Por defecto el temporizador de dead es cuatro veces el de hello.

    o Vecinos.
      Lista de dispositivos con los que el dispositivo que genera el mensaje tiene intercambio bidireccional de LSAs.

    o ID de área.

    o Prioridad.
      Valor de 8 bits que se utiliza durante la selección de DR y BDR en algunos tipos de red.

    o Dirección IP del router DR.

    o Dirección IP del router BDR.

    o Información de autenticación.
      Si se ha definido utilizar autenticación es necesario que los dispositivos adyacentes compartan la misma clave.

    o Etiqueta de área stub.
      Un área stub es un tipo especial de área que permite reducir las actualizaciones de enrutamiento que se intercambian. Es necesario que los dispositivos vecinos acuerden también en este modo de operación.

- Para que se pueda establecer una adyacencia es necesario que los dispositivos concuerden en los siguientes elementos:

    o Intervalos de hello y dead.

    o ID de área.

    o Información de autenticación.

    o Etiqueta de área stub.

    o Ambos dispositivos deben estar en la misma subred.
      Los dispositivos que forman vecindad deben pertenecer al mismo segmento de red y utilizar la misma máscara de subred.

*Definición del router ID*

OSPF utiliza un Router ID para identificar el dispositivo que genera un LSAs. Ese router ID:

- Puede ser configurado manualmente por el Administrador.

- Si el Administrador no configura un RID se utiliza la IP de la interfaz lógica (loopback) más alta.

- Si no hay interfaz de loopback configurada se utiliza la IP de la interfaz física con IP más alta que esté activa al momento de levantar el proceso de OSPF.

---

Este proceso considera únicamente las interfaces activas (up/up) en el momento de iniciarse el proceso OSPF.

---

El RID se define en el momento en que levanta el proceso OSPF y una vez definido se mantiene estable aunque se realicen modificaciones en la configuración del protocolo. Si se realizan modificaciones que afectan el RID y es necesario actualizarlo se deberá reiniciar el proceso del protocolo.

*Estados en la negociación de los vecinos*

En el establecimiento de una relación de adyacencia los dispositivos vecinos pasan por una serie de estados:

- Mientras no se ha iniciado el intercambio de mensajes hello la relación entre los dispositivos se encuentra en estado DOWN.

- Uno de los dispositivos (a partir de ahora lo llamaré UNO) comienza a enviar mensajes hello a través de todas las interfaces que participan del proceso de OSPF. En este momento UNO no conoce la existencia o identidad de ningún otro dispositivo OSPF.

- Alguno de los dispositivos adyacentes (a partir de ahora lo llamaré DOS) recibe el mensaje hello de UNO que está conectado al mismo segmento y agrega el RID de UNO a la lista de vecinos. Una vez agregado el ID a la lista de vecinos esa relación pasa a estado INIT.

- DOS envía un hello en respuesta al mensaje hello recibido, este en formato unicast, con la información correspondiente. En este mensaje se incluye la lista de todos los vecinos ya establecidos incluyendo a UNO.

- Cuando UNO recibe las respuestas hello agrega en su tabla de vecinos a todos los dispositivos que han incluido su RID en la lista de vecinos. Terminada esta tarea la relación queda en estado TWO-WAY.

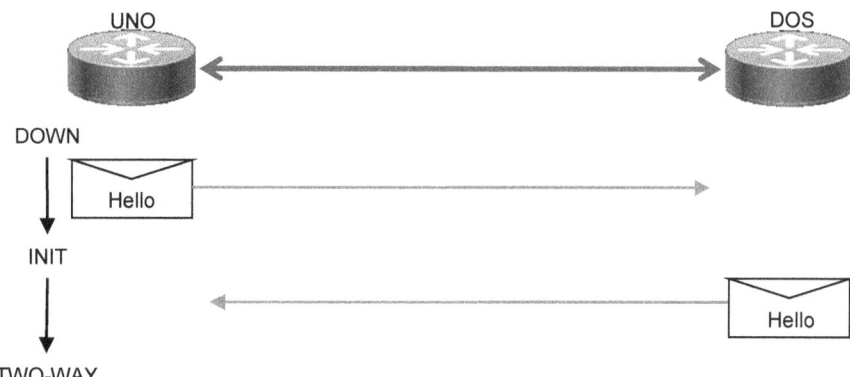

## Tipos de red OSPF

La operación del protocolo es diferente en distintos tipos de red:

- Redes multiacceso de broadcast.

- Redes multiacceso sin broadcast (NBMA).

- Redes punto a punto. No elige DR.

- Redes punto a multipunto. No elige DR.

Cuando se corre OSPF en redes multiacceso se elige:

- Router designado (DR).

- Router designado de respaldo (BDR).

Esto permite reducir La cantidad de procesamiento necesario en las redes multiacceso para procesar los LSAs que notifican cambios en la red ya que el DR actúa como un punto central de intercambio de información de enrutamiento. De esta manera solamente el DR procesa las actualizaciones y si esto significa un cambio en la tabla topológica se comunica el cambio a los demás vecinos en la red multiacceso.

La elección de DR y BDR se realiza luego de que los dispositivos alcanzan el estado two-way. El criterio de elección es el siguiente:

- Se elige como DR el dispositivo con prioridad más alta.

- A igual valor de prioridad se elige el dispositivo con RID más alto.

Aquellos dispositivos que en una red multiacceso no son elegidos como DR o BDR quedan en estado two-way y a partir de este punto sólo intercambian información con DR y BDR utilizando la dirección multicast 224.0.0.6. DR y BDR siguen utilizando la dirección 224.0.0.5 para sus comunicaciones.

*Continuación de la negociación*

- Una vez concluida la elección de DR y BDR (cuando corresponde) los dispositivos se encuentran en estado EXSTART y por lo tanto ya están en condiciones de comenzar a procesar información de enrutamiento para poder generar la propia LSDB.

- En este estado, DR y BDR establecen adyacencia con cada uno de los dispositivos en la red. El dispositivo con mayor RID actúa como primario en el proceso de intercambio.

- Los dispositivos pasan a estado EXCHANGE e intercambian paquetes DBD con la información de sus respectivas bases de datos topológicas.

- La recepción de los paquetes DBDs se notifica utilizando paquetes LSAck.

- El dispositivo compara la información de los LSAs recibidos en los DBDs con los LSAs que ya tiene. Si verifica que la información recibida está más actualizada pasa al estado LOADING y envía un paquete LSR para requerir la información específica que necesita.

- El dispositivo vecino responde la solicitud realizada con el LSR enviando paquetes LSU.

- Cuando se completa el suministro de la información que sea necesaria entre ambos dispositivos, pasan al estado FULL.

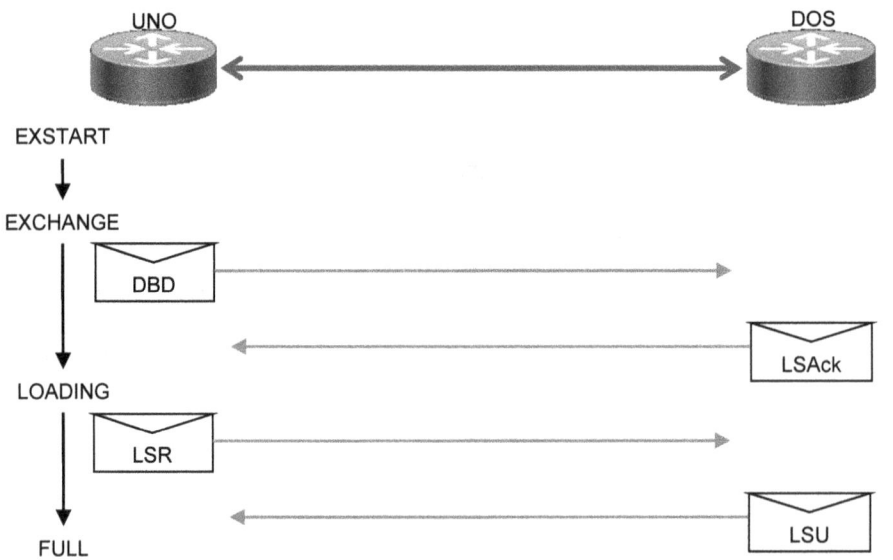

Todos los estados descriptos son transitorios por lo que ningún dispositivo queda de modo permanente en ninguno de ellos, salvo los estados TWO-WAY en los dispositivos no DR y BDR, y FULL.

*Sintetizando*

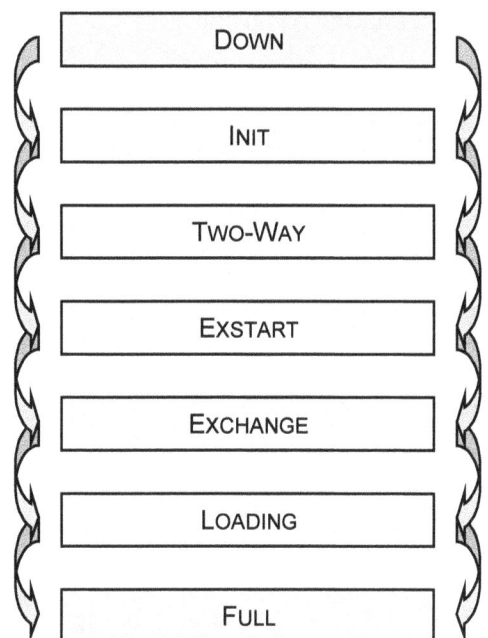

## Tipos de paquetes OSPF

OSPF utiliza para el intercambio de información de enrutamiento 5 tipos de paquetes diferentes que comparten el mismo formato.

- Estos paquetes se identifican en el encabezado IP por el ID de protocolo 89.

*Diferentes tipos*

- Paquetes hello.
  Utilizados para descubrir vecinos y mantener activa la relación con cada uno de ellos.

- Paquete DBD.
  DataBase Description.
  Contienen la información de los encabezados de los LSAs contenidos en la LSDB de un dispositivo de modo que permiten a los dispositivos vecinos construir su LSDB. Describe las rutas que posee en dispositivo.
  Incluye el número de secuencia del LSA, lo que es utilizado por el dispositivo que lo recibe pata determinar cuál es la información más actualizada.

- Paquete LSR.
  Link State Request.
  Paquete utilizado para requerir información de un LSA específico a los vecinos.

- Paquete LSU
  Link State Update.
  Contiene la lista de LSAs cuya actualización se ha requerido, con su información completa.

- Paquete LSAck.
  Es la base del intercambio confiable de información de LSAs. Se envía un LSAck por cada paquete recibido.

*Formato de los paquetes*

Los paquetes OSPF se envían directamente como contenido de paquetes IP sin utilizar ningún protocolo de capa de transporte.

Todos los paquetes comienzan con el mismo formato, diferenciándose en el contenido de la porción de datos.

| Encabezado de la Trama | Encabezado del Paquete | Paquete OSPF | FCS |
|---|---|---|---|

| Paquete OSPF | | | | | | | | |
|---|---|---|---|---|---|---|---|---|
| Versión | Tipo | Long. | RID | Área ID | Check | Tipo de Autentic | Autentic | Datos |

- Versión: Indica si se trata de un paquete OSPF versión 2 (IPv4) o versión 3 (IPv6).

- Tipo: Identifica el tipo de paquete OSPF.

- Longitud: Longitud del paquete OSPF expresada en bytes.

- Router ID: RID del dispositivo origen del paquete.

- Área ID: Área en la que se ha originado el paquete.

- Checksum: Permite detectar errores en el paquete OSPF que pudieran generarse durante la transmisión.

- Tipo de autenticación: Indica si se utiliza o no autenticación, y en caso de autenticarse, el tipo de la misma (texto plano o MD5).

- Autenticación: Utilizado solo cuando hay autenticación, para enviar la información correspondiente.

- Datos: Contiene la información dependiendo del tipo de paquete del que se trate. En el caso de paquete LSAck este campo va vacío.

La unidad de información utilizada por OSPF recibe en nombre de LSA (Link State Advertisement). Los principales tipos de LSAs que se utilizan en redes OSPF de una o más áreas son:

| Tipo de LSA | Descripción |
|---|---|
| 1 | LSA de router.<br>Indica el estado de los enlaces de un router. |
| 2 | LSA de red.<br>Son generados por los DR en redes multiacceso. Describen el conjunto de routers conectados a una red multiacceso. |
| 3 / 4 | LSA sumario.<br>Son generados por los ABRs en el área de backbone. Describen las rutas a las redes, y las rutas sumarizadas. |

LSAs Tipo 1. LSA de Router.

- Están dirigidos a todos los dispositivos OSPF conectados al área en la que se originan.

- Describen el estado de los enlaces directamente conectados al dispositivo.

- Están identificados con el RID (Router ID) de origen. Adicionalmente incluyen una clasificación de los enlaces y se indica si se trata de un ABR o un ASBR.

LSAs Tipo 2. LSA de Red.

- Se generan para cada red de tránsito multiacceso que se encuentra dentro de un área, sea de broadcast o nonbroadcast.

- Son utilizados por los dispositivos DR para anunciar la red multiacceso a través de los demás enlaces que forman parte del área.

- Incluye la información correspondiente a todos los dispositivos OSPF conectados a la red multiacceso, incluyendo el DR y la máscara de subred utilizada en la red.

- Estos LSAs nunca a traviesan la frontera del área.

- Están identificados con la dirección IP de la interfaz del DR que lo publica.

LSAs Tipo 3. LSA Sumario.

- Son publicados por los dispositivos ABR.

- Publican todas las redes contenidas en un área al resto de las áreas del sistema autónomo.

- Por defecto publican hacia el área de backbone todas las subredes contenidas en un área.

- Se utiliza como identificador de estos LSA la dirección de red con la máscara.

## El algoritmo SPF

El algoritmo "Primero la Ruta Más Corta" (SPF) asume a cada dispositivo como la raíz de un árbol de rutas que representa la topología de la red para luego calcular cuál es la ruta más corta a cada punto de esa red.

- El cálculo de cada ruta se basa en la acumulación del costo que se requiere para alcanzar cada red.

- Supone que todos los dispositivos en un área cuentan con la misma base de datos topológica para elaborar su árbol de rutas.

- Cada dispositivo calcula su propio árbol de rutas utilizando su base de datos topológica.

*Métrica*

OSPF utiliza el costo como métrica para evaluar las rutas:

- Una menor métrica indica una mejor ruta.

- Por defecto, en dispositivos Cisco IOS, el costo es inversamente proporcional al ancho de banda de la interfaz (considerando el valor de bandwidth declarado para esa interfaz).

- Fórmula de cálculo:

$$Costo = \frac{Ancho\ de\ banda\ de\ referencia}{Ancho\ de\ banda\ de\ la\ interfaz}$$

- El ancho de banda de referencia por defecto es $10^8$ = 100.000.000 bits (100 Mbps).

- El costo de una ruta es la acumulación del costo de los enlaces que componen la ruta hacia el destino.

- El valor de costo es un número entero. En consecuencia el problema aparece cuando la red cuenta con enlaces con un ancho de banda superior al de una interfaz FastEthernet ya que todos los enlaces tendrían un costo de 1 sin poder diferenciar entre enlaces FastEthernet, GigabitEthernet, etc.

- Se puede influir en el costo de los enlaces de diferentes formas:

- o Modificando el valor de ancho de banda de referencia por configuración.

- o Definiendo manualmente un valor de costo para la interfaz.

- o Definiendo manualmente el ancho de banda de la interfaz.

## Estructura jerárquica de OSPF

En redes grandes, donde la cantidad de caminos posibles a un destino se multiplican, el cálculo del algoritmo de selección de la ruta puede volverse complejo y por este motivo comenzar a requerir tiempos significativos.

Con el objeto de optimizar la operación del algoritmo OSPF y reducir la amplitud de los cálculos de Dijkstra OSPF permite dividir el dominio de enrutamiento (o sistema autónomo) en áreas más pequeñas.

- Un área es un subconjunto de redes o subredes que mantienen una tabla topológica idéntica.

- Una red puede estar dividida en varias áreas.

- Un sistema autónomo (AS) es un conjunto de redes bajo con una estrategia de enrutamiento común que puede dividirse en múltiples áreas.

- Reduce la cantidad de LSAs que se inundan y los requerimientos de procesamiento.

- Todos los dispositivos que forman parte un área mantienen la misma información de enrutamiento (LSDB): información detallada de todos los enlaces del área e información general o sumarizada de las redes fuera del área.

- Los cambios topológicos en el área solo se propagan dentro de la misma área, con lo que los re-cálculos de topología sólo se realizan dentro del área.

- Un área es un conjunto de redes contiguas identificadas con un ID de área de 32 bits de longitud que es un valor entero entre 0 y 4.294.967.295

- El Área 0 está reservada como área de backbone.

- Cuando se trabaja con una única área, se utiliza el área 0.

Las áreas conforman una estructura jerárquica de 2 niveles:

- El Área 0 o área de backbone.
  Es el área responsable de interconectar las demás áreas del dominio. La jerarquía OSPF requiere que todas las áreas conecten directamente con el área de backbone.

- Las demás áreas operan como áreas regulares o áreas no-backbone.
  Estas son las áreas destinadas a conectar usuarios y recursos. Hay

diferentes tipos de áreas regulares, cada uno de los cuales maneja diferente cantidad de información de enrutamiento.

La división en áreas limita la propagación de los LSAs. Es importante en el caso de redes muy extensas.

*Roles de los dispositivos*

- Routers de backbone.
  Son los que integran el área 0.
  Todas sus interfaces están en el área 0.

- Routers internos.
  Tienen todas sus interfaces en un área que no es el área 0.
  Mantiene la LSDB propia del área.

- ABR – Router de frontera de área
  Dispositivo que conecta el área de backbone con otra área.
  Tiene alguna de sus interfaces en el área 0 y otra u otras en un área diferente. Es el punto primario para la sumarización de rutas y regularmente es el origen de las rutas por defecto.
  Mantienen una LSDB para cada área a la que está conectado.
  La interconexión de 3 áreas (el área 0 y otras 2 áreas) es el límite.

- ASBR – Router de frontera del sistema autónomo.
  Conecta un área OSPF cualquiera con un dominio de enrutamiento diferente.
  Es el punto de redistribución donde las rutas externas se introducen en el dominio de OSPF.

*Identificador de área*

Cada área OSPF está identificada por un ID de 32 bits de longitud.

Se puede expresar como un número decimal entero o con una notación de punto semejante a la utilizada en las direcciones IPv4 (4 octetos separados por puntos).

Por ejemplo, área 0 es lo mismo que área 0.0.0.0; área 417 es lo mismo que área 0.0.1.161.

OSPF es un protocolo de enrutamiento exclusivamente IP. En la actualidad utilizamos 2 versiones de OSPF:

- OSPFv2 para redes IPv4.

- OSPFv3 para redes IPV6.

Son 2 protocolos diferentes que corren de modo completamente independiente uno del otro.

### Configuración de OSPF

```
Router(config)#interface loopback 0
```

Es conveniente crear una interfaz loopback de modo tal que al iniciarse el proceso de OSPF se asuma esa dirección IP como RID.

```
Router(config-if)#ip address 172.16.1.1 255.255.255.255
```

Si bien se puede utilizar cualquier máscara de subred en la interfaz lógica, usualmente se utiliza una máscara de 32 bits también denominada máscara de nodo.

```
Router(config-if)#exit
Router(config)#router ospf 1
```

Define el proceso de OSPF e ingresa al modo de configuración del protocolo de enrutamiento.

Requiere la asignación de un ID de proceso. Es un número entero y arbitrario que identifica el proceso de enrutamiento. Es de relevancia exclusivamente local y no es necesario que sea el mismo en los diferentes dispositivos del dominio de enrutamiento.

Puede tomar un valor cualquiera entre 1 y 65535.

```
Router(config-router)#router-id 1.1.1.1
```

Define un RID que tiene preeminencia sobre cualquier otro criterio.

Aunque tiene el formato de una dirección IPv4, no lo es, y por lo tanto no puede ser empleado como tal.

```
Router(config-router)#network 172.16.1.0 0.0.0.255 area 0
```

Identifica las redes conectadas al dispositivo que han de ser parte del proceso de OSPF, y con esto las interfaces que participan del proceso.

Es obligatorio identificar en el mismo comando el área a la que pertenece la red declarada.

```
Router(config-router)#passive-interface Serial0/0/1
```

Suprime el tráfico de paquetes OSPF entrantes y salientes sobre la interfaz que se especifica.

Como consecuencia de este comando no se levantará vecindad con dispositivos adyacentes a través de esta interfaz.

```
Router(config-router)#passive-interface default
Router(config-router)#no passive-interface GigabitEthernet0/0
```

En este caso se cambia la opción por defecto: todas las interfaces serán pasivas para el protocolo. Para que se levanten adyacencias con dispositivos vecinos es necesario negar esta opción indicando la interfaz específica a través de la cual se desea negociar el protocolo.

```
Router(config-router)#exit
Router(config)#interface serial 0/0/0
Router(config-if)#bandwidth 64
```

Se requiere configuración del parámetro bandwidth ya que es el parámetro de base para el cálculo del costo de la ruta.

```
Router(config-if)#ip ospf priority 250
```

Permite asignar una prioridad a la interfaz para el proceso de elección del Router DR en enlaces multiacceso. Asume un valor entre 0 y 255.
Prioridad 0 indica una interfaz que nunca será elegida como DR o BDR.
El valor por defecto es 100.

*Alternativa de configuración*

En el caso de OSPF en lugar de identificar las redes conectadas que han de participar del proceso es posible asociar individualmente las interfaces al proceso:

```
Router(config)#interface GigabitEthernet0/0
Router(config-if)#ip ospf 1 area 0
```

Asocia esta interfaz al proceso OSPF identificado con el ID "1" y la coloca en el área 0.

*Alternativas para modificación del costo de los enlaces*

1. Modificar el ancho de banda de referencia.

```
Router#configure terminal
Router(config)#router ospf 1
Router(config-router)#ospf auto-cost reference bandwidth 10000
```

Modifica el valor del ancho de banda de referencia para el cálculo del costo de los enlaces indicando un valor expresado en Mbps. En este caso se establece un nuevo ancho de banda de referencia en 10 Gbps.

2. Definir manualmente el costo de la interfaz

```
Router#configure terminal
Router(config)#interface Serial0/0/0
Router(config-if)#ip ospf cost 10
```

Define un valor arbitrario de costo para la interfaz. Se puede asignar cualquier valor entero entre 1 y 65535.

3. Definir manualmente el ancho de banda de la interfaz.

```
Router#configure terminal
Router(config)#interface Serial0/0/0
Router(config-if)#bandwidth 1000
```

Define manualmente un valor de ancho de banda de la interfaz expresado en Kbps. En este caso fija un valor equivalente a 1 Mbps.

Por defecto IOS asume en los puertos Ethernet el valor de speed en el que opera la interfaz, en los puertos seriales 1,544 Mbps.

*Verificación*

```
Router#show ip ospf
```

Muestra la cantidad de veces que se ha ejecutado el algoritmo SPF, el intervalo de actualización y si se han producido cambios topológicos.

```
Router#show ip ospf database
```

Muestra el contenido de la base de datos topológica, el ID del router y el ID del proceso OSPF.

```
Router#show ip protocols
```

Muestra la información de configuración y operación de todos los protocolos de enrutamiento operativos en el dispositivo, entre ellos OSPF.

Permite verificar qué protocolos se encuentran operando y cuáles son las redes asociadas a cada uno de ellos.

```
Router#show ip ospf interface brief
```

Muestra de modo sintético las interfaces que participan de la operación de OSPF.

Es sumamente útil para verificar si se han configurado correctamente las interfaces que deben participar del proceso.

```
Router#show ip ospf interface GigabitEthernet0/0
```

Permite verificar la información de operación de OSPF en una interfaz específica.

```
Router#show ip ospf neighbor
```

Muestra los vecinos OSPF con los cuales se ha establecido intercambio de paquetes OSPF y la interfaz a través de la cual se los alcanza.

```
Router#show ip ospf database
```

```
Router#debug ip ospf events
```

## Comparación de EIGRP con OSPF

| Feature | EIGRP | OSPF |
|---|---|---|
| Tipo | Vector Distancia Avanzado | Estado de Enlace |
| Enrutamiento | Classless | Classless |
| Métrica | Mixta | Costo |
| Escalabilidad | 224 saltos | 50 routers/área 100 áreas |
| Autenticación | MD5 | Texto plano MD5 |
| IP Actualizaciones | 224.0.0.10 / FF02::A | 224.0.0.5 / FF02::5 224.0.0.6 / FF02::6 |
| Balanceo Tráfico | 1 a 32 rutas de igual o diferente métrica | 1 a 16 rutas de igual métrica |

# Laboratorio 5.9: Configuración y verificación de OSPF

 Para la realización de los laboratorios de esta Guía se ha diseñado la topología de una maqueta única que permite cubrir todos los ejercicios propuestos. La descripción e información correspondiente a esta maqueta la encontrará en el inicio del manual.
Para este ejercicio debe concentrarse solamente en una parte de esa maqueta, a la que denominamos "Topología a utilizar".

**Topología a utilizar**

Antes de iniciar el ejercicio asegúrese de desactivar los puertos que no participan de esta topología para tener lecturas más claras de los comandos show.

 Para la asignación de direcciones de cada puerto y terminal diríjase a la tabla "Direccionamiento IP inicial" al inicio de la Guía.

Consideraciones a tener en cuenta para este ejercicio:

- No se utilizan los enlaces que conectan ASW1 con ASW2. Esos puertos deben desactivarse utilizando el comando shutdown.

- De las conexiones seriales que conectan GTW2 con CE se utiliza solamente una, la otra debe desactivarse.

- La terminal ISE se utiliza solamente como terminal, no publica ningún servicio en este ejercicio.

- Todos los dispositivos deben tener su configuración básica como punto de partida, con la configuración IP completa de todas las interfaces que intervienen en esta topología.

- En el enlace serial que une CE con GTW2 el extremo DCE de la conexión es el router CE. Ese enlace tiene un ancho de banda de 4 Mbps.

 IMPORTANTE:
Antes de iniciar el ejercicio asegúrese de eliminar cualquier ruta estática existente o cualquier protocolo de enrutamiento que haya sido utilizado en ejercicios anteriores.

## Direccionamiento IP inicial

| Dispositivo | Interfaz | IP | Máscara de Subred |
|---|---|---|---|
| PC10 | Gi | 172.16.50.10 | 255.255.255.0 |
| PC20 | Gi | 172.16.51.20 | 255.255.255.0 |
| ISE | Gi | 192.168.1.10 | 255.255.255.0 |
| ASW1 | VLAN1 | 172.16.50.101 | 255.255.255.0 |
| ASW2 | VLAN1 | 172.16.51.102 | 255.255.255.0 |
| GTW1 | G0/0 | 172.16.1.5 | 255.255.255.252 |
| | G0/1 | 172.16.50.1 | 255.255.255.0 |
| | G0/2 | 172.16.1.1 | 255.255.255.252 |
| GTW2 | G0/1 | 172.16.51.2 | 255.255.255.0 |
| | G0/2 | 172.16.1.2 | 255.255.255.252 |

| Dispositivo | Interfaz | IP | Máscara de Subred |
|---|---|---|---|
| | S0/0 | 172.16.1.9 | 255.255.255.252 |
| CE | G0/0 | 172.16.1.6 | 255.255.255.252 |
| | S0/0 | 172.16.1.10 | 255.255.255.252 |
| | G0/1 | 200.1.1.10 | 255.255.255.0 |
| PE | G0/0 | 192.168.1.1 | 255.255.255.0 |
| | G0/1 | 200.1.1.1 | 255.255.255.0 |

## Configurar y verificar OSPF en área única

1. Configure OSPF utilizando el ID de proceso 1 en los routers GTW1, GTW2, CE y PE.

2. En cada uno de los dispositivos asocie al proceso de OSPF cada una de las redes directamente conectadas.
   Utilice los siguientes RIDs para cada uno de los dispositivos:

   o GTW1      RID: 1.1.1.1

   o GTW2      RID: 2.2.2.2

   o CE        RID: 3.3.3.3

   o PE:       RID: 4.4.4.4

```
GTW1#configure terminal
GTW1(config)#router ospf 1
GTW1(config-router)#router-id 1.1.1.1
GTW1(config-router)#network 172.16.50.0 0.0.0.255 area 0
GTW1(config-router)#network 172.16.1.0 0.0.0.3 area 0
GTW1(config-router)#network 172.16.1.4 0.0.0.3 area 0
GTW1(config-router)#end

GTW2#configure terminal
GTW2(config)#router ospf 1
GTW2(config-router)#router-id 2.2.2.2
GTW2(config-router)#network 172.16.51.0 0.0.0.255 area 0
GTW2(config-router)#network 172.16.1.0 0.0.0.3 area 0
GTW2(config-router)#network 172.16.1.8 0.0.0.3 area 0
GTW2(config-router)#end

CE#configure terminal
CE(config)#router ospf 1
CE(config-router)#router-id 3.3.3.3
CE(config-router)#network 172.16.1.4 0.0.0.3 area 0
CE(config-router)#network 172.16.1.8 0.0.0.3 area 0
CE(config-router)#network 200.1.1.0 0.0.0.255 area 0
CE(config-router)#end
```

```
PE#configure terminal
PE(config)#router ospf 1
PE(config-router)#router-id 4.4.4.4
PE(config-router)#network 192.168.1.0 0.0.0.255 area 0
PE(config-router)#network 200.1.1.0 0.0.0.255 area 0
PE(config-router)#end
```

3. Verifique la tabla de enrutamiento en CE.

```
CE#show ip route
```

 Si no encuentra rutas aprendidas a través de OSPF en la tabla de enrutamiento, puede deberse a que aún no ha suprimido la operación de EIGRP.
Asegúrese que no haya otro protocolo activo en la red, o rutas estáticas.

4. Verifique en el mismo CE las rutas aprendidas utilizando OSPF

```
CE#show ip route ospf
```

5. Verifique la información propia del protocolo en los routers CE y PE.

```
CE#show ip protocols
CE#show ip ospf neighbors
CE#show ip ospf interfaces brief

PE#show ip ospf protocols
PE#show ip ospf neighbors
```

### Manipulación del costo de las rutas OSPF

1. En la consola del router CE verifique una vez más la tabla de enrutamiento.
   Revise la ruta seleccionada para alcanzar la red 172.16.1.0/30, debiera aparecer la ruta a través de la interfaz Gi0/0, que utiliza como próximo salto el router GTW1.

```
CE#show ip route ospf
```

2. En el mismo router CE verifique el costo de cada uno de los enlaces asociados al dispositivo. Deberá encontrar que el enlace asociado a la interfaz Gi0/0 tiene un costo significativamente menor al asociado a la interfaz S0/0.

```
CE#show ip ospf interface brief
```

3. Modifique ahora el costo de la interfaz Gi 0/0 de CE, asignándole un costo de 50. De esta forma deberá cambiar la ruta elegida, prefiriendo el enlace a través del puerto S0/0 cuyo costo debe ser menor.

Atención:
Si no se ha asignado el parámetro bandwidth a las interfaces seriales, este cálculo no resultará como lo propone este ejercicio. Asegúrese que las interfaces seriales tienen asignado un bandwidth de 4000.

```
CE#configure terminal
CE(config)#interface GigabitEthernet 0/0
CE(config-if)#ip ospf cost 50
CE(config-if)#end
```

4. Verifique nuevamente el costo de los enlaces asociados a CE. Ahora la interfaz Gi0/0 debe aparecer con un costo 50.

```
CE#show ip ospf interface brief
```

5. Verifique nuevamente la tabla de enrutamiento de CE.
Ahora la ruta seleccionada para alcanzar la red 172.16.1.0/30 debe ser la que sale a través de la interfaz s0/0, que utiliza como próximo salto el router GTW2.

### Desactivar la publicación de actualizaciones OSPF

1. En el router GTW1 verifique a través de qué interfaces se están enviando actualizaciones del protocolo de enrutamiento. El dispositivo debería estar enviando actualizaciones a través de todas sus interfaces.

```
GTW1#show ip protocols
GTW1#show ip ospf interfaces brief
```

2. Ingrese ahora al router PE y verifique su tabla de enrutamiento. El dispositivo debería estar aprendiendo ruta a la red 172.16.0.0/16 a través del router CE.

```
PE#show ip route
```

3. Regrese al router GTW1 y desactive la publicación de actualizaciones OSPF a través de la interfaz G0/1 que conecta a la red 172.16.50.0/24.

```
GTW1#configure terminal
GTW1(config)#router ospf 1
GTW1(config-router)#passive-interface GigabitEthernet 0/1
GTW1(config-router)#end
```

4. Verifique nuevamente en el router GTW1, a través de qué interfaces se están publicando actualizaciones. Ahora no debe aparecer en la lista la interfaz G0/1, al mismo tiempo que se ha agregado ahora como interfaz pasiva.

```
GTW1#show ip protocols
GTW1#show ip ospf interfaces brief
```

5. Ingrese nuevamente al router PE y verifique nuevamente su tabla de enrutamiento. Debiera estar aprendiendo las mismas redes por OSPF que las que visualizó en el paso 2.

```
PE#show ip route eigrp
```

6. Ingrese ahora a la consola de GTW2 y desactive la publicación de actualizaciones OSPF a través de la interfaz G0/1, pero ahora indicando que la opción por defecto es que no se publiquen actualizaciones. Asegúrese de que SI se publiquen actualizaciones a través de las interfaces G0/2 y S0/0.

```
GTW2#configure terminal
GTW2(config)#router ospf 1
GTW2(config-router)#passive-interface default
GTW2(config-router)#no passive interface GigabitEthernet0/2
GTW2(config-router)#no passive interface Serial 0/0
GTW2(config-router)#end
```

7. Verifique ahora qué interfaces de GTW2 están participando del proceso de enrutamiento OSPF.

```
GTW2#show ip protocols
GTW2#show ip ospf interfaces
```

### Configurar y verificar OSPF en múltiples áreas

Para este ejercicio asumiremos que todos los enlaces pertenecientes a la red 172.16.0.0/16 están en el área 0, mientras que los enlaces de las redes 200.1.1.0/24 y 192.168.1.0/24 están en el área 1.

1. En el router CE retire la red 200.1.1.0/24 del área 0 y agréguela al área 1.

```
CE#configure terminal
CE(config)#router ospf 1
CE(config-router)#no network 200.1.1.0 0.0.0.255 area 0
CE(config-router)#network 200.1.1.0 0.0.0.255 area 1
CE(config-router)#end
```

2. En el router PE retire las redes 200.1.1.0/24 y 192.168.1.0/24 del área 0 y agréguelas al área 1.

```
PE#configure terminal
PE(config)#router ospf 1
PE(config-router)#no network 192.168.1.0 0.0.0.255 area 0
PE(config-router)#no network 200.1.1.0 0.0.0.255 area 0
PE(config-router)#network 192.168.1.0 0.0.0.255 area 1
PE(config-router)#network 200.1.1.0 0.0.0.255 area 1
PE(config-router)#end
```

3. En el router CE verifique la operación de OSPF utilizando el comando show ip protocols. Debe ver ahora que hay redes en diferentes áreas.

```
CE#show ip protocols
```

```
CE#show ip interface brief
```

4. En el router PE verifique las rutas aprendidas utilizando OSPF. Ahora las rutas a las subredes de la red 172.16.0.0/16 deben aparecer como rutas inter-áreas (O IA).

```
PE#show ip route ospf
```

 De esta manera concluye este laboratorio.

## OSPFv3 para IPv6

OSPF es un protocolo de enrutamiento exclusivamente IP. En la actualidad utilizamos 2 versiones de OSPF:

- OSPFv2 para redes IPv4.

- OSPFv3 para redes IPV6.

Son 2 protocolos diferentes que corren de modo completamente independiente uno del otro.

En términos generales las características de OSPFv3 son las mismas que las de su predecesor, OSPFv2: algoritmos, métricas, métrica por defecto, mecanismo de descubrimiento de vecinos, etc.

Sus principales características son:

- Utiliza un router ID de 32 bits.
  Si en el dispositivo hay interfaces IPv4, entonces puede asumir una dirección IPv4 como RID. Si no hay interfaces IPv4 entonces es necesario configurarlo.

- La adyacencia entre vecinos y el próximo salto se definen utilizando direcciones IPv6 link-local.
  Dado que todas las direcciones link-local utilizan el mismo prefijo OSPF almacena junto con la dirección la interfaz de salida.

- Se utiliza IPv6 como protocolo de transporte de los LSAs. Se identifican los paquetes con el valor 89 en el campo próximo encabezado.

- No se define por red sino que se habilita por interfaz.

- Los paquetes utilizan direcciones multicast IPv6:

  o FF02::5 para todos los dispositivos OSPFv3.

  o FF02::6 para todos los dispositivos DR y BDR.

### Configuración de OSPFv3

```
Router(config)#ipv6 unicast-routing
```
> Recuerde siempre habilitar el enrutamiento IPv6 en el dispositivo.

```
Router(config)#ipv6 router ospf 1
```
> Como en OSPFv2, aquí también se requiere un ID de proceso para activar el protocolo

```
Router(config-router)#router-id 1.1.1.1
```
> El router ID es un identificador de 32 bits que se expresa en formato de 4 octetos decimales. NO es una dirección IP. Tiene el mismo formato. Es independiente del RID que utiliza OPSFv2.

```
Router(config-router)#passive-interface Serial0/0/1
Router(config-router)#passive-interface default
Router(config-router)#no passive-interface GigabitEthernet0/0
Router(config-router)#exit
Router(config)#interface serial 0/0/0
Router(config-if)#bandwidth 2000000
Router(config-if)#ipv6 enable
Router(config-if)#ipv6 address FC00:1:1:2::/64 eui-64
Router(config-if)#ipv6 ospf 1 area 0
```
> Inicia la operación del proceso OSPF previamente creado en la interfaz. En el mismo comando se indica el área a la cual pertenece el enlace asociado.

---

 Por ser un protocolo completamente independiente de OSPFv2, tanto los IDs de proceso como de área son independientes entre sí, aunque muchas veces por razones de facilidad en la gestión se utilizan los mismos.

---

*Monitoreo*

```
Router#show ipv6 protocols
Router#show ipv6 ospf
```
> Muestra la información correspondiente al protocolo: ID de proceso, RID, temporizadores, áreas configuradas, ancho de banda de referencia.

```
Router#show ipv6 ospf database
Router#show ipv6 ospf neighbor
```
> Muestra los vecinos descubiertos a través de cada interfaz del dispositivo.

```
Router#show ipv6 ospf interface brief
```
> Muestra las interfaces asociadas al proceso OSPFv3 y la información relacionada.

```
Router#show ipv6 ospf interface Serial0/0/0
```
> Muestra la información detallada de la operación de OSPFv3 vinculada a la interfaz.

# Laboratorio 5.10: Configuración de enrutamiento OSPFv3

 Para la realización de los laboratorios de esta Guía se ha diseñado la topología de una maqueta única que permite cubrir todos los ejercicios propuestos. La descripción e información correspondiente a esta maqueta la encontrará en el inicio del manual.
Para este ejercicio debe concentrarse solamente en una parte de esa maqueta, a la que denominamos "Topología a utilizar".

### Topología a utilizar

 Antes de iniciar el ejercicio asegúrese de desactivar los puertos que no participan de esta topología para tener lecturas más claras de los comandos show.

 Para la asignación de direcciones de cada puerto y terminal diríjase a la tabla "Direccionamiento IP inicial" al inicio de la Guía.

Consideraciones a tener en cuenta para este ejercicio:

- No se utilizan los enlaces que conectan ASW1 con ASW2. Esos puertos deben desactivarse utilizando el comando shutdown.

- De las conexiones seriales que conectan GTW2 con CE se utiliza solamente una, la otra debe desactivarse.

- La terminal ISE se utiliza solamente como terminal, no publica ningún servicio en este ejercicio.

- Todos los dispositivos deben tener su configuración básica como punto de partida, con la configuración IPv6 completa de todas las interfaces que intervienen en esta topología.

- En el enlace serial que une CE con GTW2 el extremo DCE de la conexión es el router CE. Ese enlace tiene un ancho de banda de 4 Mbps.

- En el desarrollo del ejercicio no es necesario activar el enrutamiento de unicast IPv6 ya que esta tarea se ha cumplido en un laboratorio anterior.

 IMPORTANTE:
Antes de iniciar el ejercicio asegúrese de eliminar cualquier ruta IPv6 estática existente o cualquier protocolo de enrutamiento IPv6 que haya sido utilizado en ejercicios anteriores.

## Direccionamiento IP inicial

| Dispositivo | Interfaz | IPv6 | Longitud de Prefijo |
|---|---|---|---|
| PC10 | Gi | 2001:DB8:0:1::10 | /64 |
| PC20 | Gi | 2001:DB8:0:2::20 | /64 |
| ISE | Gi | 2001:DB8:B:1::10 | /64 |
| GTW1 | G0/0 | 2001:DB8:1:2::5 | /64 |
| | G0/1 | 2001:DB8:0:1::1 | /64 |
| | G0/2 | 2001:DB8:1:1::1 | /64 |
| GTW2 | G0/1 | 2001:DB8:0:2::2 | /64 |
| | G0/2 | 2001:DB8:1:1::2 | /64 |
| | S0/0 | 2001:DB8:1:3::13 | /64 |
| CE | G0/0 | 2001:DB8:1:2::6 | /64 |
| | S0/0 | 2001:DB8:1:3::14 | /64 |
| | G0/1 | 2001:DB8:A:1::10 | /64 |
| PE | G0/0 | 2001:DB8:B:1::1 | /64 |
| | G0/1 | 2001:DB8:A:1::1 | /64 |

## Configurar y verificar EIGRP

1. Configure enrutamiento OSPFv3 utilizando el ID de proceso 1 en los routers GTW1, GTW2, CE y PE.

2. En cada uno de los dispositivos asocie al proceso de OSPFv3 cada una de las interfaces configuradas.
   Utilice los siguientes RIDs para cada uno de los dispositivos:

   o  GTW1        RID: 1.1.1.1

   o  GTW2        RID: 2.2.2.2

- o **CE**      RID: 3.3.3.3

- o **PE:**      RID: 4.4.4.4

```
GTW1#configure terminal
GTW1(config)#ipv6 unicast-routing
GTW1(config)#ipv6 router ospf 1
GTW1(config-router)#router-id 1.1.1.1
GTW1(config-router)#exit
GTW1(config)#interface GigabitEthernet0/0
GTW1(config-if)#ipv6 ospf 1 area 0
GTW1(config-if)#interface GigabitEthernet0/1
GTW1(config-if)#ipv6 ospf 1 area 0
GTW1(config-if)#interface GigabitEthernet0/2
GTW1(config-if)#ipv6 ospf 1 area 0
GTW1(config-if)#end

GTW2#configure terminal
GTW2(config)# ipv6 unicast-routing
GTW2(config)#ipv6 router ospf 1
GTW2(config-router)#router-id 2.2.2.2
GTW2(config-router)#exit
GTW2(config)#interface GigabitEthernet0/1
GTW2(config-if)#ipv6 ospf 1 area 0
GTW2(config-if)#interface GigabitEthernet0/2
GTW2(config-if)#ipv6 ospf 1 area 0
GTW2(config-if)#interface Serial0/0
GTW2(config-if)#ipv6 ospf 1 area 0
GTW2(config-if)#end

CE#configure terminal
CE(config)#ipv6 unicast-routing
CE(config)#ipv6 router ospf 1
CE(config-router)#router-id 3.3.3.3
CE(config-router)#exit
CE(config)#interface GigabitEthernet0/0
CE(config-if)#ipv6 ospf 1 area 0
CE(config-if)#interface GigabitEthernet0/1
CE(config-if)#ipv6 ospf 1 area 0
CE(config-if)#interface Serial0/0
CE(config-if)#ipv6 ospf 1 area 0
CE(config-if)#end


PE#configure terminal
PE(config)#ipv6 unicast-routing
PE(config)#ipv6 router ospf 1
PE(config-router)#router-id 4.4.4.4
PE(config-router)#exit
PE(config)#interface GigabitEthernet0/0
PE(config-if)#ipv6 ospf 1 area 0
PE(config-if)#interface GigabitEthernet0/1
PE(config-if)#ipv6 ospf 1 area 0
PE(config-if)#end
```

3. Verifique la tabla de enrutamiento en CE.

```
CE#show ipv6 route
```

4. Verifique en el mismo CE las rutas aprendidas utilizando OSPFv3.

```
CE#show ipv6 route ospf
```

5. Verifique la información propia del protocolo en los routers CE y PE.

```
CE#show ipv6 ospf neighbors
PE#show ipv6 ospf neighbors

CE#show ipv6 ospf interfaces
```

 De esta manera concluye este laboratorio.

## Border Gateway Protocol

Internet es un conjunto de diferentes sistemas autónomos interconectados de modo tal que permiten la comunicación entre terminales conectados a ellos.

- Sistema autónomo – AS.
  Conjunto de redes bajo un mismo dominio de administración técnica.
  Se identifica con un ID de sistema autónomo de 16 o 32 bits.

- Protocolo de Enrutamiento Interior – IGP.
  Protocolos de enrutamiento diseñados para intercambiar información de enrutamiento interna al AS.

- Protocolo de Enrutamiento Exterior – EGP.
  Protocolo de enrutamiento diseñado para intercambiar información de enrutamiento entre diferentes sistemas autónomos.

*Modelos de conectividad a Internet*

- Single-Homed.
  Un único enlace de acceso a través de un único service provider.
  Es el modelo de acceso adoptado en implementaciones en las que una posible pérdida del acceso a Internet no es un factor crítico para la operación de la organización.

- Dual-Homed.
  Implementa redundancia en los enlaces con un único service provider.
  Este modelo brinda mayor estabilidad considerando que el fallo más frecuente es la caída de enlaces o de puertos; sin embargo, se mantiene la dependencia de un único service provider.

- Multihomed.
  Se presenta diversidad de enlaces de acceso con diversidad de proveedores de servicios.
  Asegura redundancia real de enlaces y proveedores a la vez que permite distribuir tránsito entre diferentes service providers. En este caso además, la empresa debe publicar su propio espacio de direccionamiento público hacia Internet y cuidar de no convertirse en sistema de tránsito entre los service providers.

- Dual-Multihomed.
  Permite tener no sólo redundancia de service provider sino también de enlaces hacia cada service provider.
  Este es el modelo que mayor resistencia a fallos proporciona.

Single-Homed                    Dual-Homed

Multihomed                      Dual-Multihomed

*El sistema autónomo*

Como protocolo de enrutamiento exterior BGP exige la utilización de un ID de sistema autónomo para identificar cada una de las redes conectadas a Internet.

Pero no sólo BGP utiliza ID de sistema autónomo. Hay también protocolos de enrutamiento interior que también utilizan este elemento, como es el caso de EIGRP, aunque en este caso no es necesario utilizar un ID asignado por una autoridad pública como IANA ya que se trata de enrutamiento interior que no requiere el intercambio de información de enrutamiento a través de Internet.

En estos casos (enrutamiento interior), incluyendo OSPF, podemos definir el sistema autónomo sencillamente como un conjunto de redes bajo con una estrategia de enrutamiento común que puede dividirse en múltiples áreas. En protocolos de enrutamiento interior puede ser asumido como un sinónimo de dominio de enrutamiento.

- En EIGRP.
  Es un parámetro requerido en la configuración.
  Identifica un dominio de enrutamiento.
  Todos los dispositivos en el mismo dominio de enrutamiento (que intercambian información de enrutamiento) deben utilizar el mismo ID de

sistema autónomo.
Por tratarse de enrutamiento interior no requiere un ID asignado por IANA.

- En OSPF.
  Es un concepto que identifica un dominio de enrutamiento.
  No utiliza ID de sistema autónomo.
  Los dispositivos que intercambian información de enrutamiento de diferentes dominios de enrutamiento reciben la denominación de ASBR.

- En BGP.
  Es un parámetro requerido en la configuración.
  Identifica un dominio de enrutamiento que intercambia información de enrutamiento con otros sistemas autónomos.
  Por tratarse de enrutamiento exterior (Internet) utiliza ID de sistema autónomo definido por IANA.

### El ID de Sistema Autónomo

Un sistema autónomo es una colección o conjunto de redes bajo una única administración técnica. Cada sistema autónomo es una unidad administrativa que se diferencia y reconoce a través de un ID de sistema autónomo.

IANA (Internet Assigned Numbers Authority) es el organismo responsable de la asignación de los ID de sistema autónomo. Para una mejor administración de los números de sistema autónomo esta tarea ha sido delegada a cinco organismos regionales:

- ARIN tiene jurisdicción sobre Norte América y el Caribe.

- RIPE NCC administra los números de sistema autónomo de Europa.

- APNIC administra los números de sistema autónomo para la región Asia-Pacífico.

- AfriNIC administra los ID de sistema autónomo para el continente africano.

- LACNIC es el responsable del registro de direcciones de América Latina y la región Caribe.

El ID de sistema autónomo es un número de 16 bits, con un valor posible entre 1 y 65535. Su uso y asignación está orientado por la RFC 1930. Los sistemas autónomos 64512 a 65535 están reservados para uso privado.

- Se requiere de un número de sistema autónomo asignado por IANA exclusivamente para conectarse a la red pública.

- A los fines de ejercitación y laboratorio es conveniente utilizar los números reservados para uso privado.

- En la actualidad IANA recomienda que las redes corporativas que se conectan a un único proveedor y comparten las políticas de enrutamiento de ese proveedor, utilicen un número de sistema autónomo del pool privado (64512 a 65535). Estos números de AS aparecen únicamente dentro de la red del proveedor de servicio.

## Border Gateway Protocol

BGP es un protocolo de enrutamiento robusto y escalable diseñado para responder a las necesidades complejas del enrutamiento de Internet (entre sistemas autónomos). Es el protocolo de enrutamiento actualmente implementado en Internet.

El protocolo utiliza un paradigma de enrutamiento salto por salto. Cada router BGP solamente puede publicar a los sistemas autónomos vecinos solamente aquellas rutas que él mismo utiliza.

Sus características más destacadas son:

- Actualizaciones utilizando TCP puerto 179.

- Luego de negociar la sesión TCP 2 dispositivos se denominan peer routers o vecinos.

- Una vez negociada la sesión ambos vecinos intercambian su tabla de enrutamiento completa.

- Luego del intercambio inicial las actualizaciones son incrementales, solamente cuando hay cambios.

- Los vecinos intercambian mensajes keepalive periódicos para mantener activas las sesiones.

- Métrica compleja basada en atributos.

- Pensado para el intercambio de rutas entre redes muy grandes.

- ID en la tabla de enrutamiento: B

- Recibe la denominación de eBGP al intercambio de información de enrutamiento entre dispositivos peer que pertenecen a diferente sistema autónomo.

- La denominación de iBGP corresponde al intercambio de rutas entre dispositivos peer que pertenecen al mismo sistema autónomo.

- Distancia Administrativa por defecto:

    o Rutas eBGP                    20

    o Rutas iBGP                    200

---

Cuando un router recibe dos rutas al mismo destino, una anunciada por un IGP y otra por eBGP, la ruta anunciada por BGP se impone debido a que tiene menos distancia administrativa.

Cuando un route recibe dos rutas al mismo destino, una anunciada por un IGP y otra por iBGP, la ruta anunciada por el IGP se impone debido a que tendrá menor distancia administrativa, esto asegura que el tráfico interno se reenvíe de acuerdo a lo indicado por el protocolo de enrutamiento interior.

- BGP Router ID: 32 bits (4 bytes).

- Es un protocolo de vector ruta: Su paradigma de enrutamiento se basa en la distancia entre origen y destino ponderada salto por salto.

- En BGP un salto es un sistema autónomo que debe atravesar la ruta hacia el destino.

- El próximo salto de la ruta se identifica utilizando la dirección IP de ingreso al siguiente sistema autónomo en la ruta.

- Las rutas generadas en el propio sistema autónomo (o sistema autónomo local) no apuntan hacia otro AS y por lo tanto su próximo salto se define como 0.0.0.0.

- Cada dispositivo establece y mantiene adyacencia con sus vecinos BGP.

  o No hay un mecanismo de descubrimiento de vecinos.

  o Los vecinos deben ser declarados explícitamente por configuración.

  o Antes de establecer una relación de vecindad se negocia un circuito TCP sobre el puerto 179.

  o Para mantener la relación de vecindad es necesario mantener activo el circuito TCP.

  o Para detectar una relación de vecindad activa se envían keepalives periódicos.

En este contexto debemos tener presente que IANA es el organismo responsable de la coordinación global y la asignación del número de sistema autónomo que identifica a cada service provider así como la asignación del espacio de direccionamiento IP público que utiliza cada proveedor. Si una red corporativa necesita para su conexión a Internet de direccionamiento IP público o un ID de sistema autónomo deberá realizar la gestión ante IANA.

## Configuración de eBGP en un acceso single homed

 Dentro de la amplitud de la temática que ofrece GBP, el examen de certificación CCNA 200-125 se centra exclusivamente en la implementación de eBGP en conexiones a Internet single homed. Dado que este manual se centra en esta implementación, a partir de este punto se desarrollarán exclusivamente los aspectos requeridos por el examen de referencia.

Para configurar eBGP en el acceso a Internet se requieren 3 piezas de información básicas:

- Los números de sistema autónomo (de la organización y del service provider al que se conecta).

- Los vecinos o peers eBGP, con el direccionamiento necesario para alcanzarlos.

> Dado que no se corre un IGP entre la red corporativa y la del ISP, el direccionamiento utilizado para identificar los vecinos BGP debe ser alcanzable sin la necesidad de un protocolo de enrutamiento que lo descubra.

- Las redes que se desea publicar hacia Internet.

Esta configuración es un proceso de varios pasos:

*Definición del proceso de BGP*

```
Router(config)#router bgp 64935
```

Crea el proceso de BGP en el dispositivo y lo asocia al número de sistema autónomo que ha sido asignado. Al mismo tiempo abre el acceso al submodo de configuración del protocolo

Sólo es posible montar un proceso de BGP en cada dispositivo (cada router puede pertenecer a un solo sistema autónomo).

*Establecimiento de la relación con el vecino*

```
Router(config-router)#neighbor 201.100.15.130 remote-as 36504
```

Define el vecino con el cual se desea establecer relación de intercambio de información BGP. Dado que no hay un mecanismo de descubrimiento de vecinos esta es la única forma de establecer estas relaciones.

Se debe indicar la dirección IP del vecino (que debe ser alcanzable) y el ID del sistema al que pertenece.

Dado que el ID de sistema autónomo del vecino es diferente del que identifica el proceso de BGP, esta es una relación eBGP.

*Publicación de redes en BGP*

```
Router(config-router)#network 215.39.0.16 mask 255.255.255.240
```

Indica que se desea publicar hacia los vecinos definidos antes la red 215.39.0.16/28.

Requiere de una coincidencia en la tabla de enrutamiento. No se puede publicar una ruta a un destino que no está antes presente en la tabla de enrutamiento sea aprendido por un IGP o por una ruta estática.

El keyword "mask" es opcional. Si no se especifica, entonces se publica la red de clase correspondiente. Si se especifica, se busca una coincidencia exacta en la tabla de enrutamiento para publicar ese prefijo exacto.

*Verificación de eBGP*

Se cuenta con un set de comandos específicos para verificar la operación de BGP en dispositivos IOS.

```
Router#show ip bgp summary
```

Muestra la configuración y situación general de operación del protocolo. Incluye a cada vecino definido en la configuración y el estado de cada una de las sesiones.

```
Router#show ip bgp neighbors
```

Da la información detallada de cada conexión BGP con los vecinos. Permite verificar la sesión TCP y la sesión BGP que se ha establecido con cada vecino.

Identifica si se trata de una sesión eBGP o iBGP.

```
Router#show ip bgp
```

Muestra la tabla de prefijos IP mantenida por el protocolo. Contiene toda la información de enrutamiento recibida de cada vecino.

# Laboratorio 5.11: Configuración y verificación de eBGP

 Para la realización de los laboratorios de esta Guía se ha diseñado la topología de una maqueta única que permite cubrir todos los ejercicios propuestos. La descripción e información correspondiente a esta maqueta la encontrará en el inicio del manual.
Para este ejercicio debe concentrarse solamente en una parte de esa maqueta, a la que denominamos "Topología a utilizar".

**Topología a utilizar**

 Para la asignación de direcciones de cada puerto y terminal diríjase a la tabla "Direccionamiento IP inicial" al inicio de la Guía.

Consideraciones a tener en cuenta para este ejercicio:

- En este ejercicio se utilizarán solamente los routers CE y PE. Las interfaces que conectan a los demás dispositivos NO es necesario que sean desactivadas.

- En el esquema de direccionamiento sugiero la creación de 2 interfaces loopback en el router CE para luego publicar sus redes.

- En el ejercicio el router CE se comporta como router cliente y el router PE como dispositivo del ISP.

- El ejercicio (y el temario del examen) se centra en la configuración del router CE del cliente. Para que el protocolo sea plenamente operativo y se pueda intercambiar información de enrutamiento es necesario que el router PE opere como vecino eBGP y publique las redes de las interfaces loopback. Es también necesario eliminar todo intercambio de información de enrutamiento entre PE y CE, incluso una ruta por defecto si la hubiera. Para esto, ingrese la siguiente configuración en la consola de PE:

```
PE#configure terminal
PE(config)#no router ospf1
PE(config)#interface loopback 0
PE(config-if)#ip address 192.168.100.1 255.255.255.0
PE(config-if)#interface loopback 1
PE(config-if)#ip address 172.16.100.1 255.255.255.0
PE(config-if)#exit
PE(config)#router bgp 65001
PE(config-router)#neighbor 201.1.1.10 remote-as 65000
```

```
PE(config-router)#network 192.168.100.0 mask 255.255.255.0
PE(config-router)#network 172.16.100.0 mask 255.255.255.0
PE(config-router)#network 192.168.1.0 mask 255.255.255.0
PE(config-router)#end
```

Y la siguiente configuración en el router CE:

```
CE#configure terminal
CE(config)#no router ospf 1
```

### Direccionamiento IP inicial

| Dispositivo | Interfaz | IP | Máscara de Subred |
|---|---|---|---|
| PE | G0/1 | 200.1.1.1 | 255.255.255.0 |
| | Lo0 | 192.168.100.1 | 255.255.255.0 |
| | Lo1 | 172.16.100.1 | 255.255.255.0 |
| | G0/0 | 192.168.1.1 | 255.255.255.0 |
| CE | G0/1 | 201.1.1.10 | 255.255.255.0 |
| | G0/0 | 172.16.1.6 | 255.255.255.252 |
| | S0/0 | 172.16.1.10 | 255.255.255.252 |
| | Lo0 | 192.168.200.1 | 255.255.255.0 |
| | Lo1 | 172.16.200.1 | 255.255.255.0 |

### Configurar eBGP

1. Verifique la configuración inicial del router PE que es el dispositivo del service provider.

```
PE#show running-config|section bgp
```

2. Cree las interfaces loopback necesarias en el router CE para luego poder publicar esas redes. Para esta tarea utilice la información de la tabla de direccionamiento IP inicial.

```
CE#configure terminal
CE(config)#interface loopback 0
CE(config-if)#ip address 192.168.200.1 255.255.255.0
CE(config-if)#interface loopback 1
CE(config-if)#ip address 172.16.200.1 255.255.255.0
CE(config-if)#exit
```

3. En la consola del router CE cree y configure el proceso de eBGP de modo que negocie enrutamiento con el router del ISP. Considere la siguiente información para la tarea:

- Número de sistema autónomo: 65000

- Vecino con el que negociar la sesión: 200.1.1.1

- Número de sistema autónomo del vecino eBGP: 65001

```
CE(config)#router bgp 65000
CE(config-router)#neighbor 201.1.1.1 remote-as 65001
CE(config-router)#end
```

4. A continuación el router CE debe publicar las redes conectadas a sus interfaces de loopback. Antes de proceder a la configuración, verifique la inclusión de estas redes en la tabla de enrutamiento para poder luego ingresar el comando exacto necesario. Las rutas debieran ser a la red 192.168.200.0/24 y 172.16.200.0/24.

```
CE#show ip route
```

5. Incluya ahora en el proceso de BGP el anuncio de ambas redes.

```
CE#configure terminal
CE(config)#router bgp 65000
CE(config-router)#network 192.168.200.0 mask 255.255.255.0
CE(config-router)#network 172.16.200.0 mask 255.255.255.0
CE(config-router)#end
```

### Verificación de eBGP

1. Verifique el estado de la sesión BGP en el router CE. En la tabla que se presenta al final del resultado del comando debe verse como vecino al router PE (201.1.1.1).

```
CE#show ip bgp summary
```

2. Verifique a continuación la negociación con el router PE.

```
CE#show ip bgp neighbors
```

3. Verifique los prefijos IP aprendidos a través de la negociación eBGP. En esta tabla debe aparecer ahora los prefijos 192.168.100.0/24 y 172.16.100.0/24 publicados por el PE.

```
CE#show ip bgp
```

4. Antes de concluir el laboratorio, y para dejar la maqueta en condiciones de realizar los laboratorios siguientes, realice las siguientes tareas:

- Elimine en ambos dispositivos el proceso de BGP

- Reinicie el proceso de OSPF que se eliminó antes en ambos routers.

- Vuelva a asociar las interfaces de cada router al proceso de OSPF.

```
CE#configure terminal
CE(config)#no router bgp 65000
CE(config)#router ospf 1
CE(config-router)#network 201.1.1.0 0.0.0.255 area 1
CE(config-router)#network 172.16.1.4 0.0.0.3 area 0
CE(config-router)#network 172.16.1.8 0.0.0.3 area 0
CE(config-router)#end

PE#configure terminal
PE(config)no router bgp 65001
PE(config)#router ospf 1
PE(config-router)#network 192.168.1.0 0.0.0.255 area 0
PE(config-router)#network 200.1.1.0 0.0.0.255 area 0
PE(config-router)#end
```

 De esta manera concluye este laboratorio.

# Día 22
# Repaso

Lo desarrollado hasta este punto es una síntesis del temario que hemos estudiado hasta aquí, síntesis creada con la intención de brindar una herramienta de repaso de esos temas.
Un desarrollo completo de estos temas puede encontrarse en los capítulos precedentes.

El mejor resumen siempre el que elabora uno mismo; lo que le presento a continuación es simplemente una sugerencia o guía orientativa.

## Principios del enrutamiento IP

La tabla de enrutamiento contiene la información correspondiente a todos los destinos posibles conocidos, e incluye:

- Identificador de la red de destino.
- Dispositivo vecino.
- Forma en que se mantiene y verifica la información.
- La mejor ruta a cada red remota.

El router aprende acerca de las redes remotas:

- Dinámicamente.
- Estáticamente.

Funciones básicas del router:

- Determinación de las rutas.
- Reenvío de paquetes.

Mecanismos de reenvío de paquetes:

- Process switching.
- Fast switching.
- Cisco Express Forwarding.

## La tabla de enrutamiento

- Conjunto ordenado de información referida al modo de alcanzar diferentes redes de destino.

*Generación de la tabla de enrutamiento*

- Redes directamente conectadas.

- Rutas estáticas.

- Rutas dinámicas.

- Ruta por defecto.

| | |
|---|---|
| C | Redes directamente conectadas |
| L | Rutas locales: interfaces del dispositivo |
| S | Rutas estáticas |
| (*) | Identifica la ruta por defecto |
| R | Rutas aprendidas a través del protocolo RIP |
| O | Rutas aprendidas a través del protocolo OSPF |
| D | Rutas aprendidas a través del protocolo EIGRP |

*Protocolos de enrutamiento*

- Un sistema autónomo o dominio de enrutamiento es un conjunto de dispositivos bajo una administración única.

- Protocolos de Enrutamiento Interior:

    o RIP

    o EIGRP

    o OSPF

    o IS-IS

- Protocolos de Enrutamiento Exterior:

    ▪ BGPv4

Todos los protocolos de enrutamiento cubren básicamente 3 propósitos:

- Descubrir la existencia de redes remotas.

- Mantener la información de enrutamiento actualizada.

- Seleccionar la mejor ruta hacia la red destino

*Comparación entre enrutamiento vector distancia y estado de enlace*

- Se diferencian en función del algoritmo que utilizan para procesar la información de enrutamiento que intercambian.

- Protocolos de vector distancia.

  - Determina básicamente la dirección y distancia a la que se encuentra la red de destino.

  - Estos protocolos envían actualizaciones en las que incluyen toda la información contenida en la tabla de enrutamiento.

- Protocolos de estado de enlace.

  - Cada router construye su propio mapa de la topología de la red.

  - Utiliza el algoritmo SPF con el que se genera una visión completa de la topología de la red y se elige la mejor ruta a cada red.

| Protocolos por vector distancia | Protocolos por estado de enlace |
| --- | --- |
| Implementan el algoritmo Bellman-Ford. | Implementan el algoritmo de Dijkstra. |
| Visualiza la red sólo desde la perspectiva de los vecinos. | Buscan una visión común de la topología de la red íntegra. |
| Realizan actualizaciones periódicas. | Los eventos activan la actualización. |
| Transmiten copias completas o parciales de la tabla de enrutamiento. | Transmiten solo actualizaciones del estado de los enlaces. |

| Protocolos por vector distancia | Protocolos por estado de enlace |
|---|---|
| Requieren menor procesamiento y memoria RAM; pero utilizan mayor ancho de banda. | Requieren mayor procesamiento y memoria RAM; pero utilizan menor ancho de banda. |
| RIP | OSPF |
| EIGRP | IS-IS |

Hay otra visión diferente entre protocolos de enrutamiento según el modo en que se publican las redes de destino:

- Enrutamiento classful.
  Estos protocolos no incluyen la información de la máscara de enrutamiento correspondiente en las rutas publicadas.

- Enrutamiento classless.
  Incluyen la máscara de subred en las actualizaciones de las rutas publicadas.

### La métrica

- Parámetro generado por el algoritmo de enrutamiento para cada ruta que refleja la "distancia" existente entre el dispositivo y la red de destino.

- Es el resultado de la operación del algoritmo del protocolo a partir de uno o varios parámetros combinados.

- La menor métrica es la que corresponde a la mejor ruta.

- Cada protocolo de enrutamiento utiliza diferentes métricas:

  o Ancho de banda.

  o Delay.

  o Cantidad de saltos.

  o Costo.

### La Distancia Administrativa

- Valor que permite clasificar las diferentes rutas que se aprenden de acuerdo a la confiabilidad de la fuente de información de enrutamiento.

- IOS utiliza este parámetro para seleccionar la mejor ruta.

- Valor entero entre 0 y 255

- A menor valor denota mayor confiabilidad.

- Cada protocolo tiene un valor asignado por defecto.

| Fuente de información de ruteo | Valor |
|---|---|
| Ruta a una red directamente conectada | 0 |
| Ruta estática (por defecto) | 1 |
| Ruta eBGP | 20 |
| Ruta EIGRP interna | 90 |
| Ruta OSPF | 110 |
| Ruta IS-IS | 115 |
| Ruta RIP | 120 |
| Ruta EIGRP externa | 170 |
| Ruta iBGP | 200 |
| Ruta inalcanzable | 255 |

*Determinación de la ruta*

- Cuando hay información referida a una misma red destino de diferente origen, el router utiliza la distancia administrativa para definir cuál es la mejor ruta hacia ese destino.

- Cuando hay varias rutas con la misma distancia administrativa, se utiliza la métrica para seleccionar la mejor ruta.

- Cuando se encuentran varias rutas posibles, se selecciona aquella de prefijo de mayor longitud.

## Configuración de las interfaces del router

- Son el punto de conexión con las diferentes redes.

Tipos básicos de interfaces físicas:

- Interfaces Ethernet o LAN.

- Interfaces Seriales o WAN.

- Interfaces loopback.

*Configuración de interfaces loopback*

```
Router#configure terminal
Router(config)#interface loopback 0
Router(config-if)#ip address 192.168.100.1 255.255.255.255
Router(config-if)#exit
Router(config)#
```

*Configuración de interfaces Ethernet*

```
Router(config)#interface GigabitEthernet0/0
Router(config-if)#ip address 172.16.1.1 255.255.255.0
Router(config-if)#no shutdown
Router(config-if)#exit
```

*Configuración de interfaces Seriales*

```
Router(config)#interface Serial0/0/0
Router(config-if)#encapsulation [ppp|hdlc|frame]
Router(config-if)#ip address 172.16.20.1 255.255.255.0
Router(config-if)#no shutdown
Router(config-if)#exit
```

*Verificación de la configuración y estado de las interfaces*

```
Router#show ip interface brief
Router#show protocols Serial0/0/0
Router#show interfaces
```

## Enrutamiento estático

- Ruta manualmente ingresada en la tabla de enrutamiento.

- Debe ser mantenida manualmente.

Puede ser conveniente utilizar rutas estáticas cuando:

- La red es pequeña y está constituida por unas pocas rutas.

- La red está conectada a Internet a través de un único service provider.

- La red está configurada sobre un modelo hub-and-spoke.

- Es necesario implementar rápidamente una ruta con un propósito específico.

*Configuración de una ruta estática IPv4:*

```
Router(config)#ip route 201.15.14.0 255.255.255.0 191.35.152.17 10
Router(config)#ip route 201.15.10.0 255.255.255.0 Serial0/0/0 10
```

*Configuración de una ruta estática IPv6:*

```
Router#configure terminal
Router(config)#ipv6 unicast-routing
Router(config)#ipv6 route 2001:DB8:0:1::/64 Serial0/0/0 10
```

- Ruta utilizada para enrutar paquetes que tienen como destino una dirección perteneciente a una red para la cual no hay una ruta específica en la tabla de enrutamiento.

- Puede ser utilizada por cualquier dirección IP de destino.

Se utilizan rutas por defecto:

- En la conexión a Internet.

- Cuando se trata de una red stub.

*Configuración de una ruta por defecto*

```
Router(config)#ip route 0.0.0.0 0.0.0.0 191.35.152.17
Router(config)#ip route 0.0.0.0 0.0.0.0 Serial 0/0/0
```

Para configurar una ruta por defecto para enrutamiento IPv6:

```
Router(config)#ipv6 route ::/0 Serial 0/0/0
```

## Enrutamiento Dinámico

- Protocolo de enrutamiento dinámico: conjunto de procesos, algoritmos y formatos de mensajes que permiten intercambiar información de enrutamiento entre dispositivos con el propósito de construir las tablas de enrutamiento.

Operación de los protocolos de enrutamiento:

- Los dispositivos envían y reciben mensajes con información de enrutamiento a través de sus interfaces.

- El dispositivo comparte su información de enrutamiento con otros dispositivos.

- El dispositivo aprende respecto de la existencia y la forma de llegar a redes remotas.

- Cuando se detecta un cambio de topología se notifica de este cambio a los otros dispositivos en el dominio de enrutamiento.

*Protocolos de enrutamiento por vector distancia*

Se basan en el envío a cada uno de los dispositivos vecinos la información contenida en la tabla de enrutamiento.

El envío se repite utilizando intervalos fijos de tiempo.

Eventos que pueden provocar una actualización son varios:

- La falla de un enlace.

- La activación de un nuevo enlace.

- La falla de un dispositivo.

- El cambio de los parámetros de un enlace.

Para prevenir o solucionar bucles de enrutamiento:

- Cuenta al infinito.

- Horizonte dividido (Split horizon).

- Ruta envenenada (Route poisoning).

- Temporizadores de espera (Hold-down timers).

- Actualizaciones desencadenadas.

*Protocolos de enrutamiento por estado de enlace*

Ventajas respecto de los protocolos de vector distancia:

- Son más escalables.

- Cada dispositivo tiene la información completa de la topología de la red.

- Las actualizaciones se envían cuando se produce un cambio.

- Responde rápidamente a los cambios en la topología.

- Hay mayor intercambio de información entre los dispositivos.

*Estructura de la información*

TABLA
TOPOLÓGICA

ALGORITMO
SPF

TABLA DE
ENRUTAMIENTO

Para su operación estos protocolos mantienen varias tablas o bases de datos:

- Base de datos de adyacencias.

- Base de datos topológica.

La unidad básica para el intercambio de información son los LSAs que incluyen:

- Interfaz del dispositivo.

- Dirección IP y máscara de subred.

- Tipo de red.

- Dispositivos conectados a ese segmento de red.

## RIP versión 2

- Es un protocolo de enrutamiento por vector distancia classless.

- RFC 2453.

- Métrica: número de saltos

- Métrica máxima: 15 saltos / 16 saltos = inalcanzable

- Algoritmo Bellman-Ford

- ID en la tabla de enrutamiento: R

- Distancia Administrativa: 120

- Temporizadores:

    o Período de actualización: 30 segundos

    o Período de invalidación de ruta: 90 segundos

    o Período de renovación de rutas: 240 segundos

- Propagación por multicast: 224.0.0.9

- Balancea carga hasta entre 6 rutas de igual métrica, 4 por defecto.

- Admite autenticación para sus actualizaciones: texto plano (por defecto) o cifrado utilizando MD5.

- Sumariza rutas por defecto automáticamente al límite de la clase.

*Configuración*

```
Router(config)#router rip
Router(config-router)#version 2
Router(config-router)#network 172.16.0.0
Router(config-router)#timers basic 60 180 180 240
Router(config-router)#no auto-summary
Router(config-router)#passive-interface GigabitEthernet0/0
Router(config-router)#passive-interface default
Router(config-router)#no passive-interface Serial0/0
Router(config-router)#default-information originate
```

*Monitoreo*

```
Router#show ip protocol
Router#show ip route
Router#show ip route rip
Router#show ip rip database
```

## Enrutamiento IPv6

- Se requieren protocolos de enrutamiento específicos que respondan a la arquitectura de IPv6.

- Además del enrutamiento estático es posible utilizar algunos protocolos de enrutamiento:

    o RIPng.

    o OSPFv3.

    o IS-IS.

    o EIGRP.

    o MP-BGP.

- En IOS el enrutamiento IPv6 se encuentra inactivo por defecto.

```
Router#configure terminal
Router(config)#ipv6 unicast-routing
```

*Configuración de enrutamiento estático IPv6*

```
Router#configure terminal
Router(config)#ipv6 route 2001:db8:0:1::/64 Serial0/1
Router(config)#ipv6 route ::/0 Serial0/0
```

*Verificación del enrutamiento IPv6*

```
Router#show ipv6 route
Router#show ipv6 route static
Router#traceroute 2001:db8:0:1::10
```

## Enhanced Interior Gateway Routing Protocol (EIGRP)

- Protocolo de enrutamiento por vector distancia avanzado.

- Protocolo propietario de Cisco.

- Mantiene una tabla de vecindades y una tabla topológica.

- Algoritmo de selección de mejor ruta: DUAL.

- Implementa el concepto de "rutas sucesoras".

- No realiza actualizaciones periódicas.

- Envía paquetes hello utilizando multicast: 224.0.0.10 o FF02::A.

- Soporta VLSM, enrutamiento de redes discontiguas y sumarización de rutas.

- Por defecto NO sumariza rutas.

- Soporta autenticación con intercambio de claves predefinidas y cifradas con MD5.

- Métrica de 32 bits compuesta: ancho de banda, retraso, confiabilidad y carga.

- Métrica por defecto = ancho de banda + retardo.

- Balancea tráfico entre rutas de igual métrica.

- Es posible definir balanceo de tráfico entre rutas de diferente métrica.

- Cantidad máxima de saltos: 224.

- ID en la tabla de enrutamiento: `D` (para rutas externas `D EX`).

- Distancia Administrativa: 90 (170 para rutas externas).

- Su configuración requiere que se defina un número de Sistema Autónomo (AS).

### Selección de rutas EIGRP

- Es realizada por el protocolo a partir de la información contenida en la tabla topológica.

- La métrica con la que cada vecino publica cada una de las diferentes rutas a esa red destino (AD).

- La métrica que el dispositivo calcula para alcanzar esa red destino a través de ese dispositivo sucesor (FD – Feasible Distance).

| Red | Métrica |
| --- | --- |
| 10.1.1.0/24 | 5000 |

| Red | AD | FD |
| --- | --- | --- |
| 10.1.1.0/24 | 5000 | 6200 |

10.1.1.0/24

Métrica: 5000          Métrica: 1200

- El algoritmo DUAL compara las FDs de todas las rutas al mismo destino y selecciona la ruta con menor FD.

### Métrica

Componentes por defecto:

- Ancho de banda.

- Delay.

Adicionalmente puede considerar:

- Confiabilidad.

- Carga.

Los valores de ancho de banda y delay pueden ser establecidos en cada interfaz por configuración.

```
Router#show interface Serial0/0/0
Router#configure terminal
Router(config)#interface Serial0/0/0
Router(config-if)#bandwidth 4000
Router(config-if)#delay 10000
```

### Balanceo de carga

*Balanceo de carga entre rutas de igual métrica*

- Es el modo de operación por defecto.

- Por defecto balancea carga en hasta 4 rutas de igual métrica a través de la instalación de hasta 4 rutas de igual métrica en la tabla de enrutamiento.

*Balanceo de carga entre rutas de diferente métrica*

- Se puede balancear tráfico entre rutas que tengan una métrica hasta 128 veces peor que la métrica de la successor route elegida.

ROUTER 1 Tabla Topológica

| Red | FD | |
|---|---|---|
| 10.1.1.0/24 | 6200<br>9500 | Successor<br>Successor |

ROUTER 1 Tabla de Enrutamiento

| Red Destino | Métrica | Próx. Salto |
|---|---|---|
| 10.1.1.0/24 | 6200<br>9500 | ROUTER 2<br>ROUTER 3 |

### Configuración de EIGRP en redes IPv4

```
Router(config)#router eigrp 1
Router(config-router)#network 172.16.1.0 0.0.0.255
Router(config-router)#maximum-paths 2
Router(config-router)#shutdown
Router(config-router)#eigrp router-id 1.1.1.1
Router(config-router)#passive-interface GigabitEthernet0/0
Router(config-router)#passive-interface default
Router(config-router)#no passive-interface Serial 0/0/0
```

*Verificación*

```
Router(config-router)#exit
Router#show ip route eigrp
Router#show ip protocols
Router#show ip eigrp interfaces
Router#show ip eigrp interfaces GigabitEthernet 0/0
Router#show ip eigrp neighbors
Router#show ip eigrp topology
Router#show ip eigrp topology all-links
```

*Balanceo de carga*

```
Router#configure terminal
Router(config)#router eigrp 1
Router(config-router)#maximum-paths 3
Router(config-router)#variance 2
```

### EIGRP en redes IPv6

- Es fácil de configurar.

- Mantiene sus características de protocolo de vector distancia avanzado.

- El soporte de múltiples protocolos se realiza a través de módulos.

- Soporta IPv6 como un contexto de enrutamiento separado.

- Utiliza direcciones link-local para la definición de adyacencias y el atributo de próximo salto.

- Se configura en las interfaces.

- Se mantienen tablas de vecinos independientes.

- En los demás aspectos operativos del protocolo y el algoritmo permanece igual que en IPv4.

*Configuración de EIGRP en redes IPv6*

```
Router(config)#ipv6 unicast routing
Router(config)#ipv6 router eigrp 1
Router(config-rtr)#no shutdown
Router(config-rtr)#exit
Router(config)#interface GigabitEthernet 0/0
Router(config-if)#ipv6 enable
Router(config-if)#ipv6 address FC00:1:1:1::/64 eui-64
Router(config-if)#ipv6 eigrp 1
Router(config-if)#Ctrl-Z
```

*Verificación*

```
Router#show ipv6 router eigrp
Router#show ipv6 eigrp 1 interfaces
Router#show ipv6 eigrp 1 neighbors
Router#show ipv6 eigrp 1 topology
```

# Open Shortest Path First (OSPF)

- Protocolo de enrutamiento abierto por estado de enlace.

- Protocolo de enrutamiento classless.

- Métrica: costo.

- Balancea tráfico entre rutas de igual métrica

- Algoritmo de cálculo de la mejor ruta: Dijkstra.

- ID en la tabla de enrutamiento: O.

- Distancia Administrativa: 110.

- Utiliza paquetes hello para descubrir dispositivos vecinos y mantener la relación de vecindad.

- Período de actualización de paquetes hello:

  o 10 segundos en redes multiacceso y punto a punto.

  o 30 segundos en redes NBMA.

- Cuando se produce un evento en la red se desencadena el intercambio de LSAs.

- Permite realizar sumarización manual de rutas.

- Soporta autenticación con intercambio de claves en texto plano o cifradas con MD5.

## Establecimiento de adyacencias

- Los paquetes hello establecen y mantienen la relación de adyacencia.

- Asegura la comunicación bidireccional entre vecinos.

- Utilizan la dirección de multicast 224.0.0.5.

- Para que se pueda establecer una adyacencia es necesario concuerden en los siguientes elementos:

  o Intervalos de hello y dead.

  o ID de área.

  o Información de autenticación.

  o Etiqueta de área stub.

  o Ambos dispositivos deben estar en la misma subred.

### *Definición del router ID*

OSPF utiliza un Router ID para identificar el dispositivo que genera un LSAs.

- Puede ser configurado manualmente.

- Si no se configura un RID se utiliza la IP de la interfaz lógica (loopback) más alta.

- Si no hay interfaz de lógica se utiliza la IP de la interfaz física con IP más alta que esté activa al momento de levantar el proceso de OSPF.

El RID se define en el momento en que levanta el proceso OSPF y una vez definido se mantiene estable aunque se realicen modificaciones en la configuración del protocolo.

*Estados en la negociación de los vecinos*

En el establecimiento de una relación de adyacencia los dispositivos vecinos pasan por una serie de estados:

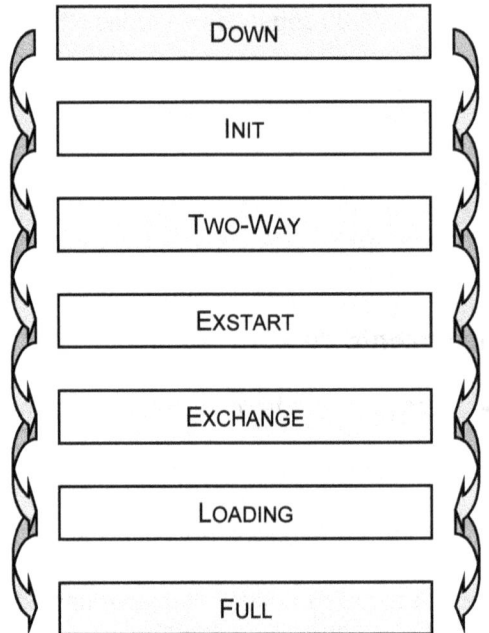

*Tipos de red OSPF*

La operación del protocolo es diferente en distintos tipos de red:

- Redes multiacceso de broadcast.

- Redes multiacceso sin broadcast (NBMA).

- Redes punto a punto.                No elige DR.

- Redes punto a multipunto.            No elige DR.

Cuando se corre OSPF en redes multiacceso se elige:

- Router designado (DR).

- Router designado de respaldo (BDR).

Criterio de elección DR/BDR:

- Se elige como DR el dispositivo con prioridad más alta.

- A igual valor de prioridad se elige el dispositivo con RID más alto.

Aquellos dispositivos que en una red multiacceso no son elegidos como DR o BDR quedan en estado two-way.

## Tipos de paquetes OSPF

- Paquetes hello.

- Paquete DBD (DataBase Description).

- Paquete LSR (Link State Request).

- Paquete LSU (Link State Update).

- Paquete LSAck.

## El algoritmo SPF

- El cálculo de cada ruta se basa en la acumulación del costo.

- Supone que todos los dispositivos en un área cuentan con la misma base de datos topológica.

- Cada dispositivo calcula su propio árbol de rutas.

*Métrica*

- OSPF utiliza el costo como métrica.

- Por defecto, en dispositivos Cisco IOS, el costo es inversamente proporcional al ancho de banda de la interfaz.

- Fórmula de cálculo:

$$\text{Costo} = \frac{\text{Ancho de banda de referencia}}{\text{Ancho de banda de la interfaz}}$$

- El ancho de banda de referencia por defecto es $10^8$ = 100.000.000 bits (100 Mbps).

- El costo de una ruta es la acumulación del costo de los enlaces que componen la ruta hacia el destino.

- El valor de costo es un número entero.

- Se puede influir en el costo de los enlaces de diferentes formas:

  o Modificando el valor de ancho de banda de referencia.

  o Definiendo manualmente un valor de costo para la interfaz.

  o Definiendo manualmente el ancho de banda de la interfaz.

### Estructura jerárquica de OSPF

- Un sistema autónomo (AS) es un conjunto de redes con una estrategia de enrutamiento común.

- Puede dividirse en múltiples áreas.

- Reduce la cantidad de LSAs que se inundan y los requerimientos de procesamiento.

- Todos los dispositivos que forman parte un área mantienen la misma información de enrutamiento (LSDB).

- Los cambios topológicos en el área solo se propagan dentro de la misma área.

- Un área es un conjunto de redes contiguas identificadas con un ID de área que es un valor entero entre 0 y 4.294.967.295

Las áreas conforman una estructura jerárquica de 2 niveles:

- El Área 0 o área de backbone.

- Las demás áreas operan como áreas regulares o áreas no-backbone.

*Roles de los dispositivos*

- Routers de backbone.

- Routers internos.

- ABR – Router de frontera de área.

- ASBR – Router de frontera del sistema autónomo.

*Identificador de área*

Cada área OSPF está identificada por un ID de 32 bits de longitud.

### Configuración de OSPF

```
Router(config)#router ospf 1
Router(config-router)#router-id 1.1.1.1
Router(config-router)#network 172.16.1.0 0.0.0.255 area 0
Router(config-router)#passive-interface Serial0/0/1
Router(config-router)#passive-interface default
Router(config-router)#no passive-interface GigabitEthernet0/0
```

*Alternativa de configuración*

```
Router(config)#interface GigabitEthernet0/0
Router(config-if)#ip ospf 1 area 0
```

*Alternativas para modificación del costo de los enlaces*

### 1. Modificar el ancho de banda de referencia.

```
Router#configure terminal
Router(config)#router ospf 1
Router(config-router)#ospf auto-cost reference bandwidth 10000
```

### 2. Definir manualmente el costo de la interfaz

```
Router#configure terminal
Router(config)#interface Serial0/0/0
Router(config-if)#ip ospf cost 10
```

### 3. Definir manualmente el ancho de banda de la interfaz.

```
Router#configure terminal
Router(config)#interface Serial0/0/0
Router(config-if)#bandwidth 1000
```

*Verificación*

```
Router#show ip protocols
Router#show ip ospf interface brief
Router#show ip ospf interface GigabitEthernet0/0
Router#show ip ospf neighbor
Router#show ip ospf database
Router#debug ip ospf events
```

## OSPFv3 para IPv6

- Utiliza un router ID de 32 bits.

- La adyacencia entre vecinos y el próximo salto se definen utilizando direcciones IPv6 link-local.

- Se utiliza IPv6 como protocolo de transporte de los LSAs.

- No se define por red sino que se habilita por interfaz.

### Configuración de OSPFv3

```
Router(config)#ipv6 unicast-routing
Router(config)#ipv6 router ospf 1
Router(config-router)#router-id 1.1.1.1
Router(config-router)#passive-interface Serial0/0/1
Router(config-router)#passive-interface default
Router(config-router)#no passive-interface GigabitEthernet0/0
Router(config-router)#exit
Router(config)#interface serial 0/0/0
Router(config-if)#bandwidth 2000000
Router(config-if)#ipv6 enable
Router(config-if)#ipv6 address FC00:1:1:2::/64 eui-64
```

```
Router(config-if)#ipv6 ospf 1 area 0
```

*Monitoreo*

```
Router#show ipv6 protocols
Router#show ipv6 ospf
Router#show ipv6 ospf database
Router#show ipv6 ospf neighbor
Router#show ipv6 ospf interface brief
Router#show ipv6 ospf interface Serial0/0/0
```

## Border Gateway Protocol

*Modelos de conectividad a Internet*

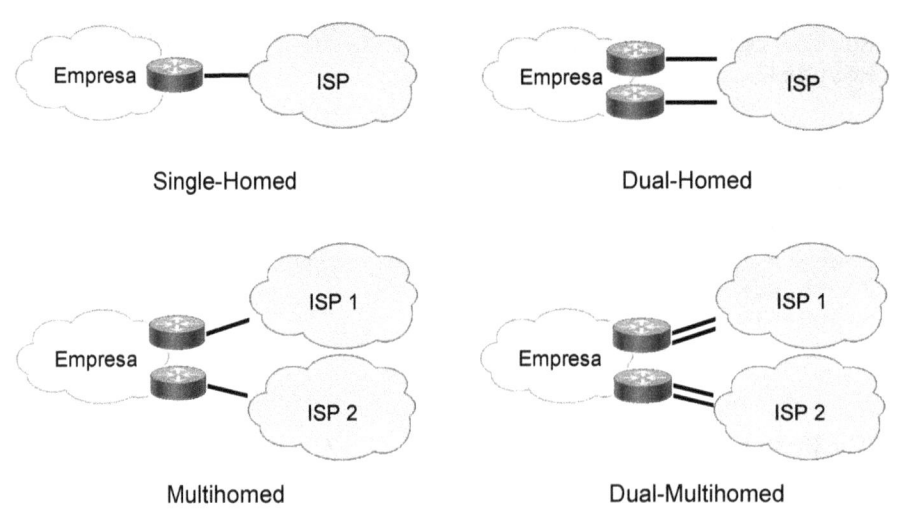

Single-Homed                    Dual-Homed

Multihomed                      Dual-Multihomed

*El sistema autónomo*

- En EIGRP.
  Es un parámetro requerido en la configuración.
  Identifica un dominio de enrutamiento.
  Por tratarse de enrutamiento interior no requiere un ID asignado por IANA.

- En OSPF.
  Es un concepto que identifica un dominio de enrutamiento.
  No utiliza ID de sistema autónomo.

- En BGP.
  Es un parámetro requerido en la configuración.
  Identifica un dominio de enrutamiento que intercambia información de
  enrutamiento con otros sistemas autónomos.
  Por tratarse de enrutamiento exterior (Internet) utiliza ID de sistema
  autónomo definido por IANA.

*El ID de Sistema Autónomo*

IANA es el organismo responsable de la asignación de los ID de sistema autónomo. Esta tarea ha sido delegada a cinco organismos regionales:

- ARIN: Norte América y el Caribe.

- RIPE NCC: Europa.

- APNIC: Asia-Pacífico.

- AfriNIC: África.

- LACNIC: América Latina y la región Caribe.

El ID de sistema autónomo es un número de 16 bits, con un valor posible entre 1 y 65535.

Los sistemas autónomos 64512 a 65535 están reservados para uso privado.

## Border Gateway Protocol

- Actualizaciones utilizando TCP puerto 179.

- Una vez negociada la sesión ambos vecinos intercambian su tabla de enrutamiento completa.

- Luego del intercambio inicial las actualizaciones son incrementales, solamente cuando hay cambios.

- Los vecinos intercambian mensajes keepalive periódicos para mantener activas las sesiones.

- Métrica compleja basada en atributos.

- ID en la tabla de enrutamiento: B

- eBGP: intercambio de información de enrutamiento entre dispositivos peer que pertenecen a diferente sistema autónomo.

- iBGP: intercambio de rutas entre dispositivos peer que pertenecen al mismo sistema autónomo.

- Distancia Administrativa por defecto:

    o Rutas eBGP                    20

    o Rutas iBGP                    200

- BGP Router ID: 32 bits.

- Es un protocolo de vector ruta.

- Un salto es un sistema autónomo que debe atravesar.

- El próximo salto de la ruta se identifica utilizando la dirección IP de ingreso al siguiente sistema autónomo en la ruta.

- Para las rutas generadas en el propio sistema autónomo su próximo salto se define como 0.0.0.0.

- Cada dispositivo establece y mantiene adyacencia con sus vecinos BGP.

  - No hay un mecanismo de descubrimiento de vecinos.

  - Los vecinos deben ser declarados explícitamente.

  - Para mantener la relación de vecindad es necesario mantener activo el circuito TCP.

## Configuración de eBGP en un acceso single homed

Se requieren 3 piezas de información básicas:

- Los números de sistema autónomo.

- Los vecinos o peers eBGP.

- Las redes que se desea publicar hacia Internet.

*Definición del proceso de BGP*

```
Router(config)#router bgp 64935
```

*Establecimiento de la relación con el vecino*

```
Router(config-router)#neighbor 201.100.15.130 remote-as 36504
```

*Publicación de redes en BGP*

```
Router(config-router)#network 215.39.0.16 mask 255.255.255.240
```

*Verificación de eBGP*

```
Router#show ip bgp summary
Router#show ip bgp neighbors
Router#show ip bgp
```

# Día 23
## 6. Servicios IP

---

✎ Las abreviaturas y siglas utilizadas en este manual se encuentran desarrolladas en el Glosario de Siglas y Términos de Networking que está disponible de modo gratuito en la Librería en Línea de EduBooks: https://es.scribd.com/document/292165924/Glosario-de-Siglas-y-Terminos-de-Networking-version-1-2

---

Con el avance de Internet, su implementación y expansión, el desarrollo original de la arquitectura IP requirió modificaciones en orden a optimizar su operación o agregar nuevas funcionalidades no previstas inicialmente en el diseño original.

La introducción de la máscara de subred y el posterior procesamiento classless de los paquetes son una muestra de estas modificaciones que en la actualidad estudiamos como integradas en el mismo direccionamiento IP.

Pero esto no fue suficiente para los requerimientos crecientes que se desprendían de la implementación de IP. Así fueron surgiendo otros elementos tales como:

- Los sistemas de asignación dinámica de configuración IP de los dispositivos terminales. Primero fue BootP, y luego DHCP que es el protocolo en uso.

- El protocolo de traducción de direcciones IP, inicialmente diseñado para permitir que redes privadas que utilizan direccionamiento RFC 1918 establezcan comunicaciones sobre Internet.

Vamos ahora a revisar entonces algunos servicios IP adicionales y otras tecnologías relacionadas, tales como la utilización de listas de acceso IP.

### Asignación automática de direcciones IP

Todo dispositivo que opera en una red IP necesita contar con una configuración IP básica (dirección IP, máscara de subred, default gateway, servidor DNS, etc.). Esta configuración puede lograrse a partir de diferentes mecanismos.

Los dispositivos IPv4 prevén en la actualidad varios mecanismos para asignar la configuración IP, los más frecuentemente utilizados son:

- Configuración estática.

- Asignación automática utilizando DHCP.

IPv6, por su parte, introduce junto a estos mecanismos ya en uso, nuevas modalidades de realizar esta tarea:

- Asignación estática definiendo manualmente el ID de interfaz.

- Asignación estática definiendo el ID de interfaz por EUI-64.

- Asignación dinámica utilizando autoconfiguración stateless.

- Asignación dinámica utilizando DHCPv6.

La amplitud del espacio de direccionamiento ofrecido por IPv6 ha permitido la implementación de sistemas de auto-asignación automática de la porción del ID del puerto tales como EUI-64 y la configuración stateless.

## Dynamic Host Configuration Protocol – DHCPv4

La introducción de servidores DHCP en la red simplifica enormemente las tareas de asignación de configuración IP de las terminales facilitando las tareas de administración y reduciendo la posibilidad de errores.

Este servicio permite asignar de modo automatizado y dinámico configuración IP a los dispositivos de uno o más segmentos de red. Una implementación centralizada de DHCP permite disponer de un único punto para gestionar la asignación de configuraciones IP a múltiples segmentos diferentes. Esto asegura consistencia en la configuración IP a través de toda la red.

Opera sobre los puertos UDP 67 y 68.

Asigna una configuración IP a los nodos conectados a la red para su uso temporal.

Requiere la presencia de un servidor DHCP en la red. El servidor DHCP puede estar localmente en cada subred o en un sitio central. Cisco IOS permite utilizar también a los dispositivos IOS como servidores DHCP.

Los parámetros de configuración que pueden ser suministrados a través de DHCP son:

- Dirección IP / Máscara de Subred.

- Default Gateway.

- Nombre de dominio.

- Servidor de nombres de dominio (DNS).

- Time Servers.

- WINS Server.

- Duración de la asignación.

- Otros parámetros opcionales (options).

Hay 3 modalidades de asignación de las direcciones IP utilizando este protocolo:

- Asignación dinámica.
  Realiza una asignación dinámica de configuración IP utilizando una

dirección comprendida en un rango definido en el servidor, por un tiempo determinado.
El cliente deberá volver a solicitar una nueva asignación antes de que expire el tiempo especificado.

- Asignación automática.
  El servidor realiza una asignación dinámica de la configuración IP con una dirección comprendida en el rango definido en el servidor, de modo permanente.
  El cliente no necesita renovar periódicamente esta asignación.

- Asignación estática.
  El servidor realiza la asignación de la configuración IP tomando direcciones ya definidas en una tabla que mapea direcciones MAC a direcciones IP. Sólo reciben dirección por este mecanismo los clientes que están enlistados en esta tabla.

El procedimiento para obtener la configuración IP es el siguiente:

1.  DHCP Discovery.

    El cliente DHCP envía una solicitud de configuración en formato de broadcast.

2.  DHCP Offer.

    El servidor DHCP que recibe la solicitud reserva una dirección IP para el cliente y responde enviando una propuesta de configuración en formato de broadcast.

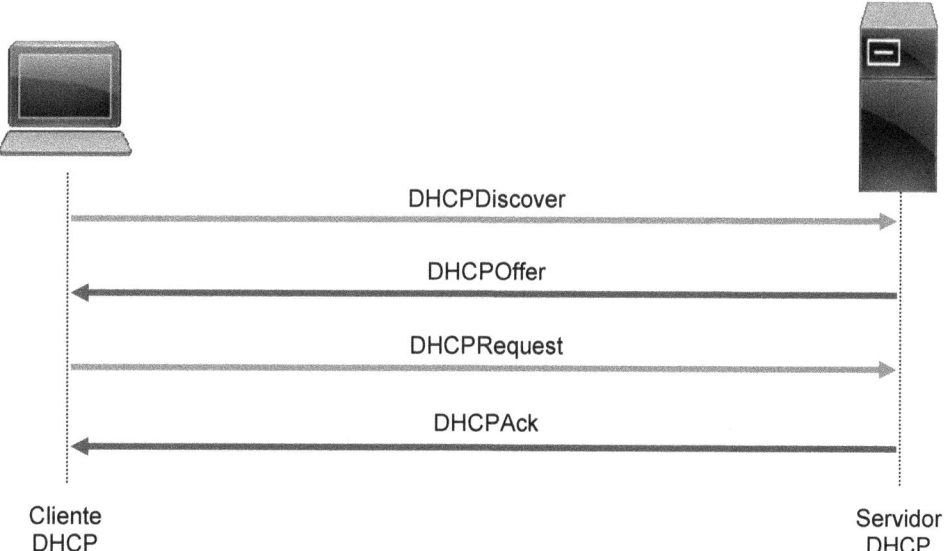

DHCPDiscover

DHCPOffer

DHCPRequest

DHCPAck

Cliente
DHCP

Servidor
DHCP

3.  DHCP Request.
    El cliente responde en formato broadcast realizando una solicitud explícita de la configuración ofrecida por el servidor.
    El cliente puede recibir múltiples ofertas, pero sólo una es aceptada.
    Cuando deba renovar su configuración enviará un nuevo request pero esta vez en formato unicast al servidor.

4.   DHCP Acknowledgement.
     Se envía un paquete en formato broadcast al cliente, incluyendo la
     información de configuración que el cliente ha aceptado.
     Esto completa y cierra el proceso.

> 📝 Para referir el proceso completo se utiliza el acrónimo DORA:
> Discover Offer Request Ack.

Cuando se trabaja con un único servicio de DHCP centralizado para múltiples
redes o subredes, y por lo tanto es necesario enrutar los paquetes DHCP, se
deben activar los routers como agentes DHCP relay para que reciban las
solicitudes DHCP y las envíen en formato unicast al servidor central.

> 📝 Cisco IOS 12.01(T) y siguientes incluyen software de servidor
> DHCP.

Sintetizando:

| | RARP | BOOTP | DHCP |
|---|---|---|---|
| Capa modelo OSI | 3 | 7 | 7 |
| Protocolo capa transporte | --- | UDP | UDP |
| Requiere un servidor | Si | Si | Si |
| Suministra | | | |
| Dirección IP | Fija | Fija | Fija / Dinámica |
| Máscara subred | --- | Si | Si |
| Default gateway | --- | Si | Si |
| Servidor DNS | --- | Si | Si |
| Servidor WINS | --- | --- | Si |
| Nombre de dominio | --- | --- | Si |

## Configuración de servicios DHCP en IOS

El procedimiento para configurar un dispositivo IOS como servidor DHCP es el
siguiente:

- Definición del pool de direcciones a asignar.

- Definición de los parámetros opcionales de la configuración IP (dirección
  del servidor DNS, WINS, etc.)

- Excluir las direcciones IP que no deben ser asignadas por DHCP.

```
Router#configure terminal
Router(config)#ip dhcp pool DHCP_LAN
```

Crea un servicio DHCP identificado por el nombre que se especifica (en este caso DHCP_LAN). Al mismo tiempo accede al modo de configuración del pool DHCP.

```
Router(dhcp-config)#network 172.16.1.0 255.255.255.0
```

Define la red o subred de la que se tomarán las direcciones IP que se asignarán a través de este servicio.

```
Router(dhcp-config)#default-router 172.16.1.1
```

Especifica la dirección IP del gateway disponible para los clientes de este pool. Requiere al menos una dirección IP y permite hasta 8.

```
Router(dhcp-config)#domain-name prueba.com
```

Especifica el nombre de dominio a entregar.

```
Router(dhcp-config)#dns-server 172.16.1.3
```

Especifica la dirección IP del servidor DNS disponible para los clientes de este pool. Requiere al menos una dirección IP y permite hasta 8.

```
Router(dhcp-config)#netbios-name-server 172.16.1.3
```

Especifica la dirección IP del servidor NetBios WINS disponible para los clientes DHCP de este pool. Requiere al menos una dirección IP y permite hasta 8.

```
Router(dhcp-config)#lease 1 8 0
```

Define la duración de la cesión de una dirección al nodo solicitante. Se expresa en días (1) horas (8) minutos (0).
Valor por defecto: un día (1 0 0).

```
Router(dhcp-config)#exit
Router(config)#ip dhcp excluded-address 172.16.1.1 172.16.1.3
```

Excluye del conjunto de direcciones IP que se definió para el pool las direcciones IP que se desean administrar manualmente o no asignar por otros motivos. En este caso se excluyen 3 direcciones IP del pool.

 La exclusión de direcciones del pool se debe realizar en modo configuración global.

*Comandos para verificar el servicio DHCP*

```
Router#debug ip dhcp server packet
```

Publica los eventos del proceso DHCP en el servidor DHCP.

```
Router#show ip dhcp pool
```

Permite verificar los parámetros asignados a un pool DHCP.

Muestra el número total de direcciones que componen el pool (no se toman en cuenta las direcciones excluidas ya que eso se realiza fuera del pool), el rango configurado y el número de direcciones asignadas al momento.

```
Router#show ip dhcp binding
```

Muestra la asignación de direcciones IP realizadas en función de la dirección MAC de los clientes. También muestra el tiempo de asignación de cada cliente.

```
Router#show ip dhcp conflict
Router#show ip dhcp server statistics
```

### DHCP Relay

Dado que el inicio de la operación del protocolo se realiza sin contar con una dirección de origen y utilizando broadcast como destino, las solicitudes DHCP (discovery) no son de suyo ruteables hacia otras redes o subredes. De aquí que en principio el protocolo supone que el servidor y el cliente DHCP están conectados a la misma red o subred.

Cuando se desea utilizar servidores DHCP que se encuentran alojados en una red o subred diferente de aquella en la que se encuentran las terminales a las que debe servir, se puede utilizar un agente DHCP relay. Un DHCP relay es un dispositivo que recibe las solicitudes de los clientes en formato de broadcast y las reenvía como unicast a la dirección del servidor DHCP.

1.   DHCP Discovery.

     El cliente DHCP envía una solicitud en formato de broadcast.

2.   DHCP Relay.

     El agente DHCP relay que recibe el broadcast lo retransmite a uno o más servidores DHCP remotos utilizando unicast e incluyendo la dirección de la interfaz en la cual recibió la solicitud como dirección de gateway.

3    DHCP Offer.

     El servidor utiliza la dirección de gateway que recibe en la solicitud para determinar a qué subred pertenece el host solicitante y asigna entonces una configuración que corresponda esa red o subred.

     El servidor DHCP reserva una dirección IP para el cliente y envía la respuesta en un paquete unicast a la dirección del gateway.

4.   El DHCP relay recibe la respuesta del servidor y la reenvía al cliente.

5.   DHCP Request.
     El cliente responde en formato broadcast realizando la solicitud explícita de la configuración ofrecida por el servidor.

6.   El agente DHCP relay interviene nuevamente reenviando la solicitud al servidor DHCP en formato unicast.

7. DHCP Acknowledgement.
El servidor marca la dirección como utilizada y envía un paquete en formato unicast al DHCP relay confirmando los parámetros.

8. El router reenvía la confirmación al cliente.
Esto completa el proceso.

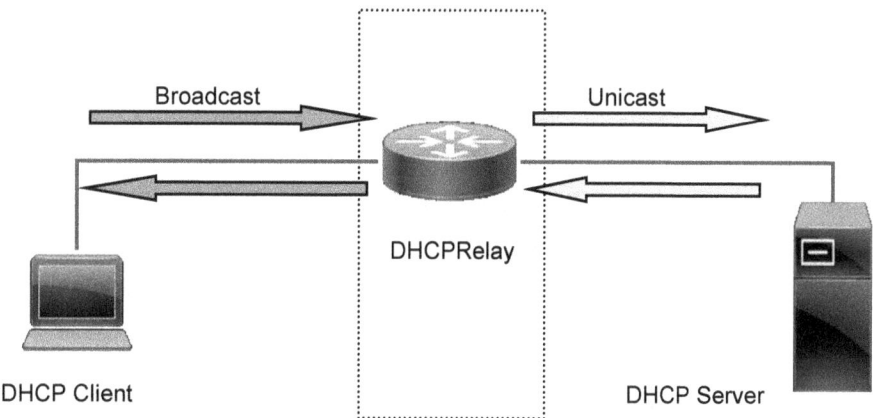

En estos casos el servidor DHCP responde al DHCP relay y este se ocupa de reenviarlo al cliente DHCP. El servidor DHCP puede estar alojado en cualquier punto de la red, ya que al convertirse los paquetes a unicast, son completamente ruteables.

### Configuración de un router como DHCP relay

En dispositivos Cisco IOS el servicio de DHCP relay se habilita en la interfaz de capa 3 más cercana al cliente DHCP (usualmente, la que opera como default-gateway de la red o subred).

En la configuración es necesario especificar la dirección IP de uno o más servidores DHCP que han de responder las solicitudes. Si hay varios servidores DHCP en una misma subred se puede especificar directamente la dirección reservada de broadcast de la subred, de este modo responderá cualquiera de los servidores DHCP de esa subred.

```
Router#configure terminal
Router(config)#interface GigabitEthernet 0/0
Router(config-if)#ip helper-address 172.16.100.50
```

El comando permite a la interfaz actuar como proxy para reenviar solicitudes de servicio realizadas sobre UDP. Por defecto reenvía solicitudes DHCP, Time, TACACS, DNS, TFTP y NetBios.

Las solicitudes son reenviadas en formato unicast a la (o las) dirección IP especificada en el comando.

### Configuración de IOS como cliente DHCP

Cisco IOS no solo incluye un servicio de DHCP, sino también un cliente DHCP que puede ser activado en sus interfaces.

La activación del cliente DHCP se realiza en la interfaz que se desee reciba configuración IP de un servidor DHCP a través de este mecanismo:

```
Router#configure terminal
Router(config)#interface GigabitEthernet 0/0
Router(config-if)#ip address dhcp
```

## Laboratorio 6.1: Direccionamiento IP asignado por el proveedor

 Para la realización de los laboratorios de esta Guía he diseñado la topología de una maqueta única que permite cubrir todos los ejercicios propuestos. La descripción e información correspondiente a esta maqueta la encontrará en el inicio del manual.
Para este ejercicio debe concentrarse solamente en una parte de esa maqueta, a la que denominamos "Topología a utilizar".

En este laboratorio adelantamos un tema que se desarrolla con más detalle en el capítulo de tecnologías WAN para preparar nuestra maqueta de modo que pueda realizar adecuadamente los ejercicios siguientes. Esencialmente se trata de activar el servicio DHCP y el cliente DHCP en sistemas IOS, en la frontera entre la red del cliente y la del proveedor de servicios.

### Topología a utilizar

Es este laboratorio nos vamos a concentrar específicamente en dos dispositivos de la maqueta: los routers CE y PE.

### Direccionamiento IP inicial

| Dispositivo | Interfaz | IP | Máscara de Subred |
|-------------|----------|---------|-------------------|
| CE | Gi0/1 | Cliente DHCP | |
| PE | Gi0/1 | 200.1.1.1 | 255.255.255.0 |

### Configuración de un servicio DHCP en IOS

1. Ingrese a la consola del router PE que actuará como servidor DHCP y acceda al modo de configuración global.

```
PE>enable
PE#configure terminal
PE(config)#_
```

2. Defina un pool de direcciones DHCP llamado "CCNA" que utilice la red 200.1.1.0/24 y la interfaz G0/1 de PE como default gateway. El tiempo de sesión de las direcciones debe ser de 7 días.

```
PE(config)#ip dhcp pool CCNA
PE(dhcp-config)#network 200.1.1.0 /24
PE(dhcp-config)#default-router 200.1.1.1
PE(dhcp-config)#lease 7
PE(dhcp-config)#exit
PE(config)#_
```

3. Excluya del pool de direcciones DHCP (que por definición incluye todas las direcciones de host de la red 200.1.1.0/24) todas las direcciones comprendidas entre la 200.1.1.0 y la 200.1.1.100 (incluidas ambas).

```
PE(config)#ip dhcp excluded-address 200.1.1.1 200.1.1.100
```

4. Antes de concluir la tarea en PE suprima el intercambio de enrutamiento dinámico a través de la interfaz G0/1.

```
PE(config)#router rip
PE(config-router)#no network 200.1.1.0 255.255.255.0
PE(config-router)#end
PE#_
```

### Configuración de un cliente DHCP en IOS

1. Acceda a la consola del router CE y verifique el estado de la interfaz Gi0/1. El resultado del comando show debe mostrar la dirección IP configurada estáticamente (Method = NVRAM).

```
CE>enable
CE#show ip interface brief
```

2. Desactive todo protocolo de enrutamiento que se esté intercambiando con PE y elimine (si existe) la ruta por defecto.

```
CE#configure terminal
CE(config)#router rip
CE(config-router)#no network 200.1.1.0
CE(config-router)#exit
CE(config)#no ip route 0.0.0.0 0.0.0.0 200.1.1.1
```

3. Reconfigure la interfaz G0/1 para que obtenga configuración IP del servicio DHCP que se ha creado en PE.

```
CE(config)#interface GigabitEthernet 0/1
CE(config-if)#ip address dhcp
CE(config-if)#end
CE#_
```

4. Aguarde unos minutos en la consola. Observará en pantalla un mensaje de evento (DHCP-6_ADDRESS ASSIGN) que indica que se ha recibido una dirección IP vía DHCP.

5. Verifique ahora nuevamente el estado de la interfaz Gi0/1. Ahora el comando show mostrará la dirección IP asignada y que se ha recibido vía DHCP (Method = DHCP).

```
CE#show ip interface brief
```

6. Verifique también que ha recibido una ruta por defecto que apunta al router PE.

```
CE#show ip route
```

 De esta manera concluye este laboratorio.

## Domain Name System - DNS

El direccionamiento IP es el corazón del funcionamiento actual de Internet y la mayoría de las redes de comunicaciones. Una dirección IP permite identificar y localizar inequívocamente un nodo cualquier en la red global (Internet).

Sin embargo, diversas circunstancias hacen que en términos generales no utilicemos habitualmente las direcciones IP para identificar un nodo de destino. El usuario final habitualmente no utiliza direcciones IP en su navegador de Internet o su correo electrónico.

El servicio de DNS permite responder a la necesidad de los usuarios que habitualmente identifican personas y lugares por su nombre, no por un número que nos suena anónimo y difícil de recordar. En este sentido, los servicios DNS nos permiten definir nuestros destinos en la red utilizando nombres y no direcciones IP.

DNS es el protocolo que nos permite reemplazar el uso por parte del usuario final de direcciones IP por nombres para identificar los nodos. Habitualmente reciben la misma denominación tanto la base de datos de nombres como el protocolo utilizado para acceder la base de datos.

Se trata de un protocolo de capa de aplicación que utiliza el puerto 53 tanto TCP como UDP en la capa de transporte. Las consultas estándar utilizan el puerto 53 de UDP.

DNS utiliza una estructura jerárquica de dominios de red, completamente independiente de la estructura propia del direccionamiento IP. En esta estructura existen dominios y subdominios.

Para dar soporte a esta tarea, en Internet, DNS utiliza una base de datos distribuida que está alojada en múltiples servidores alojados en diferentes puntos del planeta.

Un ejemplo: supondremos que deseamos ingresar al dominio www.google.com.ar, para lo cual nuestra terminal requerirá traducir el nombre google.com.ar por una dirección IP.

Para verificar los nombres que se traducen con este servicio en un terminal Microsoft o MacOS X, puede utilizarse el siguiente comando:

```
C:\>nslookup
Servidor predeterminado:  google-public-dns-a.google.com
Address:  8.8.8.8

> cisco.com
Servidor:  google-public-dns-a.google.com
Address:  8.8.8.8

Respuesta no autoritativa:
Nombre:  cisco.com
Addresses:  2001:420:1101:1::a
            72.163.4.161
```

Los nombres compuestos por 3 caracteres en los dominios de alto nivel, se denominan dominios genéticos u organizacionales. Los otros dominios de alto nivel son los dominios nacionales o geográficos, que están definidos por la norma ISO 3166.

Este esquema jerárquico de los dominios se refleja a su vez en la organización de la base de datos, que es una base de datos distribuida. El sistema está dividido en zonas de autoridad en las que uno o más nodos tienen la tarea de mantener la base de datos correspondiente y responder las consultas de otros nodos.

Todos los servidores se encuentran interconectados a la jerarquía de nombres de dominio. El comienzo del árbol es la zona "." que recibe la denominación de raíz o root.

El protocolo DNS define cómo se ejecuta un servicio automatizado que permite resolver el nombre de un recurso a una dirección IP

¿Cómo se realiza una consulta DNS no autoritativa o interna (dentro de la red corporativa?

- La terminal que requiere la traducción de un nombre realiza una consulta al servidor DNS que tiene en su configuración IP, utilizando un query de DNS.

- El servidor DNS local recibe la consulta y busca en su tabla de resolución de nombres hasta encontrar una coincidencia.
  Esta coincidencia le indicará cuál es la dirección IP que corresponde al nombre consultado.

- El servidor DNS encapsula la información en un paquete IP y lo envía de regreso a la terminal que dio origen a la consulta.

Sin embargo, el servidor DNS local o corporativo usualmente no tiene en su tabla de nombres todos los nombres que pueden ser consultados, particularmente la multiplicidad de dominios de Internet. Es entonces cuando entra en juego la estructura autoritativa del sistema de dominios de nombre de modo que la consulta se encadena hasta obtener la respuesta que requiere el cliente DNS:

- La terminal que requiere traducir un nombre por una dirección IP realiza una consulta al servidor DNS que tiene en su configuración IP. Supongamos a los fines de este análisis que deseamos acceder a www.google.com.ar

- Si el servidor DNS local tiene esta búsqueda en su tabla de resolución de nombre, responderá directamente la consulta.

- Si el servidor DNS local no tiene una entrada para este dominio puede realizar a un servidor regional que tenga en su configuración para ser resuelta por el servidor regional. Si no cuenta con un servidor regional, o si la consulta llega al servidor regional y este no tiene la información, la misma se reenvía al servidor raíz.

- Si el servidor raíz no tiene este dominio en su caché, reenvía a su vez la consulta al servidor que tiene la delegación .ar

- El servidor del domino .ar, si no tiene este dominio en su caché, reenvía la consulta al servidor que tiene la delegación .com.

- El proceso continúa de esta manera hasta que el cliente recibe la respuesta solicitada.

La distribución de la base de datos conlleva también la delegación de la autoridad y responsabilidad de crear, modificar y administrar los nombres.

Los nombres DNS están representados por conjuntos de etiquetas separadas por puntos. Un nombre es un conjunto de etiquetas compuestas por entre 1 y 63 caracteres alfanuméricos, comenzando con un carácter alfabético. No se distinguen mayúsculas y minúsculas.

Los servidores DNS mantienen una base de datos que relaciona los nombres de dominio con las direcciones IP que han de utilizarse para establecer las comunicaciones. Estas bases de datos están compuestas por diferentes tipos de registros:

- Registros A.
  Para mapear nombres a direcciones IPv4.

- Registros AAAA.
  Para mapear nombres a direcciones IPv6.

- Registros MX.
  Para mapear direcciones IP de servidores de correo.

Para dar soporte DNS a implementaciones IPv6 se requiere:

- Actualizar cliente y servidor DNS para aceptar registros en formato IPv6.

- Actualizar cliente y servidor para operar (transportar) sobre IPv6.

Cuando el servidor que recibe una consulta opera tanto con IPv4 como IPv6 y tiene ambos registros para el nombre requerido, entonces envía ambos registros: IPv4 e IPv6. Al recibirlo la terminal, por defecto, utiliza el registro IPv6.

 Las aplicaciones que son independientes del protocolo, realizan la búsqueda de nombre para ambos protocolos (IPv4 e IPv6) y por defecto prefieren la respuesta IPv6.

## Listas de Control de Acceso

El funcionamiento de una red suele requerir del Administrador que se establezcan restricciones de acceso y prioridades en el tráfico de la red a fin de hacer más eficiente su desempeño y brindar mayor seguridad a los recursos y a la información transmitida.

Cisco IOS proporciona funcionalidades básicas de filtrado de tráfico a partir del uso de Listas de Control de Acceso (ACL – Access Control List). Una lista de control de acceso es una enumeración secuencial de indicaciones de permiso y/o prohibición para determinadas direcciones, protocolos y/o puertos. De este modo también es posible identificar y clasificar diferentes  tipos de tráfico en la red.

Una vez identificado un determinado tipo de tráfico el Administrador puede desarrollar diferentes acciones sobre el mismo, acciones tales como filtrarlo, establecer políticas de enrutamiento, definir qué tráfico es el que provocará la habilitación de una interfaz bajo demanda, definir condiciones de calidad de servicio, etc.

Las listas de control de acceso son una herramienta que permiten filtrar tráfico en función de la información contenida en los diferentes encabezados (capa 2, 3 o 4) de una trama. A partir de esta identificación es entonces posible aplicar reglas para tomar acciones sobre ese tráfico.

Formalmente una ACL es una lista de sentencias que permiten o deniegan determinado tipo de tráfico.

Se suelen utilizar ACLs para:

- Limitar el tráfico de la red para mejorar su performance.

- Implementar controles para el flujo de tráfico.

- Brindar un nivel de seguridad básico.

- Especificar que determinado tipo de tráfico (aplicación o protocolo) sea reenviado o bloqueado en una interfaz de un dispositivo.

- Definir el rango de direcciones IP privadas que deben ser traducidas a IP públicas por un servicio de NAT.

- Definir flujos de tráfico a los que se han de aplicas políticas de calidad de servicio (QoS) o seguridad.

## Reglas de funcionamiento de las ACL

En IOS las ACLs están sometidas a un conjunto de reglas básicas de operación:

- Cada lista de acceso es identificada por un ID único localmente (numérico o alfanumérico).
  En el caso de las listas numeradas este ID además de diferenciar la lista de otras existentes en el mismo dispositivo, permite identificar el tipo de lista de acceso.

- La lista de acceso está compuesta por una serie de sentencias que permiten o deniegan un tipo de tráfico específico.

- Se puede aplicar una sola lista en cada interfaz, según sentido del tráfico (entrante / saliente), por protocolo (IPv4, IPv6, etc.).
  Esta regla suele denominarse como la regla de las 3 Ps:

  o Por protocolo.

  o Por interfaz.

  o Por dirección del flujo de tráfico.

- Cada paquete que ingresa o sale a través de una interfaz que tiene asociada una lista de acceso es comparado con cada sentencia de la ACL secuencialmente, en el mismo orden en que fueron ingresadas, comenzando por la primera y hasta lograr una coincidencia.

 Es muy importante el orden en el que se ingresan las sentencias. Ese mismo es el orden en que será revisado cada paquete.

- La comparación se sigue realizando hasta tanto se encuentre una coincidencia. Una vez que el paquete cumple la condición de una sentencia (la primera coincidencia), se ejecuta la acción indicada y no se sigue comparando.
  Un ejemplo básico:

```
access-list 1 permit any
access-list 1 deny any
access-list 1 deny host 172.16.1.1
```

Dado que en esta lista la primera sentencia permite que pase todo el tráfico, las sentencias deny que están luego no tendrán efecto ya que cualquier paquete cumple la primer sentencia y en consecuencia es todo paquete es permitido.

- Hay un `deny any any` (denegación de todo tráfico) implícito al final de cada lista de acceso, que no es visible.
  Por lo tanto, si un paquete no coincide con alguna sentencia que permite tráfico, será descartado.
  Un ejemplo:

```
access-list 1 deny host 10.1.1.1
access-list 1 deny 192.168.1.0 0.0.0.255
```

En este caso, esta lista de acceso no permite tráfico de ningún tipo y bloquea la interfaz ya que actúa el "deny all" implícito al final de la lista.

- Los filtros que se aplican sobre el tráfico saliente no afectan el tráfico originado en el mismo router.

- Las listas de acceso IP al descartar un paquete envían al origen un mensaje ICMP de "nodo de destino inalcanzable".

### Tipos de listas de acceso IP

- Listas de acceso estándar.
  Permiten filtrar únicamente verificando la dirección IP de origen.

- Listas de acceso extendidas.
  Verifican múltiples elementos del encabezado tales como: direcciones IP de origen y destino, protocolo de capa 3 o 4 y puerto de capa 4. Permiten un control más flexible.

Paralelamente, hay 2 métodos diferentes para identificar las listas de acceso sean estándar o extendidas:

- Listas de acceso IP numeradas.
  Se identifican con un ID numérico.
  En este caso, el ID numérico identifica simultáneamente el tipo de lista de acceso de que se trata:

    o ACL estándar numeradas        1 a 99 y 1300 a 1999

    o ACL extendidas numeradas      100 a 199 y 2000 a 2699

- Listas de acceso IP nombradas.
  Se identifican con una cadena de caracteres alfanuméricos.

### El ID de las listas de acceso numeradas

En el caso de las listas de acceso numeradas, el tipo de lista de acceso (estándar o extendida) y el protocolo de capa 3 que filtra se especifica a partir del número que utiliza como ID de la lista de acceso.

El listado completo de IDs numerados de listas de acceso y su significado se puede consultar en la misma CLI de IOS a partir del modo configuración escribiendo utilizando la ayuda contextual de IOS:

```
Router(config)#access-list ?

1-99        IP standard
100-199     IP extended
700-799     48 bit MAC address standard
```

```
1100-1199    48 bit MAC address extendida
1300 - 1999  IP estándar (a partir de IOS 12.0.1)
2000 - 2699  IP extendida (a partir de IOS 12.0.1)
```

 No hay listas de acceso numeradas para IPv6.

## Aplicación de la ACL a la interfaz

Un uso primario de las ACLs es su implementación como filtros de tráfico en la red. En las interfaces las listas de acceso pueden implementarse para filtrar tanto tráfico entrante como saliente:

- ACLs salientes
  El tráfico ingresa al dispositivo, es reenviado hacia la interfaz de salida y antes de ser copiado al medio se procesa a través de la lista de acceso para definir si es tráfico permitido o no.
  Si el paquete coincide con una sentencia de permiso, entonces es copiada al medio; si coincide con una sentencia de denegación es descartado.

- ACLs entrantes
  El tráfico que ingresa al dispositivo es procesado a través de la lista de acceso en la interfaz de entrada antes de ser reenviado hacia la interfaz de salida.
  Son consideradas como más eficientes dado que evitan la carga de procesamiento que significa el enrutamiento de paquetes que luego pueden ser descartados. Solo son procesados los paquetes que están permitidos por la ACL.

## La máscara de wildcard

En la definición de los criterios de filtrado de direcciones IP en las listas de acceso el Administrador requiere de una herramienta que le permita definir conjuntos de direcciones IP, subredes o redes completas. Esta herramienta es la máscara de wildcard.

La máscara de wildcard es una secuencia de 32 bits divididas en 4 octetos de 8 bits cada uno (el mismo formato que una dirección IP o una máscara de subred) utilizada para generar filtros de direcciones IP. Se utiliza siempre en combinación con una dirección IP.

En las máscaras de wildcard los unos y ceros de la máscara indican cómo se deben considerar los bits de la dirección IP correspondiente. El dígito en 0 (cero) indica una posición binaria que debe ser comprobada, mientras que el dígito en 1 (uno) indica una posición que carece de importancia y por lo tanto no se considera en el filtro.

 Las máscaras de wildcard no tienen ninguna relación funcional con las máscaras de subred, son dos entidades absolutamente independientes entre sí.

La máscara de wildcard se aplica siempre a una dirección IP específica contenida en la declaración de la ACL junto a la máscara, y a la dirección (origen y/o destino según se defina) de los paquetes a evaluar. Si ambos resultados son iguales, entonces se aplica al paquete el criterio de permiso o denegación enunciado en la sentencia correspondiente.

Algunos ejemplos:

IP: 172.16.14.33          wildcard: 0.0.0.0

Todos los bits en 0 en la máscara de wildcard, indican que la dirección IP completa es relevante.
Indica que se debe seleccionar únicamente la dirección IP declarada.

IP: 172.16.14.44          wildcard: 0.0.0.255

En este caso, se consideran relevantes los 3 primeros octetos, y el cuarto no tiene importancia.
Selecciona todas las direcciones IP comprendidas entre 172.16.14.0 y 172.16.14.255 (no discrimina respecto del cuarto octeto).

IP: 172.16.14.44          wildcard: 0.0.255.255

Realizará el filtrado en función de la coincidencia solamente con los 2 primeros octetos (en cero).
Selecciona todas las direcciones IP de la red 172.16.0.0 comprendidas entre 172.16.0.0 y 172.16.255.255 (no discrimina respecto de los dos últimos octetos).

### ¿Cómo funciona la máscara de wildcard?

La máscara de wildcard siempre opera asociada a una dirección IP de referencia permitiendo de esta manera obtener un valor de comparación que opera como criterio de selección para evaluar las direcciones IP de los paquetes que llegan a la interfaz y determinar si esos paquetes deben ser sometidos a la acción que indica la sentencia o no.

Tomemos como base un ejemplo para comprender con mayor facilidad.
Supongamos que se ha implementado una lista de acceso que incluye la siguiente sentencia:

```
access-list 10 permit 172.16.10.3 0.0.255.255
```

¿Cómo se obtiene el valor de comparación?

| Dirección IP de referencia | 172 | . | 16 | . | 10 | . | 3 |
|---|---|---|---|---|---|---|---|
| Dirección binaria | 10101100 | . | 00010000 | . | 00001010 | . | 00000011 |
| Máscara de wildcard | 00000000 | . | 00000000 | . | 11111111 | . | 11111111 |
| Valor de comparación | **10101100** | . | **00010000** | . | **XXXXXXXX** | . | **XXXXXXXX** |

Supongamos ahora que ingresa a la interfaz a la que se ha asociado la lista de acceso anterior un paquete cuya dirección IP de origen es 172.17.12.10.

¿Cómo opera la máscara de wildcard?

| Dirección IP de origen | 172 | . | 17 | . | 12 | . | 10 |
|---|---|---|---|---|---|---|---|
| Dirección binaria | 10101100 | . | 00010001 | . | 00001100 | . | 00001010 |
| Máscara de wildcard | 00000000 | . | 00000000 | . | 11111111 | . | 11111111 |
| | **10101100** | . | **00010001** | . | xxxxxxxx | . | xxxxxxxx |
| Valor de comparación | **10101100** | . | **00010000** | . | **xxxxxxxx** | . | **xxxxxxxx** |
| | **coincide** | | **no coincide** | | **---** | | **---** |

Como consecuencia, no se aplica a este paquete el criterio definido en la sentencia de la lista de acceso propuesta.

Ingresa ahora a la interfaz un paquete con la dirección IP de origen 172.16.15.31. Trabajará de la siguiente forma:

| Dirección IP de origen | 172 | . | 16 | . | 15 | . | 31 |
|---|---|---|---|---|---|---|---|
| Dirección binaria | 10101100 | . | 00010000 | . | 00001111 | . | 00011111 |
| Máscara de wildcard | 00000000 | . | 00000000 | . | 11111111 | . | 11111111 |
| | **10101100** | . | **00010000** | . | xxxxxxxx | . | xxxxxxxx |
| Valor de comparación | **10101100** | . | **00010000** | . | **xxxxxxxx** | . | **xxxxxxxx** |
| | **coincide** | | **coincide** | | **---** | | **---** |

En consecuencia, esta dirección IP de origen coincide con la dirección IP de referencia y por lo tanto se le aplica el criterio establecido en la sentencia, para el caso, lo permite.

## Algunas reglas prácticas de cálculo

Cuando contamos con una máscara de subred como punto de partida (porque deseamos filtrar una red o subred completa), la máscara de wildcard es el "complemento" de esa máscara de subred. Al decir complemento me refiero al valor necesario para obtener una dirección IP de broadcast:

IP de Broadcast:          255.255.255.255
Máscara de subred:        255.255.224.000
Máscara de wildcard:      000.000.031.255

Cuando se desea filtrar una red completa, la máscara de wildcard es el complemento de la máscara de subred por defecto:

Dirección de red:                    172.016.000.000 /16

| | |
|---|---|
| Máscara de subred: | 255.255.000.000 |
| Máscara de wildcard: | 000.000.255.255 |

Cuando se desea filtrar una subred completa, la máscara de wildcard es el complemento de la máscara de subred que se esté aplicando:

| | |
|---|---|
| Dirección de subred: | 172.016.030.000 /24 |
| Máscara de subred: | 255.255.255.000 |
| Máscara de wildcard: | 000.000.000.255 |
| Dirección de subred: | 172.016.032.000 /20 |
| Máscara de subred: | 255.255.240.000 |
| Máscara de wildcard: | 000.000.015.255 |

Cuando se desea filtrar un conjunto de direcciones de nodo o subredes, tenga en cuenta las siguientes pautas:

- La amplitud del rango de direcciones a filtrar, expresado en valores decimales, es siempre una potencia de 2.

- El valor inicial del rango decimal a filtrar es un múltiplo de la potencia de 2 utilizada como amplitud del rango.

- En este caso el valor del octeto crítico de la máscara de wildcard será igual a la amplitud del rango menos uno.

*Un ejemplo:*

Filtrar las direcciones de nodo desde la 192.168.1.32 a la 192.168.1.47
Se trata de un grupo de 16 direcciones IP de la red 192.168.1.0/24

- Amplitud del rango: 16 ($2^4$) direcciones IP.

- Valor del inicio del rango: 32 = 2 x 16

- Valor del octeto crítico de la máscara de wildcard: 16 – 1 = 15

- Solución: 192.168.1.32 0.0.0.15

### Casos especiales

En algunos casos especiales, un comando puede reemplazar una máscara de wildcard, con el mismo efecto:

```
xxx.xxx.xxx.xxx 0.0.0.0 =   host xxx.xxx.xxx.xxx
```

El término "host" reemplaza a una máscara de wildcard que tiene todos sus bits en cero y que por lo tanto indica un host específico.

```
0.0.0.0 255.255.255.255 =   any
```

El término "any" reemplaza a una máscara de wildcard que tiene todos sus bits en uno, de modo que refiere a toda dirección IP posible (cualquier IP).

Si no se especifica una máscara de wildcard el sistema operativo (IOS) asume la máscara de wildcard por defecto que es 0.0.0.0. En consecuencia, las siguientes formas son equivalentes:

```
Router(config)#access-list 10 permit 172.16.10.3 0.0.0.0
Router(config)#access-list 10 permit host 172.16.10.3
Router(config)#access-list 10 permit 172.16.10.3
```

## Configuración de las listas de acceso

En el proceso de configuración de las listas de acceso se distinguen 2 etapas:

- La creación de la lista de acceso en modo configuración global.

- La asignación de la lista de acceso a una o más interfaces para que filtre tráfico entrante o saliente, en modo configuración de la interfaz correspondiente.

*Listas de acceso IP estándar numeradas.*

```
Router(config)#access-list [ID] [permit/deny] [IP origen]
```

Crea una sentencia que compone la lista de acceso identificada con el ID que se referencia.

El ID que identifica listas de acceso IP estándar tiene un valor decimal entero entre 1 y 99 o entre 1300 y 1999.

En el área de permiso o denegación se puede utilizar la opción remark para ingresar un comentario.

```
Router(config)#no access-list [ID]
```

Borra todas las sentencias correspondientes a la lista de acceso cuyo número se especifica.

---

 Las listas de acceso numeradas no pueden ser editadas o borradas parcialmente.

---

```
Router(config)#interface serial 0/0/1
Router(config-if)#ip access-group [ID] [in/out]
```

Asocia la lista de acceso cuyo ID se especifica a la interfaz para que filtre tráfico entrante (in) o saliente (out) respecto del router a través de esa interfaz.

---

 Una lista de acceso ya configurada no es operativa hasta tanto sea aplicada a una interfaz o utilizada en otro proceso.

---

Un ejemplo:

```
Router#configure terminal
Router(config)#access-list 1 permit 192.168.1.0 0.0.0.255
Router(config)#access-list 1 deny 172.16.1.0 0.0.0.255
Router(config)#access-list 1 permit 172.16.0.0 0.0.255.255
Router(config)#interface GigabitEthernet 0/0
Router(config-if)#ip access group 1 in
```

*Aplicación de filtros de tráfico a puertos virtuales.*

Se pueden utilizar ACLs para filtrar cuáles son las direcciones IP de origen que tienen permitido acceder por Telnet o SSH a los dispositivos.

```
Router(config)#access-list 10 permit host 172.16.10.3
```

¡Atención!: Sólo se pueden utilizar listas de acceso numeradas.

```
Router(config)#line vty 0 4
Router(config-line)#access-class 10 in
```

### Listas de acceso extendidas

Las listas de acceso estándar tienen limitaciones para el filtrado de tráfico ya que solo analizan la dirección IP de origen de los paquetes. Para un filtrado de tráfico más específico pueden utilizarse las listas de acceso extendidas.

| Tipo de ACL | Filtra por... |
|---|---|
| Estándar | Dirección IP de origen |
| Extendidas | Dirección IP de origen |
| | Dirección IP de destino |
| | Protocolo (ip, icmp, ospf, tcp, udp, etc.) |
| | Puerto de origen (tcp, udp) |
| | Puerto de destino (tcp, udp) |

Como ocurre con las listas de acceso estándar, aquí también es posible contar con listas de acceso numeradas (100 a 199 y 2000 a 2699) o nombradas.

*Listas de acceso IP extendida numeradas.*

```
Router(config)#access-list [ID] [permit/deny] [protocolo] [IP
origen] [pto. origen] [IP destino] [pto. destino] [log]
```

El ID para las listas de acceso IP extendidas numeradas debe ser un número entero entre 100 y 199 o entre 2000 y 2699.

En el área de permiso o denegación se puede utilizar la opción remark para ingresar un comentario.

En el parámetro protocolo se ingresa el protocolo que se desea revisar: ip, tcp, udp, eigrp, icmp, ospf.

En las áreas IP origen e IP destino se ingresa la dirección IP correspondiente con su máscara de wildcard o equivalente. El puerto de origen y el de destino son opcionales, si no se especifican se considera la dirección IP completa.

La opción log no es obligatoria. Genera mensajes de información respecto de los paquetes que coinciden con el criterio de selección, en la terminal de consola.

```
Router(config)#no access-list [ID]
Router(config)#interface serial 0/0/1
Router(config-if)#ip access-group [ID] [in/out]
```

Un ejemplo:

```
Router#configure terminal
Router(config)#access-list 100 deny tcp any host 172.16.100.5 80
Router(config)#access-list 100 permit tcp any any 80
Router(config)#access-list 100 deny udp any any
Router(config)#access-list 100 permit icmp any any echo
Router(config)#interface GigabitEthernet 0/0
Router(config-if)#ip access-group 100 in
```

### Listas de acceso IP nombradas.

Las listas de acceso nombradas son esencialmente iguales a las numeradas, aunque su configuración tiene algunas ligeras diferencias.

```
Router(config)#ip access-list [standard/extended] [nombre]
```

Las listas de acceso nombradas se configuran en un submodo específico. Este comando crea la lista de acceso nombrada e ingresa al submodo de configuración correspondiente. En ese submodo se ingresan o editan cada una de las sentencias que compondrán la ACL.

El comando define si se tratará de una lista de acceso estándar o extendida. Tenga en cuenta que si en un dispositivo hay listas de acceso nombradas estándar y extendidas no pueden tener el mismo nombre.

El nombre es una cadena alfanumérica a elección, que debe ser única en este dispositivo. No se pueden utilizar espacios. Sí caracteres alfanuméricos.

```
Router(config-std-nacl)#[permit/deny] [IP origen]
```

Submodo de configuración de listas de acceso estándar nombradas.

```
Router(config-ext-nacl)#[permit/deny] [protocolo][IP origen] [pto.
origen] [IP destino] [pto. destino]
```
Submodo de configuración de listas de acceso extendidas nombradas.
```
Router(config)#interface serial 0/0/1
Router(config-if)#ip access-group [nombre] [in/out]
```

Para aplicar la lista de acceso a un puerto se utiliza el mismo comando que en el caso de las listas de acceso numeradas, salvo que en este caso se utiliza el nombre para referenciarla.

Un ejemplo de ACL estándar nombrada:

```
Router#configure terminal
Router(config)#ip access list standard Prueba
Router(config-std-nacl)#10 permit 192.168.1.0 0.0.0.255
Router(config-std-nacl)#20 deny 172.16.1.0 0.0.0.255
Router(config-std-nacl)#30 permit 172.16.0.0 0.0.255.255
Router(config-std-nacl)#exit
Router(config)#interface GigabitEthernet 0/0
Router(config-if)#ip access group Prueba in
```

Un ejemplo de ACL extendida nombrada:

```
Router#configure terminal
Router(config)#ip access-list extended Prueba2
Router(config-ext-nacl)#deny tcp any host 172.16.100.5 80
Router(config-ext-nacl)#permit tcp any any 80
Router(config-ext-nacl)#deny udp any any
Router(config-ext-nacl)#permit icmp any any echo
Router(config-ext-nacl)#exit
Router(config)#interface GigabitEthernet 0/0
Router(config-if)#ip access-group Prueba2 in
```

*Edición de una lista de acceso*

Es posible editar las listas de acceso nombradas utilizando el sub-modo de configuración de las mismas.

El submodo de configuración de listas de acceso nombradas permite agregar, modificar o borrar sentencias individuales dentro de la lista de acceso. El número de secuencia nos permite insertar las nuevas sentencias en el punto que sea más conveniente.

El número de secuencia es un elemento que facilita la edición de las ACLs ya que permite reordenar la secuencia en la que se ejecutan las diferentes sentencias que componen la lista independientemente del orden en el que se han ingresado en la línea de comando.

 Las listas de acceso numeradas pueden ser editadas si se tratan como nombradas, es decir, considerando su ID como un nombre. Sobre este modelo desarrollo el ejemplo a continuación.

```
Router#show ip access-lists
```

El comando nos permite verificar la configuración, número de secuencia y orden de cada una de las sentencias que componen las ACLs (o una ACL en particular) configuradas en el dispositivo.

```
Extended IP access list 110
    10 permit tcp any host 172.16.1.14 eq www
    20 permit tcp any host 172.16.1.15 eq ftp
    30 deny tcp any 172.16.1.0 0.0.0.255 eq www
    40 deny tcp any 172.16.1.0 0.0.0.255 eq ftp
    50 permit ip any any
```

Cada sentencia se muestra precedida por un número de secuencia, aun cuando no se haya definido durante la configuración.

IOS asigna por defecto los números de secuencia de 10 en 10.

```
Router#configure terminal
Enter configuration commands, one per line.  End with CNTL/Z.
Router(config)#ip access-list extended 110
```

Ingresa al submodo de configuración de la ACL cuyo ID se indica.

```
Router(config-ext-nacl)#45 deny icmp any 172.16.1.0 0.0.0.255 echo
```

Inserta una sentencia entre las identificadas con el número de secuencia 40 y 50 de la ACL original.

```
Router(config-ext-nacl)#^Z
Router#show ip access-lists
Extended IP access list 110
    10 permit tcp any host 172.16.1.14 eq www
    20 permit tcp any host 172.16.1.15 eq ftp
    30 deny tcp any 172.16.1.0 0.0.0.255 eq www
    40 deny tcp any 172.16.1.0 0.0.0.255 eq ftp
    45 deny icmp any 172.16.1.0 0.0.0.255 echo
    50 permit ip any any
Router#_
```

### Monitoreo de las listas de acceso.

```
Router#show access-list [#]
```

Muestra las listas y el contenido de todas las ACLs configuradas en el dispositivo o una en particular.

 No permite verificar a qué interfaz están aplicadas.

```
Router#show ip access-lists
```

Muestra solamente la configuración de ACLs IP.

```
Extended IP access list 110
    10 permit tcp any host 172.16.1.14 eq www (20 matches)
    20 permit tcp any host 172.16.1.15 eq ftp
    30 deny tcp any 172.16.1.0 0.0.0.255 eq www
```

```
40 deny tcp any 172.16.1.0 0.0.0.255 eq ftp
50 permit ip any any
```

Indica que hay configurada una lista de acceso IP extendida identificada con el número 110

A continuación se detallan una a una las sentencias que componen esa lista de acceso encabezadas por un número de secuencia.

La secuenciación de las sentencias permite la borrar selectivamente una sentencia en particular o insertar sentencias nuevas entre las existentes.

Las cifras entre paréntesis indican que 20 paquetes han coincidido con el criterio de esa sentencia y en consecuencia han sido permitidos.

```
Router#show ip interfaces serial 0/0/0
```

Muestra los puertos que tienen aplicadas ACLs IP.

```
Serial0/0/0 is up, line protocol is up
Internet address is 172.16.10.2
Broadcast address is 255.255.255.255
Address determined by non-volatile memory
MTU is 1500 bytes
Helper address is not set
Directed broadcast forwarding is disabled
Outgoing access list is not set
Inbound  access list is 110
```

Indica la presencia o no de una ACL asociada a la interfaz como entrante o saliente, y cuando hay una ACL asociada, el ID de la misma.

```
Proxy ARP is enabled
Security level is default
Split horizon is enabled
ICMP redirects are always sent
ICMP unreachables are always sent
ICMP mask replies are never sent
IP fast switching is enabled
IP fast switching on the same interface is disabled
IP Fast switching turbo vector
IP multicast fast switching is enabled
IP multicast distributed fast switching is disabled
IP route-cache flags are Fast
Router Discovery is disabled
IP output packet accounting is disabled
IP access violation accounting is disabled
TCP/IP header compression is disabled
RTP/IP header compression is disabled
Probe proxy name replies are disabled
Policy routing is disabled
Network address translation is disabled
Web Cache Redirect is disabled
BGP Policy Mapping is disabled
```

```
Router#show running-config
```

Muestra tanto las listas de acceso configuradas, como las interfaces a las que se encuentran asociadas.

| | ACL | Interfaz |
|---|---|---|
| show access-list | Si | No |
| show ip interfaces | No | Si |
| show running-config | Si | Si |

### Tips de aplicación

- Cada vez que agrega una línea a la lista de acceso, si no se le asigna un número de secuencia, la línea nueva se ubicará a continuación de las líneas existentes, al final.

- Organice su lista de acceso de modo que los criterios más específicos estén al comienzo de la misma, y a continuación las premisas más generales.

- Coloque primero los permisos y luego las denegaciones.

- Toda lista debe incluir al menos una sentencia permit.
  Si no es así el efecto de la aplicación de esa ACL es el bloqueo en esa interfaz del tráfico en el sentido en que haya sido aplicada la ACL debido a la presencia del deny any any implícito al final de la misma.

- Las listas de acceso aplicadas sobre interfaces para filtrar el tráfico saliente a través de las mismas no filtran el tráfico originado en el mismo dispositivo en el que están aplicadas.

- Una misma lista de acceso puede ser asignada a varias interfaces distintas en el mismo dispositivo, tanto en modo entrante como saliente.

- Antes de comenzar a trabajar sobre una lista de acceso existente desvincúlela preventivamente de todas las interfaces a las que se encuentre asociada. Terminada la tarea, vuelva a vincularla.

- Las listas de acceso estándar deben colocarse lo más cerca posible del destino del flujo de tráfico que se desea filtrar.

- Las listas de acceso extendidas deben colocarse lo más cerca posible del origen del flujo de tráfico que desea denegar.

### Un ejemplo de configuración de ACL

1. Creación de Listas de Acceso IP.

```
LAB_A#config t
Enter configuration commands, one per line.  End with CNTL/Z.
```

```
LAB_A(config)#access-list 101 permit tcp any host 205.7.5.10 eq 21
```
Crea un filtro que permite el tráfico de solicitudes de servicios FTP (puerto destino 21) de cualquier dispositivo que quiera acceder al servidor cuya dirección IP es 205.7.5.10.

---

 En IOS muchos servicios pueden ser identificados indistintamente por el número de puerto o por la sigla que los identifica. En este caso, puerto 21 o ftp.

---

```
LAB_A(config)#access-list 101 permit tcp any host 205.7.5.10 eq 80
```
Crea un filtro que permite el tráfico de solicitudes de servicios HTTP de cualquier dispositivo que quiera acceder al servidor ubicado en la dirección IP 205.7.5.10.

```
LAB_A(config)#access-list 101 deny ip any 205.7.5.0 0.0.0.255
```
Crea un filtro que deniega todo el tráfico IP que esté dirigido específicamente a la red 205.7.5.0/24, cualquiera sea su dirección IP de origen.

De este modo y hasta este punto, se ha generado un filtro que sólo permite el acceso a un nodo de la red 205.7.5.0, que actúa como servidor web y FTP, y filtra todo otro tráfico IP hacia esa red.

```
LAB_A(config)#access-list 101 deny tcp any any eq 23
```
Crea un filtro que deniega todo el tráfico de paquetes Telnet, cualquiera sea su origen o destino.

```
LAB_A(config)#access-list 101 deny icmp any any echo
```
Crea un filtro que deniega todo el tráfico de ping (ICMP / echo) cualquiera sea su origen o destino.

```
LAB_A(config)#access-list 101 permit ip any any
```
Crea un filtro que permite todo otro tráfico IPv4 que no esté especificado en las sentencias precedentes.

2. Asignación de la Lista de Acceso a un puerto.

```
LAB_A(config)#interface GigabitEthernet 0/0
LAB_A(config-if)#ip access-group 101 in
```
Asigna la lista de acceso 101 a la interfaz GigabitEthernet 0/0, de modo que filtre todo tráfico entrante al router a través de esa interfaz.

### Listas de acceso IPv6

En IOS para IPv6 utilizamos listas de acceso extendidas. Su estructura, configuración y principios básicos son semejantes a las listas de acceso nombradas extendidas IPv4.

```
Router(config)#ipv6 access-list [nombre]
```

Este comando crea la lista de acceso e ingresa al modo de configuración de la ACL que se referencia.

El nombre es una cadena alfanumérica a elección, que debe ser única en este dispositivo. También es posible utilizar un número como nombre.

```
Router(config-ipv6-acl)#[permit/deny] [protocolo][IPv6 origen]
[pto. origen] [IPv6 destino] [pto. destino]
```

Ya dentro del modo de configuración de la ACL se crean las sentencias de modo directo. Opcionalmente se puede iniciar la sentencia indicando el número de secuencia. Luego, las sentencias pueden ser removidas de a una identificándolas por el número de secuencia.

```
Router(config)#interface serial 0/0/1
Router(config-if)#ip traffic-filter [nombre] [in/out]
```

Aplica la lista de acceso a un puerto para filtrar el tráfico entrante o saliente según se indique.

---

 En el caso de las listas de acceso IPv6 las reglas implícitas que se agregan al final son más complejas ya que se incluyen permisos de algunos procesos ICMP:
permit icmp any any nd-na
permit icmp any any nd-ns
deny ipv6 any any

---

Un ejemplo:

```
Router#configure terminal
Router(config)#ipv6 access-list Prueba3
Router(config-ipv6-acl)#deny tcp any host 2001:db8:0:1::5 80
Router(config-ipv6-acl)#permit tcp 2001:db8:100.5::/64 any 80
Router(config-ipv6-acl)#deny udp any any
Router(config-ipv6-acl)#permit icmp any any echo
Router(config-ipv6-acl)#exit
Router(config)#interface GigabitEthernet 0/0
Router(config-if)#ipv6 traffic-filter Prueba3 in
```

### *Verificación*

```
Router#show ipv6 access-list
IPv6 access list Prueba3
    deny tcp any host 2001:db8:0:1::5 80 (2 matches) sequence 10
    permit tcp 2001:db8:100.5::/64 any 80 sequence 20
    deny udp any any sequence 30
    permit icmp any any echo sequence 40

Router#show ipv6 interface GigabitEthernet 0/0
```

A diferencia del comando semejante de IPv4, la sección referida a las listas de acceso aparece únicamente cuando hay listas de acceso IPv6 aplicadas a la interfaz.

En redes con una capa de control centralizada que implementan APIC-EM como controlador es posible utilizar la herramienta Path Trace para verificar la operación de las ACLs.

Path Trace permite verificar la ruta que sigue un paquete atravesando la red y, si en algún punto de esa ruta hay una ACL aplicada, monitorear el punto de aplicación de la ACL y el resultado de la misma para un destino y origen específicos.

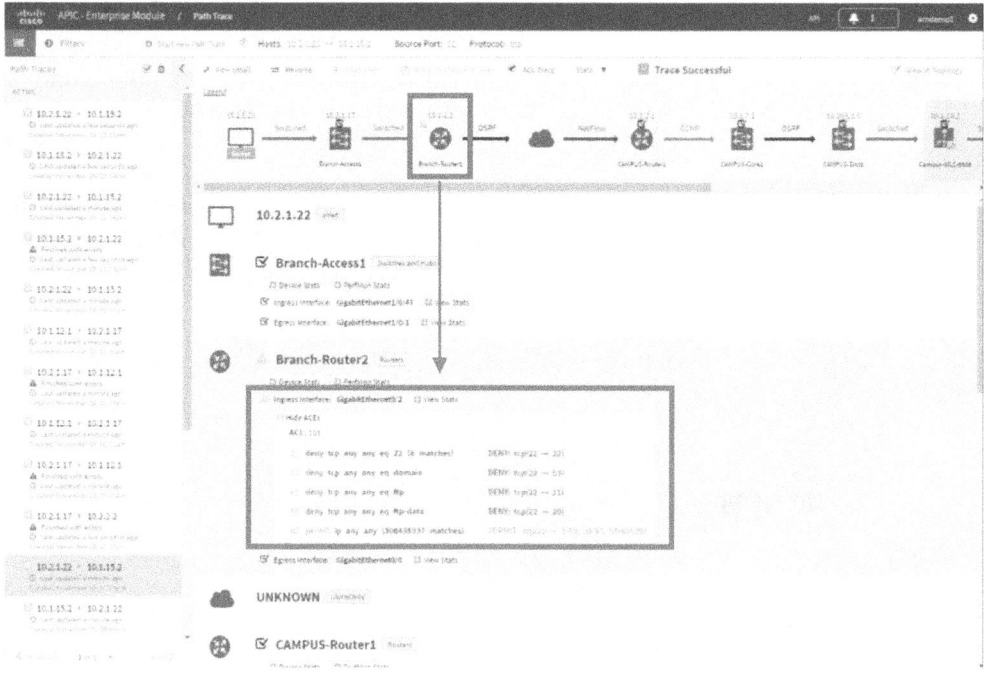

# Laboratorio 6.2: Configuración de listas de control de acceso

⟋ Para la realización de los laboratorios de esta Guía se ha diseñado la topología de una maqueta única que permite cubrir todos los ejercicios propuestos. La descripción e información correspondiente a esta maqueta la encontrará en el inicio del manual.
Para este ejercicio debe concentrarse solamente en una parte de esa maqueta, a la que denominamos "Topología a utilizar".

### Topología a utilizar

Consideraciones a tener en cuenta para este ejercicio:

- La terminal ISE se utiliza solamente como terminal, no publica ningún servicio en este ejercicio.

- Las claves de acceso son las mismas en todos los dispositivos.

    o Clave de acceso a modo enable:     Cisco

    o Clave de acceso por Telnet:     Cisco

### Direccionamiento IP inicial

| Dispositivo | Interfaz | IP | Máscara de Subred |
|---|---|---|---|
| PC10 | Gi | 172.16.50.10 | 255.255.255.0 |
| PC20 | Gi | 172.16.51.20 | 255.255.255.0 |
| ISE | Gi | 192.168.1.10 | 255.255.255.0 |
| ASW1 | VLAN1 | 172.16.50.101 | 255.255.255.0 |
| ASW2 | VLAN1 | 172.16.51.102 | 255.255.255.0 |

| Dispositivo | Interfaz | IP | Máscara de Subred |
|---|---|---|---|
| GTW1 | G0/0 | 172.16.1.5 | 255.255.255.252 |
| | G0/1 | 172.16.50.1 | 255.255.255.0 |
| | G0/2 | 172.16.1.1 | 255.255.255.252 |
| GTW2 | G0/1 | 172.16.51.2 | 255.255.255.0 |
| | G0/2 | 172.16.1.2 | 255.255.255.252 |
| | S0/0 | 172.16.1.9 | 255.255.255.252 |
| | S0/1 | 172.16.1.13 | 255.255.255.252 |
| CE | G0/0 | 172.16.1.6 | 255.255.255.252 |
| | S0/0 | 172.16.1.10 | 255.255.255.252 |
| | S0/1 | 172.16.1.14 | 255.255.255.252 |
| | G0/1 | 200.1.1.10 | 255.255.255.0 |
| PE | G0/0 | 192.168.1.1 | 255.255.255.0 |
| | G0/1 | 200.1.1.1 | 255.255.255.0 |

## Configuración de listas de acceso estándar numeradas

Un punto muy importante es asegurar el acceso a la gestión de los dispositivos de red. Un recurso para esto es la aplicación de una ACL que permita filtrar las terminales que pueden acceder utilizando Telnet o SSH para acceso remoto a la CLI.

Es por esto que vamos a utilizar una ACL estándar para definir, a partir de la dirección IP de origen, cuáles son las terminales con acceso remoto autorizado a la gestión de los equipos.

1. Cree una lista de acceso estándar que permita específicamente las direcciones IPs de las terminales PC10 y PC20, agregue una sentencia que permita tener registro de los intentos de acceso de direcciones no autorizadas y aplíquela a línea de terminal virtual de ASW1, ASW2, GTW1, GTW2 y CE

```
ASW1#configure terminal
ASW1(config)#access-list 1 permit host 172.16.50.10
ASW1(config)#access-list 1 permit host 172.16.50.20
ASW1(config)#access-list 1 deny any log
ASW1(config)#line vty 0 4
ASW1(config-line)#access-class 1 in
ASW1(config-line)#end

ASW2#configure terminal
ASW2(config)#access-list 1 permit host 172.16.50.10
ASW2(config)#access-list 1 permit host 172.16.50.20
ASW2(config)#access-list 1 deny any log
```

```
ASW2(config)#line vty 0 4
ASW2(config-line)#access-class 1 in
ASW2(config-line)#end

GTW1#configure terminal
GTW1(config)#access-list 1 permit host 172.16.50.10
GTW1(config)#access-list 1 permit host 172.16.50.20
GTW1(config)#access-list 1 deny any log
GTW1(config)#line vty 0 4
GTW1(config-line)#access-class 1 in
GTW1(config-line)#end

GTW2#configure terminal
GTW2(config)#access-list 1 permit host 172.16.50.10
GTW2(config)#access-list 1 permit host 172.16.50.20
GTW2(config)#access-list 1 deny any log
GTW2(config)#line vty 0 4
GTW2(config-line)#access-class 1 in
GTW2(config-line)#end

CE#configure terminal
CE(config)#access-list 1 permit host 172.16.50.10
CE(config)#access-list 1 permit host 172.16.50.20
CE(config)#access-list 1 deny any log
CE(config)#line vty 0 4
CE(config-line)#access-class 1 in
CE(config-line)#end
```

2. Verifique desde PC10 que puede acceder utilizando Telnet a GTW1.

```
C:\>telnet 172.16.50.1
Trying 172.16.50.1 ... Open
```

3. Complete el acceso a la consola de GTW1, acceda a modo privilegiado y verifique la actualización del contador de coincidencias en la ACL.

```
GTW1>enable
GTW1#show access-list 1
```

4. Salga de la conexión Telnet a GTW1.

```
GTW1#exit
C:\>_
```

5. Acceda a la consola del router CE y desde la CLI pruebe la conectividad a GTW1 con un ping. La respuesta debe ser exitosa.

```
CE>ping 172.16.1.5
```

6. Intente ahora acceder desde CE utilizando Telnet a GTW1. El intento debe ser rechazado por la ACL configurada en el dispositivo pues la dirección IP de origen no es una de las permitidas.

```
CE>enable
CE#telnet 172.16.1.5
Trying 172.16.1.5 ...
```

```
% Connection refused by remote host
```

7. Acceda ahora a la consola de GTW1 y verifique nuevamente la actualización del contador de la ACL.

```
GTW1>enable
GTW1#show access-list 1
```

 De esta manera concluye este laboratorio.

# Día 24

## Network Address Translation (NAT)

Procedimiento estándar que modifica la dirección IP de origen de los paquetes IP, "traduciéndola" por otra dirección IP compatible con la red de destino. Se encuentra definido, entre otros, en el RFC 2633.

En la práctica se utiliza para habilitar terminales configuradas con direcciones IP privadas de modo que puedan establecer comunicaciones sobre Internet, o para reducir la cantidad de direcciones IP públicas que es necesario disponer para establecer comunicaciones a través de la red pública (Internet).

En su implementación, Cisco IOS utiliza algunos conceptos y terminología que es preciso conocer antes de abordar el proceso de configuración propiamente dicho

En primer lugar, esta traducción se realiza en un dispositivo NAT, también denominado NAT box, que opera típicamente en el borde de un área stub y es el responsable de traducir las direcciones IP y mantener las tablas respectivas. Un dispositivo NAT puede ser:

- Un router Cisco.

- Un firewall ASA.

- Un sistema UNIX.

- Otro tipo de dispositivo.

Generalmente el dispositivo NAT está ubicado en la puerta de salida de la red hacia Internet.

Una red stub es una red con una única puerta de entrada y de salida.

Entre otras utilidades, permite que terminales con direccionamiento privado puedan acceder a Internet utilizando direccionamiento público o global. Sin embargo NAT es indiferente a la convención de direcciones públicas/privadas por lo que es necesario, al configurar, indicar cuáles son las direcciones que deben ser traducidas.

*Ventajas de NAT*

- Elimina la necesidad de reconfigurar terminales con direccionamiento privado cuando necesitan conectarse a Internet.

- Permite reducir la cantidad de direcciones IP públicas necesarias para dar conectividad de Internet.

- Se constituye en un nivel adicional de seguridad ya que permite mantener oculta a Internet la estructura de direccionamiento utilizada en la LAN.

*Desventajas de NAT*

- Algunas aplicaciones dependen de poder establecer una comunicación extremo a extremo.

- Se pierde la posibilidad de trazabilidad extremo a extremo de las rutas, lo que hace más complejo el diagnóstico de problemas

- Se complica la operación de protocolos de tunelizado como IPsec.

- Algunos protocolos de aplicación que desdoblan su operación en múltiples sesiones pueden ver interrumpida su operación.

- Se incrementa el delay en el reenvío de los paquetes ya que es preciso traducir paquete por paquete.

## Terminología NAT

Al implementar y analizar NAT es fundamental tener presente una terminología que es propia de esta implementación. El punto de referencia es primariamente el mismo NAT server.

- Red inside.
  Red que se encuentra del lado "interno" del dispositivo NAT, y cuyas direcciones requieren traducción.
  Habitualmente coincide con la red LAN.

- Red outside.
  Red del lado "externo" del dispositivo NAT que requiere direcciones IP válidas.
  Habitualmente coincide con la red WAN o Internet.

A partir de esta división en red inside y red outside, se distinguen 4 diferentes direcciones IP vinculadas al proceso:

- Inside Local Address.
  Direcciones que tienen configuradas los dispositivos que se encuentran conectados a la red Inside y que utilizan para sus comunicaciones locales. Típicamente, es una dirección IP privada.

- Inside Global Address.
  Direcciones válidas en la red Outside que han de utilizar los dispositivos de la red Inside para establecer comunicaciones con dispositivos que se encuentran en la red Outside.
  Es la dirección que representa a una terminal de la red Inside en la red Outside.
  Típicamente es la dirección IP pública que se asigna a la terminal de la red Inside.

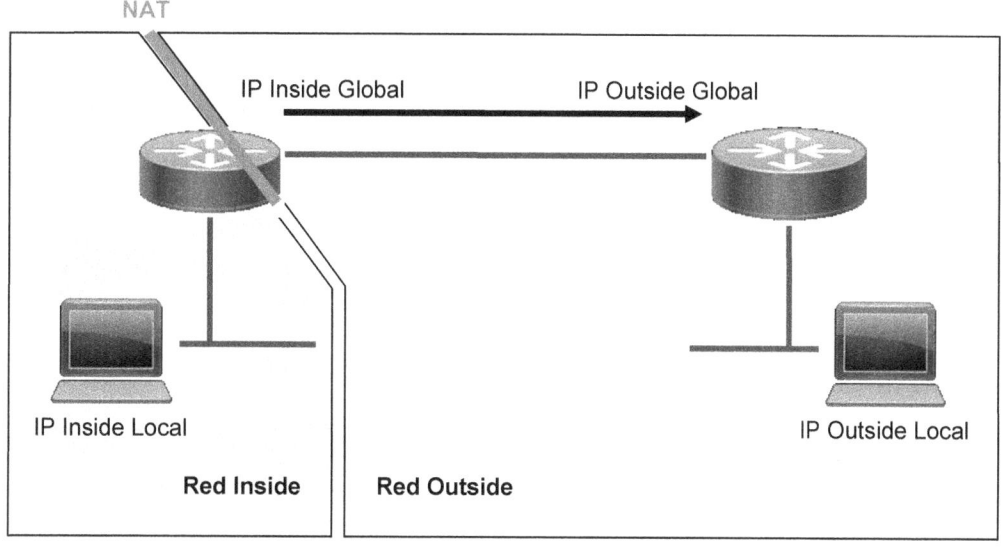

- Outside Local Address.
  Dirección configurada en los dispositivos que se encuentran conectados a la red Outside.

| Inside Local | Inside Global | Outside Local | Outside Global |
|--------------|---------------|---------------|----------------|
| 192.168.100.18 | 205.15.15.2 | 10.0.0.14 | 67.96.15.128 |

- Outside Global Address.
  Dirección que representa a un dispositivo de la red Outside en la red Inside.
  Típicamente es la dirección IP pública del dispositivo destino.
  Si el dispositivo de la red Outside también atraviesa un sistema NAT, entonces la dirección Outside Global y la Outside Local serán diferentes, aunque el dispositivo de la red Inside no podrá diferenciarlo.

Además, hay diferentes modalidades de NAT:

- NAT estático.
  La traducción se define manualmente de IP local a IP global.
  Se asegura de este modo que un nodo de la red Inside esté siempre representado por la misma dirección global en la red Outside.
  Generalmente utilizado para habilitar el acceso desde la red Global a un servidor alojado en la red Inside.

- NAT dinámico.
  No hay una asignación uno a uno de IP local a IP global, sino que se define un conjunto de direcciones locales de origen que se traducen dinámicamente utilizando un conjunto de direcciones globales.
  Se asigna dinámicamente una IP global para cada IP local que atraviesa el dispositivo NAT.

- NAT overload o PAT.
  La asignación dinámica se realiza ahora por conversación (sesión TCP o UDP), no por IP. El origen de cada conversación generada en la red Inside (IP local : Puerto origen) se traduce por una IP y puerto aptos para ser enrutados en la red Outside (IP global : Puerto).
  La combinación IP : Puerto es única para cada conversación, de manera que se puede distinguir cada traducción realizada.

 NAT: Traducción de una IP privada a una IP pública.

 PAT: Traducción de varias IP privadas a una IP pública.

En la configuración de un dispositivo NAT se pueden aplicar una o más de estas modalidades simultáneamente.

En la práctica se suele implementar una solución mixta:

- NAT estático para identificar dispositivos que deben ser accedidos desde la red pública como servidores.

- PAT para las terminales que necesitan acceder a Internet.

## Configuración de NAT:

Procedimiento para la configuración de NAT en IOS:

1.  Identificación de la interfaz que conecta a la red Inside para NAT.

2. Identificación de la interfaz que conecta a la red Outside de NAT.

3. Definición de los parámetros de traducción.

```
Router#configure terminal
Router(config)#interface GigabitEthernet 0/0
Router(config-if)#ip nat inside
```
> Define la interfaz que conecta a la red Inside.

```
Router(config-if)#interface serial 0/0/0
Router(config-if)#ip nat outside
```
> Define la interfaz que conecta a la red Outside.

```
Router(config-if)#exit
```

*Definición de traducción de NAT estática*

Los paquetes que llegan a la interfaz inside y cuya dirección IP origen coincide con la definida como IP local serán traducidos utilizando la IP global.

```
Router(config)#ip nat inside source static [ip local] [ip global]
```
> Define la traducción estática de una dirección IP local a una dirección IP pública.

Un ejemplo:

```
Router(config)#ip nat inside source static 172.16.1.10 25.1.1.16
```

*Definición de la traducción de NAT dinámica*

En este caso es necesario agregar 2 definiciones:

- Cuáles son las direcciones locales a traducir (las direcciones locales que no se incluyan en esta definición no serán traducidas).

- Cuál es el conjunto de direcciones globales que se han de utilizar para esa traducción.

Estas 2 definiciones deben ser luego asociadas en el comando que implementa el protocolo de traducción.

```
Router(config)#access-list [1-99] permit [ip local]
```
> Para definir una implementación de NAT dinámico, en primer lugar es necesario definir el conjunto de direcciones locales que se han de traducir utilizando una ACL.
>
> Con este propósito se utiliza una lista de acceso IP estándar (numerada o nombrada) para definir el conjunto de direcciones IP locales.

```
Router(config)#ip nat pool [name] [ip inicial] [ip final] netmask
X.X.X.X
```

En segundo lugar, debemos definir el pool (conjunto) de direcciones globales a utilizar en el proceso de traducción. Con este propósito definimos la dirección inicial del pool, la dirección final y la máscara de subred que le corresponde.

```
Router(config)#ip nat inside source list [X] pool [name]
```

Finalmente se define el mecanismo de traducción. En este caso definimos un mecanismo de traducción tipo NAT dinámico una a una.

El comando asocia la lista de acceso creada antes para definir las direcciones locales a traducir con el pool de direcciones públicas que se debe utilizar.

Un ejemplo:

```
Router(config)#access list 10 permit 172.16.1.64 0.0.0.15
Router(config)#ip nat pool CCNA 25.1.1.17 25.1.1.32 netmask
255.255.0.0
Router(config)#ip nat inside source list 10 pool CCNA
```

*Definición de traducción PAT utilizando una sola dirección IP pública*

En este caso cada conversación iniciada en la red interna o local (IP local : Puerto) es traducida por un puerto de la IP global asignada a la interfaz de salida (IP global : Puerto).

Esto permite utilizar una misma dirección IP para múltiples conversaciones iniciadas localmente.

En principio el proceso de NAT intenta preservar el puerto de origen que utilizó originalmente la conversación; si ese puerto ya está siendo ocupado por otra conversación entonces busca asignar el primer puerto disponible del mismo grupo de puertos. Si no hay puerto disponible y hay más de una dirección IP global asignada para la traducción, se pasa a la siguiente IP disponible y nuevamente se intenta utilizar el mismo ID de puerto que con la IP local.

```
Router(config)#ip nat inside source list [X] interface [int]
overload
```

Para implementar PAT se requiere el mismo comando de traducción pero asociando ahora las direcciones inside definidas en la lista de acceso con la interfaz outside (se usará como dirección global la de la interfaz).

La keyword "overload" indica que se realizará una traducción tipo PAT: IP:Puerto a IP:Puerto.

Un ejemplo:

```
Router(config)#access list 10 permit 172.16.1.64 0.0.0.15
Router(config)#ip nat inside source list 10 interface S0/0 overload
```

```
Router(config)#ip nat inside source list [X] pool [name] overload
```

Finalmente, otra opción es traducir un conjunto de direcciones IP locales utilizando un conjunto de direcciones IP globales, pero en modo PAT. Con este propósito utilizamos el mismo comando que ya conocemos para hacer NAT dinámico pero agregando el keyword "overload".

Un ejemplo:

```
Router(config)#access list 10 permit 172.16.1.64 0.0.0.15
Router(config)#ip nat pool CCNA 25.1.1.17 25.1.1.32 netmask
255.255.0.0
Router(config)#ip nat inside source list 10 pool CCNA overload
```

### Comandos adicionales

```
Router#clear ip nat translation *
```

Borra las entradas generadas dinámicamente en la tabla de NAT. Por defecto se borran automáticamente después de 24 hs. de inactividad.

```
Router(config)#ip nat translation timeout [segundos]
```

Define el tiempo en segundos que mantiene una entrada de NAT dinámico en la tabla de traducciones. Valor por defecto 86400 (24 horas).

### Comandos de monitoreo de NAT

```
Router#show ip nat translation
```

Muestra la tabla de traducción generada y utilizada por el proceso de NAT.

```
Pro   Inside global   Inside local    Outside local    Outside global
---   25.1.1.16       172.16.1.10     ---              ---
icmp  25.1.1.15:4     172.16.1.65:4   201.100.1.15:4   201.100.1.15:4
```

```
Router#show ip nat statistics
```

Muestra la información referida al número de traducciones activas en el momento, los parámetros configurados, la cantidad de direcciones contenidas en el pool y el número de direcciones utilizadas.

```
Router#debug ip nat
```

Muestra la información correspondiente a cada paquete que se traduce.

```
Router#debug ip nat detailed
```

Genera una descripción de cada paquete que se evalúa para la traducción.

## Diagnóstico de fallos de NAT

Cuando se trabaja en un entorno de implementación de NAT es particularmente complicado el diagnóstico de problemas. Por eso es importante en primer lugar eliminar el proceso de NAT como el origen del inconveniente.

1. Verifique que se esté realizando la traducción IP.

   o Verifique que la traducción está incluida en la tabla de traducciones de NAT: `show ip nat translations`.

   o Verifique que se esté traduciendo en este momento, utilizando `show ip nat statistics` y `debug ip nat`.

   o Verifique que la ACL asociada esté permitiendo las direcciones locales que deben traducirse: `show access-list`.

   o Verifique que las interfaces inside y outside están correctamente definidas.

2. Si la traducción se está realizando pero aún no hay conectividad, verifique que haya una ruta de regreso hacia la dirección traducida.

# Laboratorio 6.3: Configuración de NAT

La realización de este laboratorio tiene múltiples supuestos previos. En primer lugar supone la realización de los laboratorios anteriores en esta Guía y su punto de partida es la configuración de los dispositivos en el laboratorio 6.2 y particularmente la configuración realizada en el laboratorio 6.1.

 Para la realización de los laboratorios de esta Guía he diseñado la topología de una maqueta única que permite cubrir todos los ejercicios propuestos. La descripción e información correspondiente a esta maqueta la encontrará en el inicio del manual.
Para este ejercicio debe concentrarse solamente en una parte de esa maqueta, a la que denominamos "Topología a utilizar".

## Topología a utilizar

Es este laboratorio vamos a concentrar específicamente en un dispositivo de la maqueta que es el router CE.

## Direccionamiento IP inicial

| Dispositivo | Interfaz | IP | Máscara de Subred |
|-------------|----------|------------|-------------------|
| CE | Gi0/1 | Cliente DHCP | |
| PE | Gi0/1 | 200.1.1.1 | 255.255.255.0 |

## Configuración de NAT estático

1. En primer lugar, antes de configurar NAT, verifique si la red privada tiene acceso a la red pública. El resultado debe ser negativo ya que no hay enrutamiento entre la red pública y la privada. Ejecute un ping desde la terminal PC10.

```
C:\>ping 200.1.1.1
```

2.  Ingrese al modo de configuración global de CE.

```
CE#configure terminal
CE(config)#_
```

3.  Defina las interfaces Gi0/0 y S0/1 como interfaces NAT inside y la interfaz Gi0/1 como interfaz NAT outside.

```
CE(config)#interface GigabitEthernet 0/0
CE(config-if)#ip nat inside
CE(config-if)#interface Serial 0/0
CE(config-if)#ip nat inside
CE(config-if)#interface GigabitEthernet 0/1
CE(config-if)#ip nat outside
CE(config-if)#exit
CE(config)#_
```

4.  Configure una traducción estática de la dirección IP 172.16.50.10 a la 200.1.1.10.

```
CE(config)#ip nat inside source static 172.16.50.10 200.1.1.10
```

5.  Regrese a modo privilegiado y active un registro de debugs de eventos de NAT.

```
CE(config)#exit
CE#debug ip nat
```

6.  Mantenga abierta la ventana de la consola de CE.

7.  Abra una ventana de símbolo del sistema en la PC 10. Desde el prompt del sistema operativo ejecute un ping a la interfaz Gi0/1 de PE. Puede que el primer paquete no tenga respuesta, pero luego debe ser exitoso.

```
C:\>ping 200.1.1.1
```

8.  Observe la consola de CE. Debe observar el registro de la traducción en ambos sentidos de los mensajes ICMP.

```
CE#
NAT*: s=172.16.50.10->200.1.1.10, d=200.1.1.1 [112]
NAT*: s=172.16.50.10->200.1.1.10, d=200.1.1.1 [113]
NAT*: s=200.1.1.1, d=200.1.1.10->172.16.50.10 [113]
NAT*: s=172.16.50.10->200.1.1.10, d=200.1.1.1 [114]
NAT*: s=200.1.1.1, d=200.1.1.10->172.16.50.10 [114]
NAT*: s=172.16.50.10->200.1.1.10, d=200.1.1.1 [115]
NAT*: s=200.1.1.1, d=200.1.1.10->172.16.50.10 [115]
NAT*: s=172.16.50.10->200.1.1.10, d=200.1.1.1 [116]
NAT*: s=200.1.1.1, d=200.1.1.10->172.16.50.10 [116]
```

9.  Verifique la tabla de traducciones de NAT de CE.

```
CE#show ip nat translations
Pro Inside global    Inside local     Outside local    Outside global
```

```
---  200.1.1.50      172.16.50.10      ---                    ---
```

10. Concluidas las verificaciones suprima el debug y elimine la instrucción de traducción estática.

```
CE#undebug all
CE#configure terminal
CE(config)#no ip nat inside source static 172.16.50.10 200.1.1.10
```

### Configuración de NAT dinámico

Este ejercicio es una evolución del anterior por lo que tiene como punto de partida la configuración final del ejercicio precedente.

En toda configuración de NAT es necesario definir las áreas inside y outside de la implementación, en este caso no lo haremos ya que esa definición se ha realizado en el ejercicio anterior.

1. Configure una traducción dinámica de la red inside. Para esta configuración tenga en cuenta que:

   o  Se debe traducir solamente la subred 172.16.50.0/24.

   o  Para el proceso de traducción se utilizarán las direcciones 200.1.1.10 a 200.1.1.20/24.

```
CE(config)#access-list 2 permit 172.16.50.0 0.0.0.255
CE(config)#ip nat pool CCNA 200.1.1.10 200.1.1.20 net 255.255.255.0
CE(config)#ip nat inside source list 2 pool CCNA
```

2. Regrese a modo privilegiado y active un registro de debugs de eventos de NAT.

```
CE(config)#exit
CE#debug ip nat
```

3. Mantenga abierta la ventana de la consola de CE.

4. Abra una ventana de símbolo del sistema en la PC 10. Desde el prompt del sistema operativo ejecute un ping a la interfaz Gi0/1 de PE. Puede que el primer paquete no tenga respuesta, pero luego debe ser exitoso.

```
C:\>ping 200.1.1.1
```

5. Observe la consola de CE. Debe observar el registro de la traducción en ambos sentidos de los mensajes ICMP.

```
CE#
NAT*: s=172.16.50.10->200.1.1.10, d=200.1.1.1 [117]
NAT*: s=172.16.50.10->200.1.1.10, d=200.1.1.1 [118]
NAT*: s=200.1.1.1, d=200.1.1.10->172.16.50.10 [118]
NAT*: s=172.16.50.10->200.1.1.10, d=200.1.1.1 [119]
NAT*: s=200.1.1.1, d=200.1.1.10->172.16.50.10 [119]
NAT*: s=172.16.50.10->200.1.1.10, d=200.1.1.1 [120]
```

```
NAT*: s=200.1.1.1, d=200.1.1.10->172.16.50.10 [120]
NAT*: s=172.16.50.10->200.1.1.10, d=200.1.1.1 [121]
NAT*: s=200.1.1.1, d=200.1.1.10->172.16.50.10 [121]
```

6. Mantenga la consola de CE abierta por unos minutos. Observará un mensaje indicando que caduca la entrada generada dinámicamente en la tabla de traducciones para la sesión de ICMP que se inició.

```
CE#
NAT: expiring 200.1.1.10 (172.16.50.10) icmp 24 (24)
```

7. Desde la PC 10 repita el ping.

```
C:\>ping 200.1.1.1
```

8. Verifique ahora la tabla de traducciones de NAT de CE.

```
CE#show ip nat translations
Pro Inside global    Inside local     Outside local    Outside global
icmp 200.1.1.10:26   172.16.50.10:26  200.1.1.1:26     200.1.1.1:26
--- 200.1.1.10       172.16.50.10     ---              ---
```

9. Concluidas las verificaciones suprima el debug y elimine las instrucciones de la traducción.

```
CE#undebug all
CE#configure terminal
CE(config)#no access-list 2 permit 172.16.50.0 0.0.0.255
CE(config)#no ip nat pool CCNA 200.1.1.10 200.1.1.20 net
255.255.255.0
CE(config)#no ip nat inside source list 2 pool CCNA
```

### Configuración de PAT

Este ejercicio es una evolución del anterior por lo que tiene como punto de partida la configuración final del ejercicio precedente.

En toda configuración de NAT es necesario definir las áreas inside y outside de la implementación, en este caso no lo haremos ya que esa definición se ha realizado en el ejercicio anterior. Nos centraremos específicamente en la definición de PAT.

1. Configure una traducción dinámica de la red inside. Para esta configuración tenga en cuenta que:

   o Se debe traducir solamente la subred 172.16.50.0/24.

   o Para el proceso de traducción se utilizará solamente la dirección IP asignada dinámicamente por PE al puerto Gi0/1 de CE.

```
CE(config)#access-list 2 permit 172.16.50.0 0.0.0.255
CE(config)#ip nat inside source list 2 interface Gi0/1 overload
```

2. Regrese a modo privilegiado y verifique la dirección IP asignada al puerto Gi0/1.

```
CE(config)#exit
CE# show ip interface brief
```

3. Active en CE el registro de debugs de eventos de NAT.

```
CE#debug ip nat
```

4. Mantenga abierta la ventana de la consola de CE.

5. Abra una ventana de símbolo del sistema en la PC 10. Desde el prompt del sistema operativo ejecute un ping a la interfaz Gi0/1 de PE. Puede que el primer paquete no tenga respuesta, pero luego debe ser exitoso.

```
C:\>ping 200.1.1.1
```

6. Observe la consola de CE. Debe observar el registro de la traducción en ambos sentidos de los mensajes ICMP.

```
CE#
NAT*: s=172.16.50.10->200.1.1.101, d=200.1.1.1 [132]
NAT*: s=200.1.1.1, d=200.1.1.101->172.16.50.10 [132]
NAT*: s=172.16.50.10->200.1.1.101, d=200.1.1.1 [133]
NAT*: s=200.1.1.1, d=200.1.1.101->172.16.50.10 [133]
NAT*: s=172.16.50.10->200.1.1.101, d=200.1.1.1 [134]
NAT*: s=200.1.1.1, d=200.1.1.101->172.16.50.10 [134]
NAT*: s=172.16.50.10->200.1.1.101, d=200.1.1.1 [135]
NAT*: s=200.1.1.1, d=200.1.1.101->172.16.50.10 [135]
NAT*: s=172.16.50.10->200.1.1.101, d=200.1.1.1 [136]
NAT*: s=200.1.1.1, d=200.1.1.101->172.16.50.10 [136]
```

7. Mantenga la consola de CE abierta por unos minutos. Observará un mensaje indicando que caduca la entrada generada dinámicamente en la tabla de traducciones para la sesión de ICMP que se inició.

```
CE#
NAT: expiring 200.1.1.101 (172.16.50.10) icmp 27 (27)
```

8. Desde la PC 10 repita el ping.

```
C:\>ping 200.1.1.1
```

9. Verifique ahora la tabla de traducciones de NAT de CE.

```
CE#show ip nat translations
Pro Inside global    Inside local    Outside local  Outside global
icmp 200.1.1.101:28  172.16.50.10:28 200.1.1.1:28   200.1.1.1:28
```

10. Concluidas las verificaciones suprima el debug y elimine las instrucciones de la traducción.

```
CE#undebug all
CE#configure terminal
CE(config)#no access-list 2 permit 172.16.50.0 0.0.0.255
CE(config)#no ip nat inside source list 2 interface Gi0/1 overload
```

📓 De esta manera concluye este laboratorio.

## Mitigación de amenazas en el acceso

Los riesgos potenciales a los que están sometidas las redes de datos han experimentado en los últimos años una complejidad y sofisticación crecientes. La red está expuesta no sólo a amenazas externas (un atacante ajeno a la propia empresa u organización), sino también internas. Por esto la preocupación por la seguridad debe estar presente aún en el caso de redes que no tienen conexión con redes externas o con Internet.

- Amenazas Internas.
  Amenazas a la seguridad de la red originadas al interior de la organización. Son las más serias.
  La principal contramedida para responder a este tipo de amenazas son las políticas de seguridad.
  Son particularmente importantes porque:

  - El usuario de la red tiene conocimientos de la red y los recursos disponibles.

  - El usuario típicamente tiene algún nivel de acceso relacionado con la naturaleza de su tarea.

  - Los mecanismos de seguridad tradicionales suelen no ser efectivos contra el potencial uso abusivo de un permiso de acceso legítimo.

- Amenazas Externas.
  Son ataques de naturaleza más técnica, que se inician con menor conocimiento del interior de la red.
  A estas amenazas se responde principalmente implementando defensas técnicas.

La protección del acceso a los recursos de red tiene un rol fundamental para proteger a otros usuarios, las aplicaciones y la red misma de posibles errores humanos o ataques maliciosos.

Hay diferentes mecanismos de seguridad que se pueden implementar en el acceso para mitigar las principales amenazas:

- DHCP Snooping.
  Previene la implementación de servidores DHCP intrusos dentro de la red.

- DAI
  Dynamic ARP Inspection.
  Previene la posibilidad de ataques basados en ARP.

- Port Security.
  Para restringir el número de MACs asociadas a un puerto.

- Identity-Based Networking
Permite proteger recursos y dejar movilidad a los usuarios.

## DHCP Snooping

Feature de seguridad de capa 2 que restringe la circulación de respuestas a solicitudes DHCP generadas por dispositivos no autorizados o intrusos. De esta manera se constituye en una barrera para la introducción de servidores DHCP por parte de un atacante.

Identifica los puertos del switch como:

- Trusted (confiable).
Los dispositivos conectados a estos puertos pueden enviar todo tipo de tráfico DHCP.
Es típicamente el puerto que permite establecer conexión con los servidores DHCP (troncales o puertos de acceso a los que se encuentran conectados los servidores).

- Untrusted (no confiable).
Los dispositivos conectados a estos puertos sólo pueden enviar paquetes DHCP Discovery.

Una vez activada esta función (se hace a nivel de configuración global) todos los puertos del switch son untrusted salvo aquellos que sean explícitamente declarados como trusted.

Como consecuencia de la activación de esta prestación el switch confecciona una tabla en la que se mantienen registros que asocian Dirección IP del cliente | MAC address | tiempo de cesión | tipo de asignación | VLAN | ID del puerto. Esta información es utilizada como base para otros features de seguridad.

## Dynamic ARP Inspection

Permite validar las respuestas de ARP:

- Verifica la valides de la asociación MAC-IP de cada respuesta ARP antes de reenviarla.

- Para esta validación utiliza la tabla de información generada por DHCP snooping.

- Las respuestas ARP inválidas son descartadas.

Las acciones básicas son:

- Los paquetes ARP recibidos en interfaces trusted, no son verificados.

- Se interceptan todas las respuestas ARP de interfaces untrusted.

- Cada paquete ARP interceptado es verificado antes de ser reenviado.

- Se eliminan y/o registran los paquetes que presentan asociaciones IP-MAC inválidas.

## Identity-Based Networking

Concepto que reúne un conjunto de mecanismos de autenticación, control de acceso y políticas de usuario para proveer a los usuarios acceso a los recursos de red que corresponden.

- Permite brindar al usuario independencia respecto del punto físico de conexión a la red.

- Verifica la identidad del usuario cuando se conecta al puerto del switch y lo coloca en la red (VLAN) correcta.

- Si un usuario falla al identificarse el acceso puede ser rechazado o el usuario puede ser colocado en una VLAN para invitados.

Tráfico 802.1X

| Suplicante | Autenticador | Servidor de Autenticación |

De esta manera la política de seguridad en el acceso que se aplica ya no depende de dónde se conecta el usuario sino de quién es el usuario que se conecta independientemente de dónde lo haga. Cuando un usuario se conecta a la red se le requiere que se autentique y en función de su identidad se lo coloca en la VLAN correcta; si la autenticación falla por el motivo que sea el usuario puede ser rechazado o simplemente colocado en una VLAN para invitados.

La clave para esta implementación es el protocolo IEEE 802.1x que define 3 roles en el proceso:

- Cliente o suplicante.
  Una estación terminal con un cliente de software 802.1x.

- Autenticador.
  Es el dispositivo que controla el acceso físico a la red

- Servidor de autenticación.
  Servidor responsable de verificar las credenciales de cada cliente que se conecta a la red.

## Opciones de autenticación externa

La verificación de credenciales puede realizarse sobre una base de datos local en los dispositivos de red. Pero este tipo de implementación no es escalable en redes con múltiples dispositivos, en este caso conviene implementar un servidor de autenticación externo en el que se centralice la gestión de credenciales de usuarios y que brinde servicios de verificación de credenciales centralizado en toda la red. Esto recibe la denominación de AAA.

 AAA es el acrónimo de Authentication, Authorization and Accounting, una arquitectura de seguridad con sistemas distribuidos que permite controlar el acceso de los usuarios.

Cuando se implementan servidores de autenticación externos, los 2 servicios más implementados en infraestructuras Cisco son:

- RADIUS
  Protocolo estándar que combina servicios de autenticación y autorización en un único proceso.
  Utiliza UDP para el intercambio de información.

- TACACS+
  Mecanismo propietario de Cisco que separa los diferentes servicios (autenticación, autorización y registro) en diferentes procesos.
  Utiliza TCP para el intercambio de información.

Cuando se implementa un servidor de autenticación externo es este servidor el que acepta o rechaza la conexión de un usuario en función de la información con la que cuenta.

*El proceso de autenticación*

- Una terminal se conecta a la red y se le requiere el ingreso de usuario y clave.

- El dispositivo autenticador hace una solicitud de validación de las credenciales al servidor de autenticación utilizando el protocolo elegido (RADIUS o TACACS+).

- El servidor de autenticación utiliza la información que posee para validar las credenciales del usuario.

- El servidor de autenticación le envía su respuesta (aceptación o rechazo) al autenticador para que aplique la decisión.

*Configuración de autenticación en el acceso con RADIUS*

```
Router(config)#username Admin password C1sc0123
```

Crea un usuario en una base de datos local (en el dispositivo) para poder utilizarlo cuando el método de autenticación es local.

```
Router(config)#aaa new-model
```

Habilita la operación utilizando el modelo Authentication, Authorization, Accounting.

Aplica por defecto autenticación local a todas las interfaces excepto la consola

Antes de utilizar un servidor de autenticación es necesario establecer una asociación entre el servidor y el dispositivo que utilizará sus servicios.

```
Router(config)#radius-server Server1
```

Define un servidor RADIUS identificado con un nombre, en este caso "Server1", e ingresa al submodo de configuración de este servidor.

```
Router(config-radius-server)#address ipv4 192.168.100.50
```

Asocia al grupo de servidores que se ha creado un servidor RADIUS, en este caso ubicado en la dirección IP 192.168.100.50. El servidor se puede identificar por nombre (requiere DNS).

Opcionalmente se puede indicar un número de puerto UDP si no se utilizan los puertos por defecto.

```
Router(config-radius-server)#key ServerRadius1
```

Asocia la clave pre-compartida del servidor, con el que se acaba de ingresar de modo tal que el dispositivo y el servidor puedan autenticarse recíprocamente. Esta clave debe coincidir con la definida en el servidor para este dispositivo.

```
Router(config-radius-server)#exit
Router(config)#aaa group server radius RadiusGroup
```

Para que el servidor sea operativo debe asociarse ahora a un grupo de servidores RADIUS que se utilicen para tareas de AAA. En este caso se crea un grupo de servidores RADIUS identificado con el nombre "RadiusGroup".

```
Router(config-sg-radius)#server name Server1
```

Incorpora el servidor que se asoció antes al grupo, utilizando como identificador el nombre que se le asignó antes.

A un grupo de servidores se pueden incorporar múltiples servidores que utilizan el mismo protocolo.

```
Router(config-sg-radius)#exit

Router(config)#aaa authent login default group RadiusGroup local
```

Define la utilización de autenticación AAA en el acceso al dispositivo.

Para validar las credenciales de autenticación de los usuarios se utilizará una lista de métodos de autenticación identificada con el nombre "default". Esta lista está creada por defecto, el Administrador puede crear sus propias listas.

La lista "default" establece que en primer lugar utilizará los servicios del grupo de servidores "RadiusGroup". Si no contesta ninguno de los servidores de ese grupo, entonces utilizará la base de datos creada localmente en el dispositivo.

La política definida se aplica por defecto a todas las interfaces.

```
Router(config)#exit
```

*Configuración de autenticación en el acceso con TACACS+*

```
Router(config)#username Admin password C1sc0123
Router(config)#aaa new-model
```

Antes de utilizar un servidor de autenticación es necesario establecer una asociación entre el servidor y el dispositivo que utilizará sus servicios.

```
Router(config)#tacacs server ServerTac1
```

Define un servidor TACACS+ identificado con un nombre, en este caso "ServerTac1", e ingresa al submodo de configuración de este servidor.

```
Router(config-server-tacacs)#address ipv4 192.168.100.51
Router(config-server-tacacs)#port 49
```

Cuando el servicio de TACACS+ no utiliza el puerto TCP por defecto, la referencia del puerto utilizado se hace en un comando aparte.

En este caso se marca puerto 49, que es el puerto del servicio por defecto.

```
Router(config-server-tacacs)#key ServerTACACS1
Router(config-radius-server)#exit
Router(config)#aaa group server tacacs+ TACACSGroup
Router(config-sg-radius)#server name ServerTac1
Router(config-sg-radius)#exit
Router(config)#aaa authent login default group TACACSGroup local
```

Define la utilización de autenticación AAA en el acceso al dispositivo.

Para validar las credenciales de autenticación de los usuarios se utilizará una lista de métodos de autenticación identificada con el nombre "default". Esta lista está creada por defecto, el Administrador puede crear sus propias listas.

La lista "default" establece que en primer lugar utilizará los servicios del grupo de servidores "RadiusGroup". Si no contesta ninguno de los servidores de ese grupo, entonces utilizará la base de datos creada localmente en el dispositivo.

La política definida se aplica por defecto a todas las interfaces.

```
Router(config)#exit
```

### Seguridad de dispositivos Cisco IOS

Cisco IOS provee un conjunto de prestaciones que permiten asegurar los planos de control y management de los routers.

Algunas best practices a implementar en dispositivos nuevos son:

- El management out-band es más difícil de vulnerar por parte de un atacante.

- Utilice protocolos de management encriptados (SSH y HTTPS).

- Implemente múltiples cuentas de usuarios con diferentes niveles de privilegio para asignar al staff técnico solamente los privilegios que son necesarios para cumplir su tarea.

- La administración centralizada de los usuarios facilita la tarea.

- Almacenar los registros de eventos (logs) en servidores remotos para poder analizar los eventos en caso de incidentes de seguridad en la red.

- Utilizar claves protegidas por hash incrementa significativamente el tiempo necesario para romperlas por fuerza bruta.

- La implementación de SNMPv3 con cuentas de usuario y autenticación HMAC mejora significativamente la seguridad.

### Bloqueo de servicios no utilizados

Una regla básica de seguridad es desactivar servicios fuera de uso. Esa regla, que se aplica a servidores y terminales puede aplicarse también a dispositivos de red los cuáles tienen múltiples servicios habilitados por defecto (Telnet, HTTP, CDP, etc.).

Desactivar servicios que no se utilizan elimina potenciales brechas de seguridad, al mismo tiempo que permite preservar recursos del sistema que pueden entonces aplicarse a funciones que sí son necesarias.

¿Cómo identificar los puertos abiertos?

```
Router#show control-plane host open-ports
```

Permite verificar los puertos UDP y TCP abiertos a nivel de la interfaz virtual que da acceso al plano de control del dispositivo.

*Buenas prácticas generales*

```
Router(config)#no cdp run
```

Desactiva globalmente CDP en el dispositivo, cuando este protocolo no ha de emplearse en absoluto.

Cuando no se requiere CDP es recomendable desactivarlo ya que publica de modo inseguro información sensible sobre el dispositivo y el sistema operativo.

```
Router(config)#interface GigabitEthernet 0/0
Router(config-if)#no cdp enable
```

Permite desactivar CDP solamente en una interfaz mientras permanece activo globalmente y en las otras interfaces.

```
Router(config-if)#exit
Router(config)#no ip http server
```

Desactiva el servicio HTTP que está activo por defecto. Si ha de usarse una interfaz gráfica se sugiere utilizar HTTPS.

```
Router(config)#ip http secure-server
```

Habilita el servicio HTTPS en caso de que se desee utilizar interfaz gráfica.

## Network Time Protocol

NTP es esencial para sincronizar los relojes de los diferentes dispositivos que operan en la red. La sincronización de los relojes se requiere para:

- Asegurar la correcta validación del período de validez de los certificados digitales.

- Lograr una correcta interpretación de los registros de eventos.

Hay diferentes alternativas para utilizar como fuente de sincronización. Puede implementarse un master clock local, o utilizar uno de los disponibles en Internet, o utilizar un cliente GPS para tomar sincronía del sistema de geoposicionamiento global. La recomendación es implementar un servidor interno NTP que permita dar sincronía a los relojes de todos los dispositivos de la red. Los routers Cisco IOS pueden actuar como clientes y servidores NTP.

*Configuración de un cliente NTP*

```
Router(config)#ntp server 192.168.115.20
```

Activa en el dispositivo el cliente NTP y lo asocia al servidor cuya IP se indica en el comando.

Al estar operando como cliente NTP el dispositivo puede automáticamente brindar información de fecha y hora a otros clientes NTP que se lo soliciten.

```
Router(config)#ntp master 2
```

Activa un dispositivo Cisco IOS como servidor NTP. El número al final indica el número de estrato (un valor de 1 a 15) dentro de la jerarquía de servidores NTP. Cuanto menor el ID de estrato mayor es la prioridad del servidor.

Este comando debe ser utilizado con cuidado ya que sobrescribe información de fecha y hora tomada de otro servidor que puede ser válida.

 La presencia de múltiples servidores NTP en una misma red puede provocar inestabilidad en caso de que los dispositivos no tengan sus relojes adecuadamente sincronizados.

```
Router#show ntp associations
```

Permite verificar la operación de NTP. Muestra los servidores peer con los que se encuentra asociado, si esa asociación es estática y el estrato al que pertenece el peer.

```
Router#show ntp status
```

Permite verificar el estado de operación del protocolo: si el reloj está sincronizado, en qué estrato se encuentra y la dirección IP del peer con el que ha sincronizado.

## Implementación de un registro de eventos

Todos los dispositivos de red generan mensajes de evento que envían por defecto a un proceso interno llamado logging que es el responsable de distribuir esos mensajes a diferentes destinos para su visualización o almacenamiento.

En los dispositivos Cisco el sistema de mensajes de estado y eventos que genera puede ser enviado a distintas posiciones:

- A la pantalla de la consola (`console`), es la opción por defecto.

- A una sesión remota de Telnet o SSH (`monitor`).

- A una consola SNMP en la red (`trap`)

- A un servidor Syslog alojado en la red.

- A un buffer de memoria local (`buffered`).
  Esta instancia de almacenamiento está habilitada por defecto, con una capacidad de 4096 bytes y recibe mensajes hasta de nivel 7.

Los mensajes tienen un formato establecido por el estándar:

```
*Dec 18 17:10:15.079: %LINEPROTO-5-UPDOWN: Line protocol on
Interface FastEthernet0/0, changed state to down
```

- El registro de fecha y hora.
  ```
  Dec 18 17:10:15.079
  ```

- La porción del dispositivo que genera el mensaje.
  `%LINEPROTO`

- Nivel de severidad del evento que genera el mensaje:
  `5`

- Clave nemotécnica.
  `UPDOWN`

- Descripción del evento objeto del mensaje.
  `Line protocol on Interface FastEthernet0/0...`

- Es posible también agregar un número de secuencia en el inicio del mensaje, si así se requiere.

Los mensajes de logging tienen 8 niveles de severidad:

| 0 | Emergency | El sistema está inutilizado. |
|---|---|---|
| 1 | Alert | Requiere atención inmediata. |
| 2 | Critical | Notifica de una condición crítica. |
| 3 | Error | Notifica una condición de error. |
| 4 | Warning | |
| 5 | Notification | Condición normal pero significativa. |
| 6 | Informational | |
| 7 | Debugging | |

Los niveles 0 a 4 representan eventos que pueden tener serio impacto en la operación del dispositivo. El Administrador tiene la posibilidad de definir hasta qué nivel de severidad desea recibir mensajes en cada una de las diferentes posiciones (servidor, consola, etc.). Por ejemplo, almacenar hasta nivel 5 en el servidor de Syslog y recibir hasta nivel 7 en la terminal de consola.

Por defecto se envían todos los mensajes hasta nivel 7 al puerto de consola.

*El protocolo Syslog*

Syslog es un protocolo que permite enviar mensajes de notificación de eventos a través de una red IP hacia un colector o repositorio de mensajes. De esta manera es posible que múltiples dispositivos que operan en una red generen mensajes de estado y los almacenen un dispositivo (servidor) centralizado que actúa como repositorio para su posterior revisión por el Administrador.

Utiliza UDP para el transporte, por lo que no hay mecanismo para recuperar mensajes perdidos durante el transporte.

*Configuración de los registros*

```
Router(config)#service timestamps
```
Implementa la inclusión de fecha y hora en el encabezado de los mensajes.

```
Router(config)#service sequence-numbers
```
Implementa la inclusión de un número de secuencia en el encabezado de los mensajes.

```
Router(config)#logging on
```
Activa el proceso de logging (se encuentra activo por defecto.

```
Router(config)#logging buffered 200000
```
Establece el tamaño del buffer de memoria que ha de dedicarse a los mensajes de syslog. Los mensajes almacenados en este buffer se pueden revisar con el comando `show logging`.

El tamaño del buffer se establece en bytes. Por defecto, el tamaño es 4096 bytes y el nivel de severidad es debugging.

```
Router(config)#logging 172.16.1.2
```
Asigna un servidor de syslog como destino para almacenar los mensajes.

El comando puede ser utilizado repetidamente para definir una lista de servidores que se utilizarán como repositorios.

```
Router(config)#logging trap warnings
```
Limita los mensajes enviados al servidor de syslog en base al nivel de severidad.

El nivel de severidad también puede expresarse en forma numérica, en este caso: 4.

```
Router(config)#logging monitor notifications
```
Limita los mensajes que se enviará a las terminales virtuales (Telnet, SSH) en base al nivel de severidad, en este caso se limita hasta mensajes de nivel 5.

```
Router(config)#logging console
```
Habilita los mensajes de syslog en la terminal de consola. Estos mensajes están habilitados por defecto.

*Monitoreo*

```
Router#show logging
```
Muestra el estado de syslog y los mensajes almacenados en el buffer de memoria local.

# Laboratorio 6.4: Implementación de autenticación externa con RADIUS y TACAC+

 Para la realización de los laboratorios de esta Guía se ha diseñado la topología de una maqueta única que permite cubrir todos los ejercicios propuestos. La descripción e información correspondiente a esta maqueta la encontrará en el inicio del manual.
Para este ejercicio debe concentrarse solamente en una parte de esa maqueta, a la que denominamos "Topología a utilizar".

## Topología a utilizar

 Antes de iniciar el ejercicio asegúrese de desactivar los puertos que no participan de esta topología para tener lecturas más claras de los comandos show.

 Para la asignación de direcciones de cada puerto y terminal diríjase a la tabla "Direccionamiento IP inicial" al inicio de la Guía.

Consideraciones a tener en cuenta para este ejercicio:

- En este ejercicio se utilizan solamente los routers CE y PE.

- Las interfaces seriales y la interfaz Gi0/0 de CE no se utilizan en este ejercicio por lo que pueden ser desactivadas.

- Antes de iniciar asegúrese de que en la tabla de enrutamiento de CE haya una ruta válida a la red 192.168.1.0/24.

- En este ejercicio se utilizarán los servicios RADIUS y TACACS+ del servidor ISE de nuestra topología. Para eso es necesario que en el servidor Ud. se asegure de que:

    o El router PE debe estar incorporado como cliente del servidor RADIUS:
    IP:              192.168.1.1
    Clave:         ClaveRADIUS

    o   El router PE debe estar incorporado como cliente del servidor TACACS+:
        IP:        192.168.1.1
        Clave:     ClaveTACACS

    o   Haya creado un usuario con las siguiente credenciales:
        Usuario:   Admin
        Clave:     Cisco123

### Direccionamiento IP inicial

| Dispositivo | Interfaz | IP | Máscara de Subred |
|---|---|---|---|
| ISE | Gi | 192.168.1.10 | 255.255.255.0 |
| CE | G0/1 | 200.1.1.10 | 255.255.255.0 |
| PE | G0/0 | 192.168.1.1 | 255.255.255.0 |
| | G0/1 | 200.1.1.1 | 255.255.255.0 |

### Configuración de RADIUS para el acceso por consola y terminal virtual

1. Acceda al modo de configuración de PE y cree un usuario en la base de credenciales de usuario local para tener credenciales válidas para el acceso por consola luego de activado AAA.

```
PE#configure terminal
PE(config)#username admin password CCNA123
```

 Al activar AAA se aplica automáticamente autenticación usando la base de datos local en todas las líneas excepto la consola. Para evitar posibles inconvenientes es conveniente configurar usuario y clave antes de activar AAA.

2. Habilite el marco de trabajo AAA.

```
PE(config)#aaa new-model
```

3. Asocie PE con el servicio RADIUS. Puede asignar cualquier nombre para identificar el servidor que asocia, en este caso utilice "SrvRADIUS" y ClaveRADIUS como clave.

```
PE(config)#radius server SrvRADIUS
PE(config-radius-server)#address ipv4 192.168.1.10
PE(config-radius-server)#key ClaveRADIUS
PE(config-radius-server)#exit
```

Si está utilizando Packet Tracer para los ejercicios, algunas versiones no soportan estos comandos, deberá revisar cuáles son los comandos aceptados en su versión.

4. Agregue el servidor que acaba de asociar a un grupo de servidores RADIUS que llamaremos "GrupoRADIUS".

```
PE(config)#aaa group server radius GrupoRADIUS
PE(config-sg-radius)#server name SrvRADIUS
PE(config-sg-radius)#exit
```

5. Especifique ahora que desea utilizar el grupo de servidores RADIUS que acaba de crear para la autenticación en el acceso al dispositivo. Agregaremos como respaldo que, si la conexión con el servidor RADIUS falla, utilice la base de credenciales local que se creó en el inicio.

```
PE(config)#aaa authentication login default group GrupoRADIUS local
PE(config)#end
```

6. Acceda a la consola de CE y verifique la configuración realizada intentando iniciar una sesión Telnet en PE utilizando las credenciales del servidor RADIUS (user: Admin, clave: Cisco123).

```
CE#Telnet 200.1.1.1
```

7. Verificado el acceso, salga de la sesión Telnet.

## Configuración de TACACS+ para el acceso por consola y terminal virtual

En este caso no necesitamos crear un usuario local y habilitar el marco AAA pues ya lo hemos hecho en el ejercicio anterior.

1. Asocie PE con el servicio TACACS+. Puede asignar cualquier nombre para identificar el servidor que asocia, en este caso utilice "SrvTACACS" y ClaveTACACS como clave.

```
PE(config)#tacacs server SrvTACACS
PE(config-server-tacacs)#address ipv4 192.168.1.10
PE(config-server-tacacs)#key ClaveTACACS
PE(config-server-tacacs)#exit
```

 Si está utilizando Packet Tracer para los ejercicios, algunas versiones no soportan estos comandos, deberá revisar cuáles son los comandos aceptados en su versión.

2. Agregue el servidor que acaba de asociar a un grupo de servidores TACACS+ que llamaremos "GrupoTACACS".

```
PE(config)#aaa group server tacacs+ GrupoTACACS
PE(config-sg-tacacs+)#server name SrvTACACS
PE(config-sg-tacacs+)#exit
```

3. Especifique ahora que desea utilizar el grupo de servidores TACACS que acaba de crear para la autenticación en el acceso al dispositivo. Agregaremos como respaldo que, si la conexión con el servidor TACACS falla, utilice la base de credenciales local que se creó en el inicio.

```
PE(config)#aaa authentication login default group GrupoTACACS local
PE(config)#end
```

4. Acceda a la consola de CE y verifique la configuración realizada intentando iniciar una sesión Telnet en PE utilizando las credenciales del servidor TACACS (user: Admin, clave: Cisco123).

```
CE#Telnet 200.1.1.1
```

5. Verificado el acceso, salga de la sesión Telnet.

6. Antes de concluir este laboratorio elimine la configuración de AAA en PE a fin de evitar inconvenientes en los laboratorios siguientes.

```
PE#configure terminal
PE(config)#no aaa new-model
```

 De esta manera concluye este laboratorio.

# Día 25

 Las abreviaturas y siglas utilizadas en este manual se encuentran desarrolladas en el Glosario de Siglas y Términos de Networking que está disponible de modo gratuito en la Librería en Línea de EduBooks: https://es.scribd.com/document/292165924/Glosario-de-Siglas-y-Terminos-de-Networking-version-1-2

## Laboratorio 6.5: Configuración y monitoreo de NTP

 Para la realización de los laboratorios de esta Guía se ha diseñado la topología de una maqueta única que permite cubrir todos los ejercicios propuestos. La descripción e información correspondiente a esta maqueta la encontrará en el inicio del manual.
Para este ejercicio debe concentrarse solamente en una parte de esa maqueta, a la que denominamos "Topología a utilizar".

### Topología a utilizar

 Antes de iniciar el ejercicio asegúrese de desactivar los puertos que no participan de esta topología para tener lecturas más claras de los comandos show.

 Para la asignación de direcciones de cada puerto y terminal diríjase a la tabla "Direccionamiento IP inicial" al inicio de la Guía.

Consideraciones a tener en cuenta para este ejercicio:

- Si previamente realizó el laboratorio de RIPv2 sobre la maqueta, debe volver a su configuración IP inicial la PC20, el switch ASW2 y el router GTW2.

- Se utiliza un único enlace que conecta ASW1 con ASW2. Los otros puertos deben desactivarse utilizando el comando shutdown.

- No se utiliza ningún dispositivo de enrutamiento que no sea el router GTW1, por lo tanto los puertos de GTW1 que conectan con GTW2 y con CE deben desactivarse.

### Direccionamiento IP inicial

| Dispositivo | Interfaz | IP | Máscara de Subred |
|---|---|---|---|
| PC10 | Gi | 172.16.50.10 | 255.255.255.0 |
| PC20 | Gi | 172.16.50.20 | 255.255.255.0 |
| ASW1 | VLAN1 | 172.16.50.101 | 255.255.255.0 |
| ASW2 | VLAN1 | 172.16.50.102 | 255.255.255.0 |
| GTW1 | G0/1 | 172.16.50.1 | 255.255.255.0 |

### Configurar y verificar NTP

1. Revise los relojes de ASW1, ASW2 y GTW1

```
ASW1#show clock

ASW2#show clock

GTW1#show clock
```

2. Ajuste el reloj (hora y fecha) de GTW1.

3. Acceda a la consola de GTW1 y configúrelo como servidor NTP activándolo como máster.

```
GTW1#configure terminal
GTW1(config)#ntp master
GTW1(config)#end
```

4. Configure ASW1 y ASW2 de modo tal que utilicen GTW1 como NTP server.

```
ASW1#configure terminal
ASW1(config)#ntp server 172.16.50.1
ASW1(config)#end
```

```
ASW2#configure terminal
ASW2(config)#ntp server 172.16.50.1
ASW2(config)#end
```

5. Verifique la asociación con el servidor y su estado en ASW2. Debe aparecer como asociado y sincronizado con GTW1.

```
ASW2#show ntp associations
ASW2#show ntp status
```

6. Verifique en cada uno de los dispositivos fecha y hora. Deben aparecer ahora sincronizados sobre la base de la configuración de GTW1. Las diferencias en minutos o segundos se deben exclusivamente al tiempo necesario para pasar de una consola a la otra.

```
GTW1#show clock
```

```
ASW1#show clock
```

```
ASW2#show clock
```

Con esta verificación se concluye este laboratorio.

 De esta manera concluye este laboratorio.

# Laboratorio 6.6: Configuración de Syslog

 Para la realización de los laboratorios de esta Guía se ha diseñado la topología de una maqueta única que permite cubrir todos los ejercicios propuestos. La descripción e información correspondiente a esta maqueta la encontrará en el inicio del manual.
Para este ejercicio debe concentrarse solamente en una parte de esa maqueta, a la que denominamos "Topología a utilizar".

**Topología a utilizar**

Para la asignación de direcciones de cada puerto y terminal diríjase a la tabla "Direccionamiento IP inicial" al inicio de la Guía.

## Direccionamiento IP inicial

| Dispositivo | Interfaz | IP | Máscara de Subred |
|---|---|---|---|
| ISE | Gi | 192.168.1.10 | 255.255.255.0 |
| PE | Gi0/0 | 192.168.1.1 | 255.255.255.0 |

## Definición de Syslog

1. Ingrese a la consola del router PE y acceda al modo de configuración global.

```
PE>enable
PE#configure terminal
PE(config)#_
```

2. Defina la terminal ISE como servidor Syslog en al que deben enviarse los mensajes de eventos para ser almacenados. El nivel de severidad mínimo de los mensajes que deben enviarse al servidor es 6 - informacional.

```
PE(config)#logging 192.168.1.10
PE(config)#logging trap informational
```

3. Verifique el estado de operación del servicio y el buffer de mensajes almacenado en la memoria RAM de PE.

```
PE(config)#exit
PE#show logging
```

 De esta manera concluye este laboratorio.

# Simple Network Management Protocol (SNMP)

Protocolo de capa de aplicación que proporciona un servicio de mensajería entre dispositivos (agentes SNMP) y una consola de gestión (SNMP Manager). SNMP permite desarrollar una estructura de administración (NMF) basada en estándares elaborados a partir de múltiples RFCs.

- SNMP Manager.
  Aplicación de gestión de red que proporciona funcionalidades de monitoreo y gestión al Administrador.
  También denominado NMS (Network Management Station).

- Agente SNMP.
  Software que opera en un dispositivo de red que se desea gestionar.
  Recoge información en una base de datos (MIB – Management Information Base) que contienen variables de estadística y configuración del dispositivo.

- MIB.
  Almacenamiento virtual de información de gestión del dispositivo organizada como base de datos de objetos que representan parámetros de configuración y contadores de actividad.

SNMP Manager

Dispositivo con
Agente SNMP

MIB

El SNMP Manager periódicamente consulta al Agente SNMP para recolectar información sobre la que luego realiza análisis; también puede realizar modificaciones en la configuración a través del Agente SNMP, si esto se permite.

Se utilizan diferentes tipos de mensajes:

- Mensajes GET.
  Get Request y Get Response.
  Permiten que el SNMP Manager requiera y obtenga información que los Agentes SNMP almacenan en su base de datos (MIB) para luego poder analizarla o consultarla.
  La mayoría de las consolas SNMP permiten que el Administrador configure intervalos de tiempo para que la consulta se realice de modo automático y también a demanda del operador.

- Mensajes GET-next.
  Utilizado para solicitar al agente SNMP el próximo objeto de la MIB.

- Mensajes GET-bulk.
  Permite al SNMP manager requerir un conjunto de objetos que componen una tabla con una sola solicitud.

- Mensajes SET.
  Mensajes SNMP que envían modificaciones en los parámetros de configuración que se almacenan en la MIB para que luego se modifique la configuración del dispositivo.

- Mensajes Trap.
  Notificaciones generadas por el mismo Agente SMNP que se envían al NMS sin que haya consulta previa para informar algún evento en particular.
  Estos mensajes pueden desencadenar algún proceso conexo tal como mostrar una alarma en pantalla o disparar la notificación por SMS del evento al Administrador de la red.

- Mensaje Inform.
  Mensaje semejante al mensaje trap con información adicional.

*Versiones*

Hay 3 versiones principales de SNMP:

- SNMPv1 con control de acceso basado en el concepto de comunidad (conjunto de dispositivos que conforman un mismo dominio de gestión).

  - El nombre de comunidad opera como una clave de autenticación que viaja en texto plano, por lo que su nivel de seguridad es bajo y lo hace susceptible de ataque tipo man-in-the-middle.

  - Hay 3 tipos de comunidades:
    - Read-only (RO) – Permite solamente el monitoreo del dispositivo.
    - Read-write (RW) – Permite acceso de lectura y escritura.
    - Trap.

- SNMPv2c.
  Mejoró el sistema de mensajes, lo que permite obtener mayor cantidad de información del dispositivo de modo más eficiente.
  Utiliza el mismo sistema de autenticación basado en el nombre de comunidad que la versión 1: el nombre de comunidad opera como una clave de autenticación que viaja en texto plano, por lo que su nivel de seguridad es bajo y lo hace susceptible de ataque tipo man-in-the-middle
  Hay 2 tipos de comunidades:

  - Read-only (RO) – Permite solamente el monitoreo del dispositivo.

  - Read-write (RW) – Permite acceso de lectura y escritura.

- SNMPv3 incorpora autenticación de usuario y encriptación.
  De esta manera, agrega prestaciones de seguridad: Integridad, autenticación y encriptación.

El protocolo versión 3 permite 3 variantes de seguridad:

| Nivel | Keyword | Autenticación | Encriptación |
|---|---|---|---|
| NoAuthNoPriv | noaut | Username | --- |
| AuthNoPriv | auth | MD5 o SHA | --- |
| AuthPriv | pri | MD5 o SHA | DES o AES |

## Configuración de SNMP v2c

 Dada la vulnerabilidad de la versión 2c de SNMP, generalmente es implementado exclusivamente en modalidad read-only.

```
Router(config)# ip access-list standard SNMP
Router(config-std-nacl)# permit host 172.16.10.101
Router(config-std-nacl)# exit
Router(config)# ip access-list standard SNMP2
Router(config-std-nacl)# permit host 172.16.20.54
Router(config-std-nacl)# exit
Router(config)# snmp-server community LabCisco ro SNMP
```

Define un nombre de comunidad read-only (ro), y limita el acceso al host permitido en la lista de acceso SNMP.

```
Router(config)#snmp-server location BuenosAires
```

Identifica la ubicación física del dispositivo gestionado.

```
Router(config)#snmp-server contact oscargerometta@edubooks.com
```

Permite identificar una persona de contacto para tareas relacionadas con el dispositivo.

 Los 3 objetos básicos de información son el nombre del sistema, el contacto y la ubicación. Solamente los 2 últimos necesitan ser definidos, el primero se toma del hostname.

```
Router(config)#snmp-server community LabCisco2 rw SNMP2
```

Define un nombre de comunidad. En este caso se trata de una comunidad read and write (RW), y limita el acceso al host permitido en la lista de acceso SNMP2.

```
Router(config)#snmp-server host 172.16.1.10 LabCisco3
```

Define la dirección IP del host al cual se deben enviar los mensajes trap, y el nombre de la community de intercambio de traps (LabCisco3).

```
Router(config)# end
```

```
Router#show snmp community
```

Permite verificar los nombres de las comunidades que se encuentran definidas en el dispositivo y el estado de cada una de ellas

Al ejecutar este comando se visualiza una community que no ha sido definida en la configuración (ILMI). Es una comunidad red-only asociada con el protocolo LMI que se utiliza con switches ATM.

```
Router#show snmp location
Router#show snmp contact
Router#show snmp host
```

Muestra los detalles correspondientes al host que recibe los mensajes trap.

```
Router(config)#end
```

## Diagnóstico de conectividad en redes IPv4

No es posible generar un modelo único de diagnóstico de redes IPv4 que responda a todas las posibilidades que se pueden dar en la operación día a día de las redes IPv4.

Cuando se informa un problema de conectividad extremo a extremo, un posible flujo de análisis a realizar es el siguiente:

1. Verificar si la conectividad extremo a extremo es posible.

    o  Si la respuesta es SI, entonces no hay problema por resolver.

    o  Si la respuesta es NO, se debe pasar a la siguiente instancia.

2. Verificar si hay un problema de conexión física.

    o  Si lo hay, entonces se debe resolver el problema físico.

    o  Si no lo hay, se debe pasar a la siguiente instancia.

3. Verificar si la ruta actual es o no la ruta deseada.

    o  Si no es la ruta deseada, resolver el problema de selección de la ruta.

    o  Si es la ruta deseada, pasar a la siguiente instancia.

4. Verificar si el default gateway es el correcto.

    o  Si no es el default gateway correcto, se debe corregir.

    o  Si es el correcto, pasar a la siguiente instancia.

5. Verificar si se ha configurado correctamente el servicio DNS.

   o Si la configuración no es correcta, corregirla.

   o Si la configuración es correcta, pasar a la siguiente instancia.

6. Verificar si una ACL está bloqueando el tráfico.

   o Corregir la ACL.

## IP SLA como herramienta de diagnóstico

La prueba IP SLA echo es una herramienta útil para verificar la conectividad extremo a extremo entre dispositivos. Permite obtener varias mediciones sobre la operación de la red:

- Disponibilidad del transporte extremo a extremo (a partir de la pérdida de paquetes).

- Performance de la red (a partir de los tiempos de respuesta).

- Conectividad extremo a extremo.

*Configuración de una prueba IP SLA ICMP echo*

De las varias pruebas posibles, la prueba de ICMP echo es una de las más utilizadas.

```
Router(config)#ip sla 1
```
Crea una sonda IP SLA, a la que le asigna un ID (en este caso "1") e ingresa al modo de configuración de la sonda.

```
Router(config-ip-sla)#icmp-echo 192.168.100.50
```
Configura la sonda. En este caso la sonda utilizará paquetes ICMP echo request dirigidos a la dirección IP que se indica.

```
Router(config-ip-sla)#frequency 30
```
Define la frecuencia con la cual se realizará la prueba. Por defecto se realiza cada 60 segundos, en este caso se modifica el valor por segundo para ponerlo en 30 segundos.

```
Router(config-ip-sla)#exit
Router(config)#ip sla schedule 1 life forever start-time now
```
Activa la sonda definiendo el tiempo de duración de la prueba.

Identifica la sonda utilizando su ID (en este caso "1"). A continuación el parámetro "life" define la duración de la prueba (en este caso "forever" indica que no tiene pautada una finalización) y "start-time" define a partir de qué momento se desea activar la sonda (en el ejemplo "now" hace que se active inmediatamente concluido el ingreso del comando.

*Verificación de los resultados de la prueba IP SLA*

```
Router#show ip sla configuration
```

Permite verificar la configuración de las diferentes sondas que se han creado en el dispositivo.

```
Router#show ip sla statistics
```

Muestra el resultado de las pruebas que se encuentran activas en el dispositivo.

### Diagnóstico de las interfaces

Una herramienta esencial para el diagnóstico de las interfaces (además de los LEDs que solo pueden verificarse estando físicamente en el lugar) es el comando show interfaces.

```
Router#show interfaces  GigabitEthernet 0/1
GigabitEthernet0/1 is administratively up, line protocol is up
```

La línea de estado nos da la referencia más cierta respecto del estado operativo de la interfaz.

```
 Hardware is CN Gigabit Ethernet, address is 00d0.bcb2.c002 (bia
00d0.bcb2.c002)
 MTU 1500 bytes, BW 1000000 Kbit, DLY 10 usec,
    reliability 255/255, txload 1/255, rxload 1/255
 Encapsulation ARPA, loopback not set
 Keepalive set (10 sec)
 Full-duplex, 100Mb/s, media type is RJ45
 output flow-control is unsupported, input flow-control is
unsupported
 ARP type: ARPA, ARP Timeout 04:00:00,
 Last input 00:00:08, output 00:00:05, output hang never
 Last clearing of "show interface" counters never
 Input queue: 0/75/0 (size/max/drops); Total output drops: 0
Input queue drops.
```

Indica que en algún momento la interfaz ha recibido mayor cantidad de tráfico de la que estaba en capacidad de procesar.
Esto podría deberse sencillamente a un pico de tráfico normal, o también una indicación de que el procesador opera cerca de su límite. Por esto es importante determinar en qué momentos se produce este problema.

```
Output queue drops.
```

Indica que los paquetes se han descartado como consecuencia de una congestión de la interfaz.
Esto es común cuando la cantidad de tráfico que ingresa al dispositivo es mayor que la que puede sacar la interfaz; esto puede provocar que aplicaciones sensibles (p.e. VoIP) tengan problemas

de performance. Si el problema persiste en conveniente considerar la implementación de QoS.

```
Queueing strategy: fifo
Output queue:0/40 (size/max)
5 minute input rate 31000 bits/sec, 33 packets/sec
5 minute output rate 28000 bits/sec, 31 packets/sec
    11379 packets input, 12356882 bytes, 0 no buffer
    Received 345 broadcasts, 0 runts, 0 giants, 0 throttles
    0 input errors, 0 CRC, 0 frame, 0 overrun, 0 ignored, 0 abort
```

Indica errores que se experimentan durante la recepción de las tramas. Un valor alto de errores de CRC puede indicar problemas de cableado o de hardware, o problemas de configuración de dúplex.

```
    0 watchdog, 1017 multicast, 0 pause input
    0 input packets with dribble condition detected
    21586 packets output, 2568278 bytes, 0 underruns
    0 output errors, 0 collisions, 1 interface resets
```

Indican problemas durante la transmisión de las tramas tales como colisiones y no debieran registrarse en sistemas full dúplex. Si aparecen en ese entorno indican problemas de configuración de dúplex.

```
    0 unknown protocol drops
    0 babbles, 0 late collision, 0 deferred
    0 lost carrier, 0 no carrier
```

### SPAN como herramienta de diagnóstico

En el desarrollo de tareas de monitoreo y diagnóstico de la red, una herramienta muy valiosa son los sniffers o analizadores de tráfico. Para que esta herramienta tenga impacto, su ubicación en la red es un punto esencial.

Las redes actuales son básicamente redes completamente conmutadas (utilizan switches como dispositivos de acceso). Dado que el switch reenvía tramas en función de su dirección MAC de destino, capturar tráfico con un destino específico requiere estar en la ruta directa a ese destino; y el desafío es aún mayor cuando se desea capturar el tráfico que tiene como destino un conjunto de terminales.

La utilización de puertos definidos como SPAN viene a solucionar esas situaciones.

- El puerto SPAN recibe una copia de cada trama que recibe el puerto del switch que se desea monitorear.

- El puerto SPAN se utiliza para conectar la herramienta de análisis de tráfico que se desea implementar.

- El puerto SPAN recibe una copia del tráfico que ingresa o sale de un determinado puerto, sin afectar el reenvío del tráfico de la red.

```
Switch (config)#monitor session 1 source interface Ethernet0/1 both
```

Crea una sesión SPAN identificada con un ID (en este caso "1") y define cuál es el tráfico que se desea monitorear.

En este ejemplo se define monitorear la interfaz Ethernet0/1, tanto el tráfico que ingresa como el que egresa (both). Puede especificarse únicamente el tráfico que ingresa (rx) o el que egresa (tx). Por defecto se monitorea tanto el tráfico entrante como el saliente.

```
Switch(config)#monitor session 1 destination interface Ethernet0/10
```

Define a qué Puerto ha de enviarse la copia de las tramas que atraviesan el Puerto definido como "source". En este puerto deberá colocarse el analizador de tráfico.

```
Switch(config)#exit
Switch#show monitor
Session 1
---------
Type              : Local Session
Source Ports      :
    Both          : Eth0/1
Destination Ports : Eth0/10
    Encapsulation : Native
```

- El puerto destino no puede ser un puerto origen.

- El puerto destino deja de ser un puerto de switch normal. Sólo permite monitorear tráfico que atraviesa ese puerto.

## Introducción a QoS

Sobre las redes corporativas convergentes actuales se ofrecen multiplicidad de servicios y operan diferentes aplicaciones. Es por esto que en las actuales redes convergentes es posible que coexisten simultáneamente diferentes tipos de tráfico. Cada uno de esos tipos de tráfico genera flujos de información cada uno de los cuales tiene características específicas.

Es de suma importancia tener presentes estas características a fin de poder identificar los requerimientos de cada flujo de tráfico para luego realizar una definición de políticas adecuada.

Si bien la variedad de aplicaciones y protocolos es muy amplia y depende inicialmente de opciones diferentes en cada organización, hay servicios que tienden a implementarse en la mayoría de las redes corporativas y que generan patrones de tráfico específicos que vamos a encontrar en la mayoría de las redes actuales.

En una primera aproximación se pueden diferenciar 3 tipos básicos de tráfico que debemos considerar en las redes convergentes actuales:

| | Voz | Video | Datos |
|---|---|---|---|
| Latencia | < 150 mseg. | < 150 mseg. | Se trata en general de un tráfico benigno e irregular (por ráfagas) a pesar de lo cual diferentes aplicaciones tienen diferentes requerimientos.<br><br>Las aplicaciones sobre TCP son tolerantes a la pérdida de paquetes y no son sensibles al delay.<br><br>Requiere clasificación según requerimientos y criticidad:<br><br>* Misión crítica.<br><br>* Transaccional.<br><br>* Best-effort. |
| Jitter | < 30 mseg. | < 30 mseg. | |
| Pérdida Paquetes | < 1 % | 0,1 a 1 % | |
| Características | Tráfico UDP-RTP de paquetes pequeños.<br><br>Es un tráfico benigno para la red, previsible, que requiere asignación de ancho de banda constante.<br><br>Tiene poco impacto en otras aplicaciones.<br><br>Se debe considerar también el tráfico de señalización y control. | Tráfico UDP-RTP de paquetes medianos o grandes. Hay diferentes subtipos con requerimientos muy diversos.<br><br>Se debe considerar también el tráfico de señalización y control. | |

## La respuesta: QoS

La complejidad y requerimientos de las redes actuales requieren entonces ir más allá de la simple preocupación por la conectividad con el propósito de garantizar las condiciones en que la información de las diferentes aplicaciones circulará sobre la red una vez establecida esa conexión entre origen y destino.

El objetivo de implementar calidad de servicio es garantizar condiciones específicas de disponibilidad de ancho de banda, delay y pérdida de paquetes para cada uno de esos diferentes tipos de tráfico.

Con este objetivo se utiliza una metodología que puede ser descripta en un esquema de 3 pasos:

1. Individualizar los diferentes tipos de tráfico que conviven en la red e identificar los requerimientos específicos de cada uno de ellos.

2. Agrupar los diferentes tipos de tráfico en clases considerando aquellas aplicaciones o servicios que tienen requerimientos semejantes.
   Esto permitirá luego aplicar a cada clase mecanismos o políticas apropiadas.

3. Definir las políticas que se aplicarán a cada clase de tráfico.
   Para esto se deben especificar los diferentes niveles de servicio: ancho de banda mínimo y máximo garantizado, prioridad y otros features de management de las colas de memoria para administrar la congestión.

## Mecanismos de QoS

Hay diferentes categorías de herramientas que se utilizan en la implementación de QoS:

- Herramientas de clasificación y marcado.
  Son mecanismos que analizan el tráfico para clasificarlo en diferentes clases.
  La clasificación es una tarea que requiere recursos, con lo que ha de procurarse realizarla la menor cantidad de veces posible; por esto, luego de clasificar el tráfico se lo marca, lo más cerca posible del acceso a la red.

- Herramientas de policing, shaping y remarcado.
  Son herramientas que permite asignar recursos a diferentes  tipos de tráfico. Cuando los requerimientos comienzan a saturar los recursos disponibles estas herramientas permiten definir qué tráfico se descarta o se demora o remarca para evitar la congestión de los enlaces.

- Herramientas de gestión de la congestión y scheduling.
  Cuando el tráfico excede la capacidad de la red el tráfico es colocado en colas de memoria a la espera de contar con suficientes recursos. Estas herramientas permiten gestionar ese tráfico según parámetros definidos.

- Herramientas específicas de los enlaces.
  Sobre enlaces WAN es posible aplicar herramientas especiales de calidad de servicio, como es el caso de la fragmentación e intercalado.

## Frontera de confianza

En la definición del lugar en el que ha de realizarse la clasificación y marcado del tráfico es importante el concepto de "frontera de confianza". La frontera de confianza es el punto de la red en el que los paquetes son marcados; en este punto se puede incluir nuevas marcas, remover las existentes o cambiarlas.

Como consecuencia surgen algunos conceptos adicionales:

- Dominio no confiable (untrusted).
  Se trata de dispositivos con acceso de usuarios sobre los cuales no se tiene gestión completa.
  El tráfico generado en este dominio es reclasificado y remarcado para asegurar las políticas de la red.

- Dominio de confianza (trusted).
  Porción de la red sobre la cual se tiene control completo, integrado solamente con dispositivos gestionados por el Administrador.

- Frontera de confianza.
  Punto de la red que separa el dominio no confiable del confiable en el que los paquetes son clasificados y marcados.
  También hay una frontera de confianza en el punto de conexión de la red corporativa con la red del proveedor de servicios.

Dominio no Confiable

Dominio de Confianza

Frontera de Confianza

## Herramientas de marcado

Un marcador es una herramienta que es impone (escribe) un valor específico en un campo de alguno de los encabezados con el propósito de que la clasificación realizada sea luego utilizada por todos los dispositivos del dominio de confianza.

Hay varios mecanismos de marcado posibles:

- Marcado en capa 2.

  - CoS.
    Marcado de tramas Ethernet 802.1Q.

  - TID.
    Marcado de tramas 802.11 (WiFi).

- Marcado en capa 3.

  - ToS.
    3 bits de un Campo del encabezado IPv4 aplicado a este propósito.

  - DSCP.
    Es el mismo campo del encabezado IPv4/IPv6, pero en este caso se utilizan 6 bits con este propósito.

A estos mecanismos se suman otros semejantes que permiten realizar esta tarea sobre paquetes GRE, MPLS, IPsec, etc.

## Herramientas de clasificación

Un clasificador es una herramienta que inspecciona los paquetes con el propósito de determinar de qué tipo de tráfico se trata a fin de darle el tratamiento correspondiente.

La práctica recomendada es que esta tarea se realice lo más cerca posible del acceso.

Hay 3 mecanismos básicos de clasificación:

- En base a la marca.
  Si el paquete ha sido previamente marcado, el paquete se clasifica tomando como referencia la marca que se porta en capa 2 o capa 3.

- En base al direccionamiento.
  Para clasificar se toma como referencia algún elemento de direccionamiento: interfaz de origen o destino, direcciones o puertos de capa 2, 3 o 4 de origen o destino.

- En base a las aplicaciones.
  La clasificación se realiza tomando como referencia el contenido del paquete.

Una mención aparte merece NBAR. Se trata de una herramienta de clasificación que considera la información de capa 4 a 7 de cada paquete.

- Requiere más procesamiento que una clasificación realizada en base a listas de acceso.

- Reconoce los paquetes utilizando la porción de datos de los paquetes que son comparados con información contenida en los PDLM (una base de datos de firmas).

- Dos modos de operación:

  - Modo pasivo.
    Proporciona estadísticas de tráfico en tiempo real.

  - Modo activo.
    Clasifica las aplicaciones en base a las marcas.

## Policing, shaping y remarcado

Una vez clasificado el tráfico se le pueden aplicar diferentes acciones:

- Los mecanismos de policing permiten descartar o remarcar paquetes que exceden un determinado ancho de banda que se define como límite.
  Se pueden aplicar tanto sobre tráfico entrante como saliente.
  No introducen delay en la comunicación sino que solo verifica que se cumpla con la política.

- Los mecanismos de shaping, en cambio, limitan las tasas de transmisión de tráfico en las interfaces salientes haciendo buffering de los paquetes que exceden el límite definido.
Dado que opta por mantener en la cola de memoria el tráfico excedente, se introduce delay en la comunicación.

| Policing | Shaping |
|---|---|
| Se puede aplicar tanto en el tráfico entrante como en el saliente. | Se aplica únicamente sobre el tráfico saliente. |
| Los paquetes que se encuentran fuera del perfil son descartados o remarcados. | Los paquetes que se encuentran fuera del perfil son bufferizados hasta el límite de la cola de memoria. |
| El descarte de paquetes provoca el reenvío en aplicaciones TCP. | La bufferización del excedente minimiza el reenvío de TCP. |
| Soporta el marcado o remarcado de paquetes. | No soporta marcado o remarcado de paquetes. |
| Utiliza menor cantidad de memoria RAM. | Permite interacción con interfaces Frame Relay para permitir control de congestión. |
| No introduce delay en la comunicación. | Introduce delay variable en la comunicación. |

## Herramientas para gestionar la congestión

Se produce congestión en una interfaz siempre que el tráfico arriba al dispositivo a una tasa superior a aquella a la cual puede enviarlo a través de la interfaz de salida.

- Mientras no hay congestión el tráfico se reenvía tan rápido como se recibe.

- Cuando se produce congestión, entonces se aplican las herramientas de gestión de esa situación.

Hay diferentes mecanismos que permiten gestionar la congestión.

- Queuing (encolado de paquetes).
Los paquetes que se reciben y no se pueden reenviar son temporalmente almacenados en un buffer de memoria.
Este mecanismo se activa solamente cuando ocurre una congestión.

- Scheduling.
Proceso que define cuáles son los paquetes, almacenados en los buffers de memoria, que deben ser enviados en primer lugar.
Los 3 básicos son:

  o Prioridad estricta.
Las colas de memoria de menor prioridad solo podrán enviar tráfico una vez que las colas de mayor prioridad se hayan vaciado.

- o  Round-robin.
      Las colas de memoria son atendidas en manera secuencial una
      tras la otra.

- o  Weighted fair.
      Se asigna a cada cola un "peso" en función del cual unas colas de
      memoria son más atendidas que otras.

Los mecanismos de scheduling aplicados en la actualidad, en general, son el
resultado de diferentes combinaciones de estos 3 mecanismos básicos. Entre los
mecanismos resultado de combinar los anteriores se pueden mencionar:

- • FIFO.
     Una única cola de memoria de la cual los paquetes salen en el mismo
     orden en que ingresan.

- • PQ.
     Conjunto de 4 colas de memoria que son atendidas en un esquema de
     prioridad estricta.

- • CQ.
     Conjunto de 16 colas de memoria que son atendidas en un esquema de
     round-robin.

- • WFQ.
     Algoritmo que divide la capacidad de la interface sobre la base de la
     cantidad de flujos (comunicaciones, flows) que busca asegurar una
     distribución adecuada del ancho de banda a todas las aplicaciones.

En redes que transportan tráfico multimedia que opera en tiempo real, se aplican
nuevos mecanismos:

- • CBWFQ.
     Combinación de un mecanismo que garantiza ancho de banda con el
     reparto equitativo entre múltiples flujos.
     No garantiza latencia y por lo tanto es aplicable a aplicaciones que
     transportan datos.

- • LLQ.
     Derivación de CBWFQ que incluye una cola de prioridad estricta. De esta
     manera se tiene un mecanismo óptimo para redes convergentes que
     transportan voz y datos.

## Herramientas para evitar la congestión

Aún las colas de memoria de las interfaces tienen una capacidad limitada. Si una
cola de memoria se completa el dispositivo comenzará a descartar paquetes
indiscriminadamente. Esta acción recibe el nombre de "tail drop".

- • Cuando se produce tail drop esto es un problema para las sesiones TCP
     que se ven interrumpidas, pudiendo provocar un desperdicio notorio de
     ancho de banda.

- Cuando se pierden paquetes de una sesión TCP se reduce drásticamente la tasa de transmisión de esa sesión.

- Adicionalmente se puede generar una sincronización de las sesiones TCP que atraviesan una ruta, lo cual también provoca un aprovechamiento sub-óptimo del ancho de banda disponible.

Las técnicas para evitar la congestión lo que implementan es un descarte selectivo de los paquetes.

- Consiste en un descarte al azar de paquetes antes de que la cola de memoria llegue a su capacidad máxima y de este modo se aprovecha el mecanismo interno de TCP que reduce la tasa de transmisión de la sesión afectada. Esto evita la sincronización de sesiones.

Los algoritmos utilizados son:

- RED.
  Descarta paquetes al azar a medida que se va completando la cola de memoria.

- WRED.
  Como RED hace un descarte temprano al azar de paquetes, pero en este caso la agresividad del descarte es en función del "peso" definido.

# Día 26
# Repaso

---

> 📝 Lo desarrollado hasta este punto es una síntesis del temario que hemos estudiado hasta aquí, síntesis creada con la intención de brindar una herramienta de repaso de esos temas.
> Un desarrollo completo de estos temas puede encontrarse en los capítulos precedentes.

> 📝 El mejor resumen siempre el que elabora uno mismo; lo que le presento a continuación es simplemente una sugerencia o guía orientativa.

---

## Asignación automática de direcciones IP

Mecanismos de asignación de configuración IPv4:

- Configuración estática.

- Asignación automática utilizando DHCP.

Mecanismos de asignación de configuración IPv6:

- Asignación estática definiendo manualmente el ID de interfaz.

- Asignación estática definiendo el ID de interfaz por EUI-64.

- Asignación dinámica utilizando autoconfiguración stateless.

- Asignación dinámica utilizando DHCPv6.

### Dynamic Host Configuration Protocol – DHCPv4

Opera sobre los puertos UDP 67 y 68.

Los parámetros de configuración:

- Dirección IP / Máscara de Subred.

- Default Gateway.

- Nombre de dominio.

- Servidor de nombres de dominio (DNS).

- Time Servers.

- WINS Server.

- Duración de la asignación.

- Información opcional.

Modalidades de asignación de las direcciones IP:

- Asignación dinámica.

- Asignación automática.

- Asignación estática.

El procedimiento para obtener la configuración IP es el siguiente:

Para referir el proceso completo se utiliza el acrónimo DORA:
Discover Offer Request Ack.

## Configuración de servicios DHCP en IOS

- Crear un pool DHCP.

- Asignar los parámetros de DHCP correspondientes al pool.

- Excluir las direcciones IP que no deben ser asignadas por DHCP.

```
Router#configure terminal
Router(config)#ip dhcp pool CCNA
Router(dhcp-config)#network 172.16.1.0/24
Router(dhcp-config)#default-router 172.16.1.1
Router(dhcp-config)#domain-name prueba.com
Router(dhcp-config)#dns-server 172.16.1.3
Router(dhcp-config)#lease 12 30
Router(dhcp-config)#exit
Router(config)#ip dhcp excluded-address 172.16.1.1 172.16.1.3
```

*Comandos para verificar el servicio DHCP*

```
Router#debug ip dhcp server packet
Router#show ip dhcp pool
Router#show ip dhcp binding
```

**DHCP Relay**

*Configuración de un router como DHCP relay*

```
Router#configure terminal
Router(config)#interface GigabitEthernet 0/0
Router(config-if)#ip helper-address 172.16.100.50
```

## Domain Name System - DNS

Protocolo que permite reemplazar el uso por parte del usuario final de direcciones IP por nombres para identificar los nodos.

Utiliza el puerto 53 tanto TCP como UDP.

DNS utiliza una estructura jerárquica de dominios de red, completamente independiente de la estructura propia del direccionamiento IP.

- La terminal realiza una consulta al servidor DNS que tiene en su configuración IP utilizando un query de DNS.

- El servidor DNS local recibe la consulta y busca en su tabla de resolución de nombres.

- El servidor DNS encapsula la información en un paquete IP y lo envía de regreso a la terminal que dio origen a la consulta.

Cuando el servidor DNS local no tiene en su tabla de nombres los nombres consultados entra en juego la estructura autoritativa del sistema de dominios de nombre. La consulta se encadena hasta obtener la respuesta que requiere el cliente DNS:

- La terminal realiza una consulta al servidor DNS que tiene en su configuración IP.

- Si el servidor DNS local tiene esta búsqueda en su tabla de resolución de nombre, responderá directamente la consulta.

- Si el servidor DNS local no tiene una entrada para este dominio realiza una consulta a un servidor regional que tenga en su configuración. Si no cuenta con un servidor regional, o si la consulta llega al servidor regional y este no tiene la información, la misma se reenvía al servidor raíz.

- Si el servidor raíz no tiene este dominio en su caché, reenvía a su vez la consulta al servidor que tiene la delegación país.

- El servidor del domino país, reenvía la consulta al servidor que tiene la delegación de tipo de dominio (.com, .org, etc.).

- El proceso continúa de esta manera hasta que el cliente recibe la respuesta solicitada.

# Listas de Control de Acceso

Permiten identificar tráfico en función de la información contenida en los diferentes encabezados de una trama.

Es una lista de sentencias que permiten o deniegan determinado tipo de tráfico.

### Reglas de funcionamiento de las ACL

- Cada lista de acceso es identificada por un ID único localmente.

- Está compuesta por una serie de sentencias que permiten o deniegan un tipo de tráfico específico.

- Cada paquete que ingresa o sale a través de una interfaz que tiene asociada una lista de acceso es comparado con cada sentencia de la ACL secuencialmente.

- La comparación se sigue realizando hasta tanto se encuentre una coincidencia.

- Hay un `deny any any` implícito al final de cada lista de acceso.

- Los filtros que se aplican sobre el tráfico saliente no afectan el tráfico originado en el mismo router.

- Sólo se puede aplicar una única ACL en cada interfaz, por sentido del tráfico (entrante / saliente), por protocolo (IPv4, IPv6, etc.).

### Tipos de listas de acceso IP

- Listas de acceso estándar.

- Listas de acceso extendidas.

Métodos para identificar las listas de acceso:

- Listas de acceso IP numeradas.

  - ACL estándar numeradas          1 a 99 y 1300 a 1999

  - ACL extendidas numeradas          100 a 199 y 2000 a 2699

- Listas de acceso IP nombradas.

### Aplicación de la ACL a la interfaz

Un uso primario de las ACLs es su implementación como filtros de tráfico en la red. Pueden implementarse para filtrar tanto tráfico entrante como saliente:

- ACLs salientes.

- ACLs entrantes.

## La máscara de wildcard

Secuencias de 32 bits divididas en 4 octetos de 8 bits cada uno.

- El dígito en 0 (cero) indica una posición que debe ser comprobada.

- El dígito 1 (uno) indica una posición que carece de importancia.

## Algunas reglas prácticas de cálculo

La máscara de wildcard es el "complemento" de esa máscara de subred. Al decir complemento me refiero al valor necesario para obtener una dirección IP de broadcast:

IP de Broadcast:    255.255.255.255
Máscara de subred:  255.255.224.000
Máscara de wildcard: 000.000.031.255

Cuando se desea filtrar un conjunto de direcciones, tenga en cuenta las siguientes pautas:

- La amplitud del rango de direcciones a filtrar es siempre una potencia de 2.

- El valor inicial del rango decimal a filtrar es un múltiplo de la potencia de 2 utilizada como amplitud del rango.

- En este caso el valor del octeto crítico de la máscara de wildcard será igual a la amplitud del rango menos uno.

*Casos especiales*

```
xxx.xxx.xxx.xxx 0.0.0.0 =  host xxx.xxx.xxx.xxx

0.0.0.0 255.255.255.255 =  any
```

## Configuración de las listas de acceso

*Listas de acceso IP estándar numeradas.*

```
Router#configure terminal
Router(config)#access-list 1 permit 192.168.1.0 0.0.0.255
Router(config)#access-list 1 deny 172.16.1.0 0.0.0.255
Router(config)#access-list 1 permit 172.16.0.0 0.0.255.255
Router(config)#interface GigabitEthernet 0/0
Router(config-if)#ip access group 1 in
```

*Aplicación de filtros de tráfico a puertos virtuales.*

```
Router(config)#access-list 10 permit host 172.16.10.3
Router(config)#line vty 0 4
Router(config-line)#access-class 10 in
```

## Listas de acceso extendidas

| Tipo de ACL | Filtra por... |
|---|---|
| Estándar | Dirección IP de origen |
| Extendidas | Dirección IP de origen |
| | Dirección IP de destino |
| | Protocolo (ip, icmp, ospf, tcp, udp, etc.) |
| | Puerto de origen (tcp, udp) |
| | Puerto de destino (tcp, udp) |

*Configuración ACL extendidas*

```
Router#configure terminal
Router(config)#access-list 100 deny tcp any host 172.16.100.5 80
Router(config)#access-list 100 permit tcp any any 80
Router(config)#access-list 100 deny udp any any
Router(config)#access-list 100 permit icmp any any echo
Router(config)#interface GigabitEthernet 0/0
Router(config-if)#ip access-group 100 in
```

## Listas de acceso IP nombradas.

```
Router#configure terminal
Router(config)#ip access list standard Prueba
Router(config-std-nacl)#10 permit 192.168.1.0 0.0.0.255
Router(config-std-nacl)#20 deny 172.16.1.0 0.0.0.255
Router(config-std-nacl)#30 permit 172.16.0.0 0.0.255.255
Router(config-std-nacl)#exit
Router(config)#interface GigabitEthernet 0/0
Router(config-if)#ip access group Prueba in
```

Un ejemplo de ACL extendida nombrada:

```
Router#configure terminal
Router(config)#ip access-list extended Prueba2
Router(config-ext-nacl)#deny tcp any host 172.16.100.5 80
Router(config-ext-nacl)#permit tcp any any 80
Router(config-ext-nacl)#deny udp any any
Router(config-ext-nacl)#permit icmp any any echo
Router(config-ext-nacl)#exit
Router(config)#interface GigabitEthernet 0/0
Router(config-if)#ip access-group Prueba2 in
```

```
Router#show access lists
Standard IP access list Prueba
  10 permit 192.168.1.0 0.0.0.255 (10 matches)
  20 deny 172.16.1.0 0.0.0.255
  30 permit 172.16.0.0 0.0.255.255
Router#configure terminal
Router(config)#ip access list standard Prueba
Router(config-std-nacl)#5 deny host 192.168.1.100
Router(config-std-nacl)#no 20
Router(config-std-nacl)#end
Router#show access lists
Standard IP access list Prueba
   5 deny host 192.168.1.100
  10 permit 192.168.1.0 0.0.0.255 (10 matches)
  30 permit 172.16.0.0 0.0.255.255
```

*Monitoreo de las listas de acceso*

```
Router#show access lists
Router#show ip access-lists
Router#show ip interfaces serial 0/0/0
Router#show running-config
```

|  | ACL | Interfaz |
|---|---|---|
| show access-list | Si | No |
| show ip interfaces | No | Si |
| show running-config | Si | Si |

## Listas de acceso IPv6

 En el caso de las listas de acceso IPv6 las reglas implícitas que se agregan al final son más complejas ya que se incluyen permisos de algunos procesos ICMP:
permit icmp any any nd-na
permit icmp any any nd-ns
deny ipv6 any any

```
Router#configure terminal
Router(config)#ipv6 access-list Prueba3
Router(config-ipv6-acl)#deny tcp any host 2001:db8:0:1::5 80
Router(config-ipv6-acl)#permit tcp 2001:db8:100.5::/64 any 80
Router(config-ipv6-acl)#deny udp any any
Router(config-ipv6-acl)#permit icmp any any echo
Router(config-ipv6-acl)#exit
Router(config)#interface GigabitEthernet 0/0
Router(config-if)#ipv6 traffic-filter Prueba3 in
```

```
Router#show ipv6 access-list
Router#show ipv6 interface GigabitEthernet 0/0
```

# Network Address Translation (NAT)

Procedimiento estándar que modifica la dirección IP de origen de los paquetes IP, traduciéndola por otra dirección IP compatible con la red de destino.

### Terminología NAT

- Red inside.

- Red outside.

Se distinguen 4 tipos de direcciones IP:

Hay diferentes modalidades de NAT:

- NAT estático.

- NAT dinámico.

- NAT overload o PAT.

### Configuración de NAT:

1. Definición de la interfaz que conecta a la red Inside para NAT.

2. Definición de la interfaz que conecta a la red Outside de NAT.

3. Definición de los parámetros de traducción.

```
Router#configure terminal
Router(config)#interface GigabitEthernet 0/0
Router(config-if)#ip nat inside
Router(config-if)#interface serial 0/0/0
Router(config-if)#ip nat outside
Router(config-if)#exit
Router(config)#
```

*Definición de traducción de NAT estática*

```
Router(config)#ip nat inside source static 172.16.1.10 25.1.1.16
```

*Definición de la traducción de NAT dinámica*

```
Router(config)#access list 10 permit 172.16.1.64 0.0.0.15
Router(config)#ip nat pool CCNA 25.1.1.17 25.1.1.32 netmask
255.255.0.0
Router(config)#ip nat inside source list 10 pool CCNA
```

*Definición de traducción PAT utilizando una sola dirección IP pública*

```
Router(config)#access list 10 permit 172.16.1.64 0.0.0.15
Router(config)#ip nat inside source list 10 interface S0/0 overload
```

*Definición de traducción PAT utilizando más de una dirección IP pública*

```
Router(config)#access list 10 permit 172.16.1.64 0.0.0.15
Router(config)#ip nat pool CCNA 25.1.1.17 25.1.1.32 netmask
255.255.0.0
Router(config)#ip nat inside source list 10 pool CCNA overload
```

*Comandos adicionales*

```
Router#clear ip nat translation *
Router(config)#ip nat translation timeout [segundos]
```

*Comandos de monitoreo de NAT*

```
Router#show ip nat translations
Router#show ip nat statistics
Router#debug ip nat
Router#debug ip nat detailed
```

# Mitigación de amenazas en el acceso

- Amenazas Internas. Son particularmente importantes porque:

  o El usuario de la red tiene conocimientos de la red y los recursos disponibles.

  o El usuario típicamente tiene algún nivel de acceso.

o Los mecanismos de seguridad tradicionales suelen no ser efectivos.

- Amenazas Externas.

Hay diferentes mecanismos de seguridad que se pueden implementar en el acceso:

- DHCP Snooping.
  Previene la implementación de servidores DHCP intrusos dentro de la red.

- DAI
  Dynamic ARP Inspection.
  Previene la posibilidad de ataques basados en ARP.

- Port Security.
  Para restringir el número de MACs asociadas a un puerto.

- Identity-Based Networking
  Permite proteger recursos y dejar movilidad a los usuarios.

## DHCP Snooping

Restringe la circulación de respuestas a solicitudes DHCP generadas por dispositivos no autorizados o intrusos.

Identifica los puertos del switch como:

- Trusted (confiable).

- Untrusted (no confiable).

Todos los puertos del switch son untrusted salvo aquellos que sean explícitamente declarados como trusted.

Se crea una tabla en la que se mantienen registros que asocian Dirección IP del cliente | MAC address | tiempo de cesión | tipo de asignación | VLAN | ID del puerto.

## Dynamic ARP Inspection

Permite validar las respuestas de ARP:

- Los paquetes ARP recibidos en interfaces trusted, no son verificados.

- Se interceptan todos las respuestas ARP de interfaces untrusted.

- Cada paquete ARP interceptado es verificado antes de ser reenviado.

- Se eliminan y/o registran los paquetes que presentan asociaciones IP-MAC inválidas.

# Identity-Based Networking

- Permite brindar al usuario independencia respecto del punto físico de conexión a la red.

- Verifica la identidad del usuario cuando se conecta al puerto del switch y lo coloca en la red (VLAN) correcta.

- Si un usuario falla al identificarse el acceso puede ser rechazado o el usuario puede ser colocado en una VLAN para invitados.

Implementa el protocolo IEEE 802.1x que define 3 roles en el proceso:

Tráfico 802.1X

Suplicante          Autenticador          Servidor de Autenticación

## Opciones de autenticación externa

- AAA es el acrónimo de Authentication, Authorization and Accounting

- Arquitectura de seguridad con sistemas distribuidos que permite controlar el acceso de los usuarios.

Servidores de autenticación externos:

- RADIUS.

- TACACS+.

*El proceso de autenticación*

- Una terminal se conecta a la red y se le requiere el ingreso de usuario y clave.

- El dispositivo autenticador hace una solicitud de validación de las credenciales al servidor de autenticación.

- El servidor de autenticación utiliza la información que posee para validar las credenciales del usuario.

- El servidor de autenticación le envía su respuesta al autenticador para que aplique la decisión.

*Configuración de autenticación en el acceso con RADIUS*

```
Router(config)#username Admin password C1sc0123
Router(config)#aaa new-model
Router(config)#radius-server Server1
Router(config-radius-server)#address ipv4 192.168.100.50
Router(config-radius-server)#key ServerRadius1
Router(config-radius-server)#exit
Router(config)#aaa group server radius RadiusGroup
Router(config-sg-radius)#server name Server1
Router(config-sg-radius)#exit
Router(config)#aaa authentication login default group RadiusGroup
local
Router(config)#exit
```

*Configuración de autenticación en el acceso con TACACS+*

```
Router(config)#username Admin password C1sc0123
Router(config)#aaa new-model
Router(config)#tacacs server ServerTac1
Router(config-server-tacacs)#address ipv4 192.168.100.51
Router(config-server-tacacs)#port 49
Router(config-server-tacacs)#key ServerTACACS1
Router(config-radius-server)#exit
Router(config)#aaa group server tacacs+ TACACSGroup
Router(config-sg-radius)#server name ServerTac1
Router(config-sg-radius)#exit
Router(config)#aaa authentication login default group TACACSGroup
local
Router(config)#exit
```

## Seguridad de dispositivos Cisco IOS

Best practices:

- El management out-band es más difícil de vulnerar por parte de un atacante.

- Utilice protocolos de management encriptados (SSH y HTTPS).

- Implemente múltiples cuentas de usuarios con diferentes niveles de privilegio para asignar al staff técnico solamente los privilegios que son necesarios para cumplir su tarea.

- La administración centralizada de los usuarios facilita la tarea.

- Almacenar los registros de eventos (logs) en servidores remotos para poder analizar los eventos en caso de incidentes de seguridad en la red.

- Utilizar claves protegidas por hash incrementa significativamente el tiempo necesario para romperlas por fuerza bruta.

- La implementación de SNMPv3 con cuentas de usuario y autenticación HMAC mejora significativamente la seguridad.

### Bloqueo de servicios no utilizados

¿Cómo identificar los puertos abiertos?

```
Router#show control-plane host open-ports
```

*Buenas prácticas generales*

```
Router(config)#no cdp run
Router(config)#interface GigabitEthernet 0/0
Router(config-if)#no cdp enable
Router(config-if)#exit
Router(config)#no ip http server
Router(config)#ip http secure-server
```

### Network Time Protocol

La sincronización se requiere para:

- Asegurar la correcta validación del período de validez de los certificados digitales.

- Lograr una correcta interpretación de los registros de eventos.

*Configuración de un cliente NTP*

```
Router(config)#ntp server 192.168.115.20
Router(config)#ntp master 2

Router#show ntp associations
Router#show ntp status
```

### Implementación de un registro de eventos

Los mensajes de eventos pueden ser enviados a distintas posiciones:

- A la pantalla de la consola (console), es la opción por defecto.

- A la pantalla de una sesión telnet o SSH (monitor).

- A una consola SNMP en la red (trap).

- A un buffer de memoria local (buffered).

*Formato de los mensajes*

```
*Dec 18 17:10:15.079: %LINEPROTO-5-UPDOWN: Line protocol on
Interface FastEthernet0/0, changed state to up
```

- El registro de fecha y hora.

- La porción del dispositivo que genera el mensaje.

- Nivel de severidad del evento que genera el mensaje:

- Clave mnemotécnica.

- Descripción del evento objeto del mensaje.

8 niveles de severidad:

| 0 | Emergency | El sistema está inutilizado. |
|---|---|---|
| 1 | Alert | Requiere atención inmediata. |
| 2 | Critical | Notifica de una condición crítica. |
| 3 | Error | Notifica una condición de error. |
| 4 | Warning | |
| 5 | Notification | Condición normal pero significativa. |
| 6 | Informational | |
| 7 | Debugging | |

*El protocolo Syslog*

Es un protocolo que permite enviar mensajes de notificación de eventos a través de una red IP hacia un colector o repositorio de mensajes.

Utiliza UDP para el transporte.

*Configuración de los registros*

```
Router(config)#service timestamps
Router(config)#service sequence-numbers
Router(config)#logging buffered 200000
Router(config)#logging 172.16.1.2
Router(config)#logging trap warnings
Router(config)#logging monitor notifications
```

*Monitoreo*

```
Router#show logging
```

# Simple Network Management Protocol (SNMP)

Proporciona un servicio de mensajería entre dispositivos (agentes SNMP) y una consola de gestión (SNMP Manager).

Dispositivo con Agente SNMP

SNMP Manager

MIB

El SNMP Manager periódicamente consulta al Agente SNMP para recolectar información sobre la que luego realiza análisis.

Tipos de mensajes:

- Mensajes GET.

- Mensajes GET-next.

- Mensajes GET-bulk.

- Mensajes SET.

- Mensajes Trap.

- Mensaje Inform.

*Versiones*

Hay 3 versiones:

- SNMPv1 con control de acceso basado en la comunidad.

- SNMPv2c.

- SNMPv3 con autenticación de usuario y encriptación.
  El protocolo versión 3 permite 3 variantes de seguridad:

| Nivel | Keyword | Autenticación | Encriptación |
|---|---|---|---|
| NoAuthNoPriv | noaut | Username | --- |
| AuthNoPriv | auth | MD5 o SHA | --- |
| AuthPriv | pri | MD5 o SHA | DES o AES |

### Configuración de SNMP v2c

```
Router(config)#ip access-list standard SNMP
Router(config-std-nacl)#permit host 172.16.10.101
Router(config-std-nacl)#exit
Router(config)#ip access-list standard SNMP2
Router(config-std-nacl)#permit host 172.16.20.54
Router(config-std-nacl)#exit
Router(config)#snmp-server community LabCisco ro SNMP
Router(config)#snmp-server location BuenosAires
Router(config)#snmp-server contact oscargerometta@edubooks.com
Router(config)#snmp-server community LabCisco2 rw SNMP2
Router(config)#snmp-server host 172.16.1.10 LabCisco3
```

*Verificación y monitoreo*

```
Router#show snmp community
Router#show snmp location
Router#show snmp contact
Router#show snmp host
```

# Diagnóstico de conectividad en redes IPv4

Un posible flujo de análisis a realizar es el siguiente:

1. Verificar si la conectividad extremo a extremo es posible.

2. Verificar si hay un problema de conexión física.

3. Verificar si la ruta actual es o no la ruta deseada.

4. Verificar si el default gateway es el correcto.

5. Verificar si se ha configurado correctamente el servicio DNS.

6. Verificar si una ACL está bloqueando el tráfico.

## IP SLA como herramienta de diagnóstico

Útil para verificar la conectividad extremo a extremo entre dispositivos. Permite obtener varias mediciones:

- Disponibilidad del transporte extremo a extremo.

- Performance de la red.

- Conectividad extremo a extremo.

*Configuración de una prueba IP SLA ICMP echo*

```
Router(config)#ip sla 1
Router(config-ip-sla)#icmp-echo 192.168.100.50
Router(config-ip-sla)#frequency 30
```

```
Router(config-ip-sla)#exit
Router(config)#ip sla schedule 1 life forever start-time now
```

*Verificación de los resultados de la prueba IP SLA*

```
Router#show ip sla configuration
Router#show ip sla statistics
```

### Diagnóstico de las interfaces

```
Router#show interfaces  GigabitEthernet 0/1
```

### SPAN como herramienta de diagnóstico

- El puerto SPAN recibe una copia de cada trama que recibe el puerto del switch que se desea monitorear.

- El puerto SPAN se utiliza para conectar la herramienta de análisis de tráfico que se desea implementar.

- El puerto SPAN recibe una copia del tráfico que ingresa o sale de un determinado puerto, sin afectar el reenvío del tráfico de la red.

*Configuración de SPAN*

```
Switch(config)#monitor session 1 source interface Ethernet0/1 both
Switch(config)#monitor session 1 destination interface Ethernet0/10
Switch(config)#exit
Switch#show monitor
Session 1
---------
Type             : Local Session
Source Ports     :
    Both         : Eth0/1
Destination Ports : Eth0/10
    Encapsulation : Native
```

## Introducción a QoS

En una primera aproximación se pueden diferenciar 3 tipos básicos de tráfico que debemos considerar en las redes convergentes actuales:

|                  | Voz          | Video        | Datos                                                                                                      |
|------------------|--------------|--------------|------------------------------------------------------------------------------------------------------------|
| Latencia         | < 150 mseg.  | < 150 mseg.  | Se trata en general de un tráfico benigno e irregular. Diferentes aplicaciones tienen diferentes requerimientos. |
| Jitter           | < 30 mseg.   | < 30 mseg.   |                                                                                                            |
| Pérdida Paquetes | < 1 %        | 0,1 a 1 %    |                                                                                                            |

## La respuesta: QoS

Esquema de 3 pasos:

1. Individualizar los diferentes tipos de tráfico que conviven en la red e identificar los requerimientos específicos de cada uno de ellos.

2. Agrupar los diferentes tipos de tráfico en clases.

3. Definir las políticas que se aplicarán a cada clase de tráfico.

*Mecanismos de QoS*

- Herramientas de clasificación y marcado.

- Herramientas de policing, shaping y remarcado.

- Herramientas de gestión de la congestión y scheduling.

- Herramientas específicas de los enlaces.

## Frontera de confianza

Punto de la red en el que los paquetes son marcados; en este punto se puede incluir nuevas marcas, remover las existentes o cambiarlas.

Conceptos adicionales:

- Dominio no confiable (untrusted).

- Dominio de confianza (trusted).

- Frontera de confianza.

## Herramientas de marcado

- Marcado en capa 2.

  - CoS.

  - TID.

- Marcado en capa 3.

  - ToS.

  - DSCP.

## Herramientas de clasificación

- En base a la marca.

- En base al direccionamiento.

- En base a las aplicaciones.

NBAR: herramienta de clasificación que considera la información de capa 4 a 7 de cada paquete.

Dos modos de operación:

- Modo pasivo.

- Modo activo.

## Policing, shaping y remarcado

| Policing | Shaping |
|----------|---------|
| Se puede aplicar tanto en el tráfico entrante como en el saliente. | Se aplica únicamente sobre el tráfico saliente. |
| Los paquetes que se encuentran fuera del perfil son descartados o remarcados. | Los paquetes que se encuentran fuera del perfil son bufferizados hasta el límite de la cola de memoria. |
| El descarte de paquetes provoca el reenvío en aplicaciones TCP. | La bufferización del excedente minimiza el reenvío de TCP. |
| Soporta el marcado o remarcado de paquetes. | No soporta marcado o remarcado de paquetes. |
| Utiliza menor cantidad de memoria RAM. | Permite interacción con interfaces Frame Relay para permitir control de congestión. |
| No introduce delay en la comunicación. | Introduce delay variable en la comunicación. |

## Herramientas para gestionar la congestión

- Queuing (encolado de paquetes).

- Scheduling.

    - Prioridad estricta.

    - Round-robin.

    - Weighted fair.

Mecanismos combinados:

- FIFO.

- PQ.

- CQ.

- WFQ.

- CBWFQ.

- LLQ.

## Herramientas para evitar la congestión

- Cuando se produce tail drop es un problema para las sesiones TCP.

- Se reduce drásticamente la tasa de transmisión de esa sesión.

- Se puede generar una sincronización de las sesiones TCP.

Los algoritmos utilizados son:

- RED.

- WRED.

# Día 27
## 7. Tecnologías WAN

 Las abreviaturas y siglas utilizadas en este manual se encuentran desarrolladas en el Glosario de Siglas y Términos de Networking que está disponible en la Librería en Línea de EduBooks: https://es.scribd.com/document/292165924/Glosario-de-Siglas-y-Terminos-de-Networking-version-1-2

Las redes LAN están diseñadas para asegurar servicios de conectividad confiable en distancias reducidas. Las redes LAN pueden establecer conexión entre sí utilizando tecnologías diferentes a las que denominamos "tecnologías WAN".

La diferencia más sobresaliente en la actualidad entre redes LAN y redes WAN es el hecho de que en términos generales las redes LAN son propiedad (su infraestructura) de la empresa u organización que la utiliza, mientras que al hablar de servicios WAN nos referimos a servicios contratados a terceros, a empresas que tienen montadas sus propias redes WAN y que brindan el servicio de conectividad sobre largas distancias a diferentes redes LAN y reciben la denominación de Service Providers.

Como consecuencia de esto, pero de ninguna manera en modo absoluto, las redes WAN cubren distancias mucho más amplias que las redes LAN.

 En términos generales, las tecnologías WAN operan a nivel de capa 1 y capa 2 del modelo OSI.

Desde la perspectiva del examen de certificación es preciso tener presente que un técnico CCNA es básicamente un administrador de redes LAN, no WAN. Por lo tanto el perfil de un CCNA requiere conocimientos básicos de las tecnologías disponibles pero de ninguna manera habilidades de diseño y configuración de las mismas redes WAN.

 Es tarea propia de un CCNA elegir la tecnología WAN a utilizar y administrar el acceso de su red LAN a los recursos WAN.

Para comprender el funcionamiento de las redes WAN es fundamental, en primera instancia, comprender el vocabulario propio de estas tecnologías.

En síntesis, una WAN es una red de comunicaciones de datos que opera cubriendo áreas geográficas extensas utilizando la infraestructura de proveedores de servicios o carriers. Permite conectar las redes LAN de diferentes instalaciones de una organización o con otras organizaciones y usuarios remotos.

Sus características principales son:

- Generalmente conectan dispositivos separados por distancias importantes.

- Utiliza los servicios de un carrier.

- Utiliza conexiones de diferente tipo.

### Terminología WAN

Las redes WAN tienen una terminología específica que es necesario tener presente al momento de abordar el tema.

- Punto de demarcación.
  Lugar en el que el CPE se conecta con el bucle local o última milla del proveedor de servicios WAN. Marca el último punto de responsabilidad del proveedor de servicios.

- Bucle local o última milla.
  Conecta el punto de demarcación en las instalaciones de la red LAN, con el switch del proveedor de servicios WAN.

- POP – Punto de presencia.
  Punto de ingreso de la línea que proviene del proveedor de servicio a las instalaciones de la red local.

- CO – Central Office.
  Instalación local del proveedor de servicios a la cual todos los bucles locales de un área están conectados y en la cual se conmuta el circuito del suscriptor.

- CPE – Customer Premises Equipment.
  Dispositivo ubicado en las instalaciones del suscriptor de servicios (nuestra LAN), al que se conecta el bucle local del proveedor de servicio.

  o Cuando se trata de una línea digital el CPE recibe la denominación de CSU/DSU.

  o Cuando se trata de una última milla analógica, el CPE recibe la denominación de módem.

Normalmente el CPE conecta la red WAN a la red LAN a través de un router. Para este propósito utilizamos los puertos seriales de los routers. Las conexiones a través de puertos seriales son conexiones sincrónicas. En todo enlace sincrónico se requiere que un extremo establezca la sincronización mientras que el otro la recibe pasivamente.

El extremo que establece la sincronización es el que está fijando la duración de cada bit enviado sobre el enlace, y consecuentemente la cantidad de bits que circulan por el enlace en la unidad de tiempo (bits por segundo), es decir, el ancho de banda.

Cada uno de los extremos del enlace recibe entonces una denominación específica:

- DCE.
  Data Circuit Equipment.
  Es el extremo de la conexión responsable de establecer la sincronización activamente.
  Típicamente el DCE es el proveedor de servicios WAN (CSU/DSU o módem).

- DTE.
  Data Terminal Equipment.
  Extremo de la conexión que recibe sincronía del extremo DCE.
  Es dispositivo adjunto a la red LAN, generalmente un router.

### El punto de demarcación

Representa el punto en el cual terminan las responsabilidades del proveedor de servicio y empiezan las del Administrador de la red corporativa. Usualmente es el punto de conexión que entrega el proveedor que permite la conexión física con la red WAN, generalmente será un conector RJ-45 o serial.

### El bucle local

También llamado "última milla". Se trata del enlace que conecta físicamente el punto de demarcación con la red del proveedor de servicio.

Este bucle local puede utilizar diferentes tecnologías, tales como DSL, DOCSIS, líneas punto a punto u otras.

### Routers

Como dispositivo de acceso es el responsable de proveer interfaces de acceso que permiten la conexión a la red del proveedor de servicios. Pueden ser interfaces seriales o Ethernet. En algunos casos la interfaz requiere la implementación de un CSU/DSU o un módem para conectar al POP del proveedor.

Los routers de core son los que componen el backbone de la red WAN. Se caracterizan por brindar diversidad de interfaces para diferentes tipos de conexiones y la alta velocidad para el reenvío de tráfico.

El router corporativo comúnmente opera como DTE.

### CPE

Es el dispositivo instalado en el punto de demarcación. Es el que actúa como interfaz entre la red corporativa y la red del proveedor, y puede ser propiedad de la organización o del service provider.

### CSU/DSU

Dispositivo que permite conectar un DTE a un circuito digital provisto por el proveedor de servicios. Se trata en realidad de 2 dispositivos en una caja: el CSU es el terminado de la señal digital y asegura la integridad de la conexión; el DSU convierte la línea del carrier en tramas que la red receptora puede interpretar.

En algunos casos puede encontrarse implementado como un módulo dentro del mismo router.

También es referenciado como DCE; esta es una denominación más general y que hace alusión a que provee una interfaz a la cual conectar un DTE. Cuando se trata de una línea digital el DCE es una CSU/DSU, en el caso de líneas telefónicas el DCE es en realidad un módem.

*DTE*

Dispositivo que es origen o destino de información en formato digital. Puede tratarse de una terminal, un servidor o un router.

*Módem*

Dispositivo capaz de interpretar señales digitales y analógicas lo que permite la transmisión sobre líneas telefónicas de voz convencionales. Puede tomar una señal digital y modularla sobre una línea analógica, y a la inversa, convertir una señal analógica en digital.

Hay diferentes tipos de módems según la línea de conexión hacia el service provider: módem telefónico, módem DSL, cable módem, etc. También es posible que el módem se encuentre integrado en el router como un módulo.

*Conversor de fibra óptica*

Es utilizado para terminar un enlace de fibra óptica y convertir las señales ópticas en eléctricas y viceversa. También es posible que el conversor esté integrado como un módulo en el router o switch.

### Topologías posibles

* Estrella o hub and spoke.
  Es la forma más simple de conexión y la que requiere menor cantidad de circuitos. Permite de modo sencillo que múltiples sitios tengan acceso a un conjunto de recursos centralizados. Todas las comunicaciones WAN atraviesan el core.
  Tiene desventajas claras: el punto central representa un único punto de fallos y limita la performance del acceso a los recursos.

* Malla completa.
  En este esquema todos los puntos se conectan con todos, lo que permite que cada posición tenga conexión directa con cualquier otra. Es el diseño que proporciona mayor nivel de redundancia, sin embargo tiende a no ser posible en despliegues de envergadura ya que requiere una cantidad muy elevada de conexiones y su configuración tiende a ser compleja de modo creciente.

* Malla parcial.
  Permite reducir el número de conexiones directas que son necesarias para completar una malla. En este caso no todos los puntos se conectan contra todos sino que se elaboran esquemas de interconexión regional que reduzcan la cantidad de enlaces necesarios.

## La conectividad a Internet

Hay 3 mecanismos tradicionales para conectar pequeñas redes a Internet:

* Medios de cobre.
  Usualmente se trata de par trenzado telefónico (DSL), cableado UTP o cable coaxial (DOCSIS).
  Ofrece mejor control y seguridad, es un medio confiable que permite enlaces de alta velocidad a un costo reducido.

* Medios de fibra óptica.
  Es la mejor opción para medios agresivos ya que es un medio inmune a diferentes interferencias (EMI y RFI).

* Medios inalámbricos.
  En este punto hay varias posibilidades de conexión: WiMAX, 3G, 4G, 5G e incluso el acceso satelital.
  Es ventajoso ya que ofrece la posibilidad de movilidad, no requiere de cableado previo, pero es considerado en general menos seguro.

### Direccionamiento IP asignado por el proveedor de servicio

En la conexión hacia un proveedor de servicio de acceso a Internet, en redes domiciliarias o pequeñas, suele operarse utilizando direccionamiento IP asignado por el ISP.

Este direccionamiento se debe aplicar a la interfaz que conecta hacia el ISP y puede aplicarse de modo estático o automático.

## Configuración de direccionamiento estático

En muchos casos el ISP provee direccionamiento estático para la conexión a Internet. Esto permite asociar esa dirección IP a un dominio para que los servidores públicos o privados puedan ser accedidos desde Internet.

Esto no requiere procedimientos especiales ni complejos. En general supone la configuración estática de la dirección IP en la interfaz y la definición de una ruta por defecto para encaminar todo el tráfico saliente hacia la red del ISP. Para esta tarea debe utilizarse la información provista por ISP con ese propósito.

```
Router(config)#interface GigabitEthernet0/0
Router(config-if)#ip address 201.170.15.17 255.255.255.252
Router(config-if)#no shutdown
Router(config-if)#exit
Router(config)#ip route 0.0.0.0 0.0.0.0 201.170.15.18
```

## Configuración de direccionamiento dinámico

La implementación de DHCP permite, del lado del service provider, simplificar las tareas de gestión, a la vez que asegurar el aprovisionamiento de una configuración IP completa. Es mecanismo preferido para servicios de banda ancha.

Hay 3 modalidades básicas a considerar:

- Asignación dinámica.
  Es la modalidad más frecuente. La configuración IP se asigna por un tiempo determinado y limitado (leased time), cuando este tiempo expira el servidor puede asignar esa misma configuración a otro nodo.

- Asignación automática.
  En este caso, el tiempo de asignación de la configuración IP no tiene límite, como resultado de lo cual el nodo queda asociado siempre a la misma dirección IP.

- Asignación estática.
  Es una alternativa para aquellos dispositivos en los que la asignación de direccionamiento IP debe ser permanente y conocida. En este caso se mapea la dirección IP que se desea asignar a la dirección MAC del cliente que solicitará configuración.

Cuando el ISP utiliza DHCP no se ingresan datos manualmente (ni aún la ruta por defecto es necesaria) sino que solamente es necesario activar el cliente DHCP en la interfaz.

```
Router(config)#interface GigabitEthernet0/0
Router(config-if)#ip address dhcp
```
                    Activa el cliente DHCP en esta interfaz.

## Tipos de conexión WAN

### Redes WAN privadas

*Líneas Dedicadas.*

Se denomina línea dedicada a un enlace de comunicación WAN establecido de modo estable y permanente desde el CPE local (un CSU/DSU) hasta el CPE remoto a través de una nube DCE. Brinda servicios full-time, sin requerir procedimientos de inicialización del enlace antes de iniciar la transmisión de datos.

Brindan conexión permanente punto a punto. Están limitadas únicamente por la capacidad de la capa física. Brindan mayor control, ancho de banda dedicado, aunque con un costo alto.

- No está sometida a latencia ni fluctuaciones de fase.

- Utilizan enlaces de acceso: T1/E1 y siguientes.

- Interfaz del router a conectar: Serial.

- Protocolos de encapsulación: HDLC, PPP.

- Estos servicios hoy están siendo reemplazadas por diferentes tipos de VPNs dado su alto costo.

*Redes Conmutadas.*

- Servicios de circuito conmutado.
  Operan sobre la base del establecimiento de circuitos virtuales que se generan dinámicamente para definir circuitos temporales dedicados ente origen y destino.

- Servicios de paquete conmutado.
  Estos servicios apuntan a un manejo más eficiente del ancho de banda disponible considerando que los flujos de datos son fluctuantes. En estas redes capa paquete se identifica como perteneciente a un cliente en particular y reenviado hacia el destino en función de esa etiqueta.
  Las tramas son transportadas a través de la red del proveedor de servicios basándose en un ID ubicado en el encabezado de cada una de las tramas ya que la transmisión se realiza sobre una infraestructura física compartida, estableciendo circuitos virtuales. Esto permite brindar servicios de modo simultáneo a diferentes clientes utilizando las mismas líneas físicas y los mismos switches.
  El proveedor debe configurar sus equipos de modo tal de crear un circuito virtual (VC – virtual circuit) que asegura conectividad end-to-end al usuario. Una misma interfaz física puede soportar múltiples VC.
  Operan sobre la base del establecimiento de circuitos virtuales permanentes (PVC) o conmutados (SVC).

    o X.25.
      Bajo control, ancho de banda compartido, costo variable.
      Puede presentar latencia y fluctuaciones de fase.
      Se aplica a servicios de uso limitado que requieren alta confiabilidad.
      Generalmente se presenta como un servicio de SVC.

    o Frame Relay.
      Control medio, ancho de banda compartido de hasta 8 Mbps, costo medio.
      Puede presentar latencia y fluctuaciones de fase.
      Enlace de acceso: T1, E1 y siguientes.
      Interfaz del router: Serial.
      Protocolo de encapsulación: Frame Relay.
      Normalmente es ofrecido como un servicio de PVC.

    o ATM.
      Propiamente es una tecnología de celda conmutada, no paquete conmutado.
      Ancho de banda compartido, de baja latencia y ancho de banda de hasta 155 Mbps.
      Puede transmitir tanto tráfico de voz y video digitales como de datos. Presenta baja latencia y fluctuación de fase.
      Sobre la red ATM se establecen circuitos virtuales identificados por un VPI/VCI. Puede transportar transmisiones de voz o video digitales así como datos.

*Redes Ethernet WAN.*

Redes de fibra óptica, de largo alcance que utilizan tecnología Ethernet. Los enlaces de acceso: pueden llegar a brindar 100 Mbps a 10 Gbps.

- Interfaz del router: Ethernet.

- Protocolo de encapsulación: Ethernet.

- Diferentes servicios:

- Ethernet over MPLS (EoMPLS).

- Metropolitan Ethernet (MetroE)

- Virtual Private LAN Service (VPLS)

## Redes WAN públicas y acceso a Internet

Las conexiones públicas utilizan la infraestructura global de Internet. A través de Internet es posible mantener comunicaciones privadas utilizando servicios de VPNs, sean gestionados por el proveedor de servicio o por la propia organización.

Cada tecnología WAN utilizada en redes WAN privadas puede ser también utilizada para brindar acceso a Internet.

### Redes de Circuitos Conmutados

Se trata de un circuito físico dedicado que se establece temporalmente para cada sesión de comunicación. Consecuentemente, este tipo de servicios típicamente se establecen bajo demanda, es decir, no son circuitos permanentes sino que se establecen en función del requerimiento de un circuito para iniciar la comunicación origen – destino, y mientras dura esa comunicación.

Requiere un proceso inicial de configuración del circuito para lo cual necesita determinar el ID del origen, el ID del destino y el tipo de conexión; a partir de este proceso (que se denomina señalización) se establece el circuito. Una señal indica cuándo cesa la transmisión de datos, y el circuito se cierra liberando los recursos que estaban dedicados para esta comunicación.

La transferencia de datos se inicia solamente después de que es establecida la conexión extremo a extremo. Una vez establecido el circuito, este está totalmente dedicado a atender esa comunicación y si bien se comparte una infraestructura conmutada, una vez establecido el circuito éste es dedicado, no compartido.

Este tipo de servicios es típicamente utilizado cuando se requiere realizar transferencias de información de bajo ancho de banda.

- Dial up asincrónico
  Bajo control, costo del servicio variable y bajo costo de implementación.
  Para uso limitado en conexiones DDR.
  Utiliza líneas telefónicas analógicas y un módem telefónico para modular la señal digital de una terminal sobre la línea analógica.
  Presentan poca latencia y fluctuaciones de fase. Tienen una capacidad máxima de 56 Kbps.
  Enlace de acceso: línea telefónica.

 La implementación de un servicio bajo demanda se denomina DDR: Dial-on Demand Routing.

*xDSL*

Tecnología de banda ancha que utiliza líneas telefónicas para transportar datos con alto ancho de banda en frecuencias superiores a los 4 Khz.

Permiten superar las limitaciones de ancho de banda de los servicios de circuito conmutado, a la vez que implementan múltiples servicios (telefonía y datos) sobre el mismo enlace de acceso.

- ADSL – Asimétrico.

- SDSL – Simétrico.

- HDSL – De alta velocidad

*Cable módem*

Servicio de acceso a redes por tecnología de banda ancha que utiliza cable coaxial de televisión para proveer alto ancho de banda de 1 o 2 vías a frecuencias de 6 MHz. Responde a la familia de estándares DOCSIS.

*VPNs gestionadas por el proveedor*

Los proveedores de servicios ofrecen conectividad VPN sobre capa 2 o capa 3 sobre redes MPLS que es una tecnología diseñada para soportar de modo eficiente el reenvío de paquetes a través del core de la red.

- VPNs MPLS capa 2.
  Son útiles para quienes corren su propia infraestructura de red capa 3 y requieren consiguientemente conectividad capa 2. De esta manera el cliente gestiona su propia información de enrutamiento y puede implementar sobre la WAN aplicaciones que requieren que los nodos se encuentren en el mismo dominio de broadcast.
  Son ejemplos de este tipo de VPNs: VPLS y VPWS.
  Desde la perspectiva del cliente la red WAN opera como un gran switch virtual.

- VPNs MPLS capa 3
  En este caso se utiliza una subred IP específicamente para asegurar la conectividad WAN sobre la red del proveedor. En este caso es necesario que el service provider participe del intercambio de información de enrutamiento con el cliente ya que la adyacencia se establece entre el CE del cliente y el PE del proveedor.
  Son una implementación adecuada para quienes desean delegar en el proveedor el enrutamiento.
  Desde la perspectiva del cliente la red WAN opera como un gran router virtual.

*VPNs gestionadas por la empresa*

Son un mecanismo adecuado para que la propia empresa logre una conectividad WAN segura, confiable y efectiva en costo. En este caso la VPN es un puente sobre Internet o una red WAN que permite conectar 2 redes LAN.

Tipos básicos de VPNs:

- VPN site-to-site.
  Se trata de una red privada virtual que conecta redes LAN a través de una conexión sitio a sitio. A la VPN se accede a través de un dispositivo (router o firewall) que se ocupa de encriptar el tráfico saliente y encapsularlo para que sea enviado a través de un túnel hasta el otro extremo de la VPN.
  En el otro extremo el dispositivo que recibe el tráfico lo des encapsula y lo des encripta para enviarlo hacia la terminal de destino.

- VPN de acceso remoto.
  Diseñada para responder a las necesidades del teletrabajo y los usuarios móviles.
  En este caso cada terminal tiene un cliente de software instalado que es el responsable de levantar el túnel encriptado contra un dispositivo que actúa como terminador de estos túneles.

Este tipo de VPNs proporciona múltiples ventajas a la empresa:

- Se reducen los costos de conectividad remota.

- Aseguran alta escalabilidad al poder aprovechar la capilaridad de Internet.

- Compatibilidad con las tecnologías de banda ancha.

- Un alto grado de seguridad a través de la implementación de algoritmos de cifrado y autenticación avanzados.

Hay diferentes mecanismos disponibles para el despliegue de estas VPNs.

- Túnel IPsec.
  Es el modelo básico de implementación de VPNs IPsec. Provee un túnel para la conexión directa entre punto agregando confidencialidad, control de la integridad de los datos, autenticación, protección anti-replay.

- Túnel GRE sobre IPsec
  Si bien los túneles IPsec tienen múltiples ventajas, también tienen limitaciones: no soportan broadcast ni multicast lo que complica la operación de los protocolos de enrutamiento y otros que se basan en multicast.
  GRE es un protocolo que permite transportar múltiples protocolos (aún no IP), multicast y broadcast. La combinación de túneles GRE con IPsec permite transportar entonces protocolos de enrutamiento o tráfico de múltiples protocolos a través de la red.
  Es generalmente utilizado para desplegar topologías hub and spoke empleando túneles estáticos. Una solución adecuada para redes WAN pequeñas.

- DMVPN
  Es un mecanismo propietario de Cisco que permite mejorar la escalabilidad en redes que emplean túneles IPsec. Facilita el aprovisionamiento de múltiples dispositivos peer, permitiendo incluso el uso de direccionamiento dinámico. Se sugiere utilizar PKI como mecanismo de autenticación.

Permite configurar una única interfaz túnel mGRE y un único perfil IPsec en el dispositivo central (hub) y desde allí gestionar los múltiples dispositivos remotos (spoke).

Presenta diversas ventajas, la más destacable es la escalabilidad ya que con una misma configuración se pueden conectar múltiples dispositivos remotos. También permite montar inmediatamente conexiones IPsec punto a punto sobre los túneles GRE multipunto sin necesidad de configurar peers IPsec.

- IPsec VTI
  Es un método para simplificar la configuración de IPsec.
  Hay 2 tipos de interfaces VTI: estáticas y dinámicas. Permiten implementar la sesión IPsec como si se tratara de una interfaz. Es de configuración muy simple. Soporta multicast y broadcast aunque sin el requerimiento de GRE y la carga de encabezados que esto supone.

## Interfaces WAN de los routers Cisco

Las interfaces WAN de los routers, usualmente se conectan a un CSU/DSU externo utilizando un cable serial a la interfaz serial del router.

Los diferentes tipos de interfaces WAN describen la forma de proporcionar conexión eléctrica, mecánica, operativa y funcional a los servicios de comunicaciones.

Hay básicamente 2 tipos de interfaces WAN en los routers Cisco:

- Serial asincrónica.
  Utilizan un conector RJ-45, con capacidad de soportar conexiones asincrónicas dial up utilizando un módem telefónico.

- Serial sincrónica.
  En el caso de routers Cisco estas interfaces están integradas en una WIC (WAN Interface Cards). Soportan líneas dedicadas, Frame Relay y X-25.

Del lado de la interfaz del router, en el caso de interfaces seriales sincrónicas, hay 2 tipos de conectores:

- Conector DB-60.

- Conector Smart-Serial.
  Utiliza un conector de 26 pins.

En un cable serial, cualquiera de estos 2 tipos de conectores se conecta en el otro extremo del cable con diferentes tipos de conectores en el CSU/DSU:

- ○ EIA/TIA 232.
  Permite conexiones seriales de hasta 115200 bps, utilizando conectores de 25 pines en distancias muy cortas.

EIA/TIA-232 Macho

EIA/TIA-232 Hembra

- ○ EIA/TIA 449/530.
  Soporta circuitos de hasta 2 Mbps utilizando conectores de 36 pines, permitiendo mayores longitudes de cable.

EIA/TIA-449 Macho

EIA/TIA-449 Hembra

- ○ V.35.
  Estándar ITU-T para comunicaciones sincrónicas de hasta 2,048 Mbps con conectores de 34 pines.

V.35 Macho

V.35 Hembra

- ○ X-21.
  Estándar ITU-T para comunicaciones digitales sincrónicas con conectores de 15 pines.

X.21 Macho

X.21 Hembra

También se cuenta con placas WIC que integran la CSU/DSU, en cuyo caso el cable serial no es necesario y el cable que viene del service provider se conecta directamente al puerto del router sin necesidad de una CSU/DSU externa.

## Líneas punto a punto

Las líneas punto a punto proporcionan comunicaciones preestablecidas en amplias áreas geográficas. Una línea serial puede conectar 2 sitios geográficamente separados.

Cuando son contratadas a un proveedor de servicios se dedica capacidad de transporte fija y recursos de hardware para sostener esa línea de comunicación, aunque el carrier puede aún utilizar multiplexación dentro de la red.

- • Alto costo.

- • Muy baja latencia y jitter.

- • Alta disponibilidad.

- Ancho de banda dedicado.

- Requiere un puerto serial en el router por cada línea.

- Conecta con la red del proveedor a través de un CSU/DSU.

### Bases de una conexión serial

La velocidad de las líneas dedicadas sigue las definiciones que se generaron en su momento en base al estándar de las líneas telefónicas. La base de definición de velocidad de las líneas es la de una línea telefónica digital o DS0 que es de 64 Kbps. De ahí que la asignación de ancho de banda de estas líneas es siempre un múltiplo de 64:

| Denominación | T-Carrier | E-Carrier |
|:---:|:---:|:---:|
| DSO | 0,064 Mbps | 0,064 Mbps |
| DS1 | T1 - 1,544 Mbps | E1 – 2,048 Mbps |
| DS2 | T2 – 6,312 Mbps | E2 – 8,448 Mbps |
| DS3 | T3 – 44,736 Mbps | E3 – 34,368 Mbps |
| DS4 | T4 – 274,176 Mbps | E4 – 139,264 Mbps |
| DS5 | T5 – 400,352 Mbps | E5 – 565,148 Mbps |

La línea del service provider, típicamente se conecta a un CSU/DSU, que a través de una conexión serial es conectado al router de borde de la red corporativa. Este dispositivo opera en la capa física y actúa como intermediario entre la red del service provider y el router.

La conexión entre la CSU/DSU y el router es una conexión serial sincrónica. Como toda conexión sincrónica tiene un extremo DCE (la CSU/DSU) que controla la velocidad de la conexión, y otro extremo DTE (el router) cuya sincronía es controlada desde el extremo DCE. De este modo el router envía y recibe bits solamente cuando el DCE genera el pulso eléctrico (clocking) correcto en el cable que envía señal de clock.

 El extremo DCE de la conexión es el que define la velocidad de la misma.

### Protocolos WAN de capa de enlace de datos

Los protocolos de capa de enlace definen la forma en que se encapsulan los datos para su transmisión sobre la WAN, y los mecanismos de transferencia que se utilizan en cada caso.

Todas las encapsulaciones de tramas WAN tienen una estructura semejante, en términos generales derivada de HDLC que es el estándar de ISO.

| Encabezado | | | |
|---|---|---|---|
| Dirección | Control | Datos | FCS |

Sin embargo, a pesar de esta similitud de origen cada tipo de trama es incompatible con los demás. Las tramas más frecuentemente utilizadas son

- HDLC.
  High-level Data Link Control.
  En su versión propietaria, es el protocolo por defecto de Cisco para enlaces seriales.

- PPP.
  Point to Point Protocol.
  Protocolo de capa de enlace estándar para enlaces seriales.

- Frame Relay.
  Formato de trama utilizado en redes Frame Relay.

> Hay otros formatos de trama WAN (SDLC, LAPB, SLIP, etc.). Sin embargo, los mencionados son los que se deben tener en cuenta al momento de preparación del examen de certificación CCNA R&S 200-120.

## Encapsulación HDLC

Protocolo estándar desarrollado por ISO y aprobado en 1979 que inicialmente fue implementado de diferentes formas por cada fabricante.

Especifica un formato de encapsulación de trama para enlaces de datos sincrónicos, orientado a la conexión. Utilizado para trabajar sobre líneas punto a punto dedicadas.

En su versión estándar no admite múltiples protocolos de capa 3 sobre un mismo enlace ya que carece de la posibilidad de identificar el protocolo de capa de red que transporta.

- Protocolo de encapsulación de capa de enlace de datos.

- Provee servicios de encapsulación de tramas en enlaces sincrónicos punto a punto.

- Provee un preámbulo que indica la recepción a continuación de una trama, y un FCS para verificar posibles errores en la transmisión.

- No proporciona autenticación u otros servicios adicionales.

- La versión propietaria de Cisco agrega un campo tipo que le permite soportar múltiples protocolos de capa de red. Esto permite, por ejemplo, transportar IPv4 e IPv6 sobre el mismo enlace.

| Flag | Direc | Ctrl | Tipo | Datos | FCS |
|---|---|---|---|---|---|

- Es la opción de encapsulación por defecto en enlaces seriales con IOS.

- Dado que es un protocolo propietario, no puede utilizarse en enlaces que unen dispositivos que no son Cisco.

 Atención:
Hay 2 formatos de HDLC a considerar. El estándar y el propietario de Cisco.
En dispositivos Cisco, cuando hablamos de encapsulación HDLC, siempre nos referimos a la versión propietaria.

### Configuración de HDLC

```
Router(config)#interface Serial0/0/0
Router(config)#encapsulation hdlc
```
HDLC es la opción por defecto en interfaces seriales. Si hay otro protocolo configurado, se puede utilizar este comando (no está soportado en todas las plataformas) o se puede negar el protocolo ya configurado, por ejemplo: `no encapsulation ppp`

Habitualmente no es necesario ejecutar el comando ya que es el formato de encapsulación por defecto.

```
Router(config)#ip address 192.168.2.1 255.255.255.0
Router(config)#clock rate 2000000
```
Cuando la interfaz del router debe operar como DCE (para esto es necesario que se haya utilizado un cable DCE), se debe definir el clocking de la interfaz.

La tasa de transferencia del enlace se expresa ene bits por segundo. En este caso se trata de un enlace de 2 Mbps. Los valores posibles dependen del hardware de la interfaz.

Este comando no se utiliza cuando el puerto está conectado a una DCU/CSU.

 En el caso de enlaces seriales, cuando no se implementa un CSU/DTU, un extremo se comporta como DCE y el otro como DTE. Los routers Cisco son por defecto dispositivos DTE.

 En los routers Cisco es el cable conectado a la interfaz el que define el rol DCE o DTE en la conexión.

```
Router(config)#no shutdown
```

### Encapsulación PPP

PPP es un protocolo estándar de encapsulación de capa 2 que puede ser utilizado sobre diferentes tipos de enlaces. Originalmente fue desarrollado para operar en línea dedicadas punto a punto aunque hoy puede operar sobre una variedad muy amplia de tecnologías de capa física (enlaces sincrónicos y asincrónicos) y se convirtió en un estándar para la implementación de diversas prestaciones.

Propiamente hablando, PPP es un conjunto de protocolos que brindan un servicio sólido y confiable, de fácil configuración y con prestaciones muy importantes. Su propósito básico es transportar paquetes de capa 3 a través de enlaces de datos punto a punto.

- Provee conexiones router a router o terminal a red.

- Sobre circuitos sincrónicos o asincrónicos.

- Es estándar.

- Incluye prestaciones importantes como gestión de calidad del enlace, detección de errores y autenticación.

- Permite transportar múltiples protocolos de capa de red.

| Flag | Direc | Ctrl | Protocolo | Datos | Flag |
|------|-------|------|-----------|-------|------|

Componentes de capa física.

- EIA/TIA 232 C.
  Estándar de capa física para comunicaciones seriales.
  Más allá del estándar, PPP puede operar sobre una variedad muy amplia de tecnologías de capa física.

Componentes de capa de enlace de datos.

- LCP.
  Protocolo que establece los mecanismos necesarios para negociar, configurar, mantener y terminar los enlaces punto a punto.
  Permite definir y negociar un conjunto de prestaciones opcionales tales como compresión de datos, autenticación, etc.

- NCP.
  Protocolo que define el mecanismo utilizado para negociar los diferentes protocolos de capa de red (IP, IPX, Apple Talk, etc.) que se transportarán sobre el enlace establecido. De este modo es posible el uso simultáneo de múltiples protocolos de capa 3 sobre un mismo enlace PPP.
  Para cada protocolo de capa de red hay una trama NCP diferente: IPCP para IP, IPXCP para IPX de Novell, CDPCP para Cisco Discovery Protocol, etc.

- HDLC.
  PPP utiliza como método de encapsulación para el transporte de los datos sobre el enlace PPP la encapsulación HDLC estándar de ISO.

Se utiliza una instancia de LCP por cada enlace, y una instancia de NCP por cada protocolo de capa 3 que se negocia en cada enlace.

LCP permite negociar entre ambos extremos de la conexión punto a punto una serie de opciones de operación del enlace. Entre las opciones posibles, destaco:

- Autenticación.
  PPP permite autenticar uno o ambos extremos del enlace punto a punto. Si esta opción está habilitada PPP requiere que el dispositivo que establece la llamada se autentique para verificar que se trata de una conexión autorizada.
  PPP permite optar entre 2 protocolos de autenticación:

    o PAP.
      Envía usuario y clave para la autenticación en texto plano.
      El nodo remoto tiene control de la frecuencia y temporización de los intentos de conexión.
      Sólo autentica durante el proceso de establecimiento de la sesión.

    o CHAP.
      Autentica en el establecimiento de la sesión y periódicamente durante la sesión envía un valor de desafío (hash) que si no es respondido correctamente cancela la sesión.
      Para este intercambio utiliza un mecanismo de intercambio de información encriptada utilizando MD5.

- Compresión.
  La implementación de compresión sobre el enlace permiten aumentar la tasa de transferencia efectiva. No se aconseja su implementación si el tráfico está compuesto mayoritariamente por archivos comprimidos, ya que utilizará procesamiento sin reportar un beneficio significativo.
  PPP permite optar entre 2 protocolos de compresión:

    o Stacker.

    o Predictor.

- Detección de errores.
  Otra característica opcional que se puede utilizar en enlaces PPP es la activación de métodos de detección de fallas en la transmisión de las tramas. PPP ofrece 2 métodos de detección de fallos:

  - Quality.

  - Magic Number.

- Multilink.
  Se trata de una funcionalidad soportada a partir de Cisco IOS 11.1. Proporciona balanceo de carga entre varias interfaces que utilizan PPP. Permite agregar múltiples enlaces físicos que implementan PPP como un único enlace lógico, mejorando la tasa de transferencia y reduciendo la latencia entre routers pares.

El establecimiento de un enlace PPP pasa por varias etapas:

1. Fase de establecimiento de la conexión.       LCP.
   Se utilizan tramas LCP para configurar y probar el enlace. Se aprovecha el campo configuración de las tramas para negociar las opciones, si no hay opciones en el campo se utilizan las opciones por defecto.

2. Fase de autenticación (opcional).       LCP.
   Se ejecuta si se seleccionó PAP o CHAP como procedimientos de autenticación.
   LCP también permite en esta fase realizar una prueba opcional de determinación de la calidad del enlace.

3. Fase de protocolo de red.       NCP.
   Se utilizan tramas NCP para seleccionar y configurar uno o varios protocolos de capa de red sobre el enlace.

4. Transferencia de datos.       HDLC.

5. Fase de cierre de la sesión.       LCP.
   Para esto se utilizan tramas LCP de terminación del enlace.

*Estructura de la trama PPP*

Para la transmisión de datos PPP utiliza tramas HDLC estándar versión 2. En consecuencia, la trama de datos PPP es una trama HDLC cuyo campo dirección está completo en 1, y cuyo campo de control es 00000011:

| Dirección | Control | Protocolo | Datos | FCS |
|---|---|---|---|---|
| 11111111 | 00000011 | 2 Bytes | | 2 Bytes |

La longitud máxima por defecto del campo de datos de la trama HDLC de PPP es 1500 Bytes.

### Configuración de PPP

```
Router#config terminal
Router(config)#interface serial 0/0/0
Router(config-if)#encapsulation ppp
```

Define PPP como protocolo de encapsulación del enlace. Modifica la opción por defecto de la interfaz que es HDLC.

El protocolo de encapsulación debe coincidir en ambos extremos del enlace.

*Verificación y monitoreo*

```
Router#show controllers Serial0/0/0
```

Muestra información de la interfaz física y el tipo de cable que tiene conectado.

Es el comando que debemos utilizar para verificar si el cable conectado a la interfaz es DCE o DTE.

```
Router#show interfaces serial 0/0/0
Serial0/0/0 is up, line protocol is up
  Hardware is HD64570
Internet address is 192.168.13.1/24
MTU 1500 bytes, BW 64Kbit, DLY 20000 usec, rely 255/255, load 1/255
Encapsulation PPP, loopback not set, keepalive set (10 sec)
LCP Open
Open: IPCP, CDPCP
[Continúa…]
```

Indica la encapsulación que está utilizando actualmente el enlace y el estado de negociación de LCP (Open indica que se encuentra operativo) y las instancias de NCP que han negociado. En este caso se ha negociado IPv4 (IPCP) y CDP (CDPCP).

### Autenticación con PPP

PPP ofrece una prestación opcional de autenticación que permite mejorar la seguridad de los enlaces. Cuando se encuentra activada los dispositivos que inician la sesión deben pasar el proceso de autenticación antes de que se establezca el enlace; si por algún motivo el proceso de autenticación falla el enlace no se establece.

Si la autenticación falla, la interfaz queda en estado up/down.

PPP define 2 protocolos de autenticación:

- PAP

  o Es un mecanismo de intercambio de 2 vías simple.

  o El dispositivo que inicia la conexión solicita ser autenticado enviando la clave en texto plano. El dispositivo que recibe la clave confirma que es la correcta y envía un mensaje de acknowledgment para informar que la autenticación fue exitosa.

o El nodo remoto controla la frecuencia con la que se re-intenta el intercambio de credenciales cuando no se autentica en el intercambio inicial.

o El intercambio se realiza solamente en el momento previo al establecimiento del enlace y sin utilizar cifrado en las credenciales. Está en desuso porque el intercambio de la clave en texto plano lo hace muy vulnerable.

- CHAP

  o Es la opción más segura, la preferida y más implementada.

  o El dispositivo que requiere autenticación inicia un intercambio de triple vía enviando un texto de desafío (challenge) solicitando respuesta. El dispositivo que recibe el desafío devuelve el texto luego de pasarlo por un algoritmo de hash (MD5). Finalmente el que inició el proceso compara el hash recibido para verificar que sea el correcto, y si la comparación es exitosa envía al otro extremo el mensaje de confirmación.

  o El valor de desafío que utiliza es único y seleccionado al azar.

  o Las credenciales nunca se envían entre los dispositivos a través del enlace.

  o Repite periódicamente el proceso de autenticación para asegurar que se mantiene la valides de la conexión. El período de tiempo para la repetición es seleccionado al azar por el autenticador.

*Configuración de autenticación PAP*

```
LAB_A#configure terminal
LAB_A(config)#username LAB_B password cisco
```

> Define las credenciales de autenticación que es necesario que envío el dispositivo en el otro extremo del enlace para que la autenticación sea exitosa.

```
LAB_A(config)#interface serial 0/0/0
LAB_A(config-if)#encapsulation ppp
LAB_A(config-if)#ppp authentication pap
```

> Indica que esta interfaz requiere autenticación PAP sobre este enlace para identificar el dispositivo en el otro extremo.
>
> El otro extremo deberá enviar las credenciales creadas antes con el comando username.

```
LAB_A(config-if)#ppp pap sent-username LAB_A password cisco
```

> Define las credenciales de autenticación que se han de enviar al dispositivo en el otro extremo del enlace.

```
LAB_A(config-if)#no shutdown

Lab_B#configure terminal
```

```
LAB_B(config)#username LAB_A password cisco
LAB_B(config)#interface serial 0/0/0
LAB_B(config-if)#encapsulation ppp
LAB_B(config-if)#ppp authentication pap
LAB_B(config-if)#ppp pap sent-username LAB_B password cisco
LAB_B(config-if)#no shutdown
```

*Configuración de autenticación CHAP*

```
Router#configure terminal
Router(config)#hostname LAB_A
```

**En este caso es necesario configurar hostname ya que es utilizado como username para la autenticación con el peer.**

```
LAB_A(config)#username LAB_B password cisco
LAB_A(config)#interface serial 0/0/0
LAB_A(config-if)#encapsulation ppp
LAB_A(config-if)#ppp authentication chap
```

**La sesión PPP que se inicie a través de esta interfaz será autenticada utilizando CHAP.**

```
LAB_A(config-if)#no shutdown

Router#configure terminal
Router(config)#hostname LAB_B
LAB_B(config)#username LAB_A password cisco
LAB_B(config)#interface serial 0/0/0
LAB_B(config-if)#encapsulation ppp
LAB_B(config-if)#ppp authentication chap
LAB_B(config-if)#no shutdown
```

*Verificación*

```
LAB_A#show ppp all
```

**Verifica las sesiones PPP establecidas y muestra la información de autenticación utilizada.**

```
LAB_A#debug ppp negotiation
LAB_A#debug ppp authentication
1d01h: %LINK-3-UPDOWN: Interface Serial0/0/0, changed state to up
1d01h: Se0/0/0 PPP: Testing connection as a dedicated line
1d01h: Se0/0/0 PPP: Phase is AUTHENTICATING, by both
1d01h: Se0/0/0 CHAP: O CHALLENGE id 2 len 28 from "Router"
1d01h: Se0/0/0 CHAP: I RESPONSE id 2 len 28 from "LAB_A"
1d01h: Se0/0/0 CHAP: O SUCCESS id 2 len 4
1d01h: %LINEPROTO-5-UPDOWN: Line protocol on Interface
Serial0/0/0,change state to up

LAB_A#debug ppp packet
```

## Multilink PPP

Multilink PPP provee un método para distribuir el tráfico a través de múltiples conexiones PPP paralelas.

- Está descrito en el RFC 1990.

- Combina múltiples enlaces físicos en un conjunto lógico que recibe el nombre de "Multilink PPP".

- Aplicado sobre interfaces seriales provee algunas prestaciones:

  - Balanceo de carga sobre múltiples enlaces seriales.
    Idealmente los enlaces que componen el multilink debieran ser del mismo ancho de banda. Sin embargo, también es posible mezclar enlaces de diferente ancho de banda.

  - Permite interoperabilidad entre múltiples fabricantes.

  - Mejora de la redundancia.
    Ante la caída de un enlace individual el tráfico se mantiene sobre los enlaces remanentes sin afectar la conexión.

  - Posibilidad de fragmentación e intercalado (LFI).
    Este mecanismo intercala el envío de paquetes de aplicaciones de tiempo real con paquetes de aplicaciones que no operan en tiempo real para reducir el delay al que se someten los paquetes de aplicaciones de tiempo real.

- Opera tanto sobre enlaces sincrónicos como asincrónicos, utilizando enlaces seriales con encapsulación PPP.

- El conjunto lógico MLP se presenta como una única interfaz virtual que conecta con el dispositivo remoto.
  Esto proporciona un único punto para aplicar las políticas de calidad de servicio.

- Todas las estadísticas de tráfico se registran sobre la interfaz virtual.

- Se pueden asociar hasta 10 enlaces seriales y hasta 8 enlaces PPPoE en un único multilink.

*Configuración de un enlace multilink*

1. Creación de la interfaz virtual

```
Router(config)#interface Multilink 1
```

Crea la interfaz virtual multilink y le asigna un identificador (en este ejemplo es "1"). Al mismo tiempo ingresa al submodo de configuración de la interfaz.

```
Router(config-if)#ip address 192.168.100.1 255.255.255.252
```

Se asigna una dirección IP a la interfaz virtual. La configuración de capa 3 se hace en la interfaz virtual, no en las interfaces físicas que luego se asociarán.

```
Router(config-if)#ppp multilink
```

Activa multilink PPP en la interfaz virtual.

```
Router(config-if)#ppp multilink group 1
```

Genera un ID de grupo para identificar cuáles son los enlaces físicos que estarán asociados a la interfaz virtual que se acaba de crear.

```
Router(config-if)#exit
```

2. Asociación de interfaces a la interfaz virtual

```
Router(config)#interface serial0/0
Router(config-if)#no ip address
```

Remueve una posible configuración IP en la interfaz.

```
Router(config-if)#encapsulation ppp
```

Activa el protocolo PPP en la interfaz.

```
Router(config-if)#ppp multilink
```

Activa multilink PPP en la interfaz.

```
Router(config-if)#ppp multilink group 1
```

Define el conjunto de interfaces multilink al que ha de asociarse la interfaz. Se utiliza el ID de grupo para asociar la interfaz física con el grupo multilink y la interfaz virtual.

```
Router(config-if)#exit
Router(config)#interface serial0/1
Router(config-if)#no ip address
Router(config-if)#encapsulation ppp
Router(config-if)#ppp multilink
Router(config-if)#ppp multilink group 1
Router(config-if)#exit
Router(config)#
```

*Verificación de la operación de multilink*

```
Router#show ppp multilink
```

Permite verificar qué interfaces físicas están vinculadas a cuál interfaz virtual, y desde qué momento. También muestra si hay interfaces multilink inactivas.

```
Router#show interfaces Multilink 1
```

Muestra el estado de la interfaz virtual que se indica, su operación, y las estadísticas de tráfico.

La interfaz permanecerá activa (up/up) mientras al menos uno de los enlaces físicos se encuentre en ese estado.

## PPP over Ethernet (PPPoE)

PPP ha sido desde los inicios de la implementación de Internet el protocolo preferido por los ISPs dado que es posible implementarlo tanto en línea analógicas (dial-up telefónico), como digitales (ISDN), y posibilita la implementación de un método de autenticación como CHAP que permite verificar la información del usuario que se conecta. La autenticación constituyó desde el inicio un medio eficaz de control de los suscriptores por parte de los ISPs.

La introducción de conexiones ADSL generó en este punto una dificultad a resolver: la red sobre la que se establece la conexión ya no es un enlace punto a punto sino una red compartida; además, la conexión ente el módem ADSL y la PC o router conectados es FastEthernet.

En este punto es donde se introduce PPPoE que permite enviar tramas PPP encapsuladas en tramas Ethernet (lo que se llama, un túnel).

PPPoE permite emular un enlace punto a punto sobre una red de medio compartido que típicamente es una red de banda ancha.

El escenario más frecuente supone correr un cliente PPPoE en el cliente que se conecta a un servidor PPPoE del lado del proveedor, del cual obtiene su configuración.

Para esto se utiliza:

- Una interfaz virtual que utiliza la encapsulación PPP con autenticación CHAP que permite verificar usuario y clave.

- La interfaz virtual se asocia a la interfaz física que se utilizará como interfaz de salida.

- En la interfaz física se habilita el cliente PPPoE.

### El cliente PPPoE

Cisco IOS incluye un cliente PPPoE que permite entonces implementar esta solución del lado del cliente.

Es una implementación habitual en redes DSL los ISPs de servicios DSL suelen entregar un módem DSL que utiliza ATM para conectarse con el DSLAM.

- El módem DSL actúa como un bridge y la terminal como cliente PPPoE.

- La integración de un router IOS permite que el router opere como cliente PPPoE hacia la red del ISP para luego distribuir conectividad internamente en la LAN.

- En una implementación típica el router no sólo actúa como cliente PPPoE sino también como caja NAT y servidor DHCP.

- El cliente PPPoE es el que inicia la conexión y en caso de que se interrumpa intentará el restablecimiento de la misma.

El establecimiento de la sesión PPPoE requiere completar un procedimiento de 4 pasos.

- El cliente envía un paquete PADI en formato broadcast.

- El servidor al recibir un PADI responde enviando un PADO al cliente.

- El cliente puede recibir varios PADOs. El cliente revisa los varios paquetes recibidos y elije uno de ellos. La elección puede hacerse en base al nombre del concentrador PPPoE o el servicio que ofrece.
Como respuesta el cliente envía un paquete PADR al servidor de su elección.

- El servidor o concentrador responde enviando un paquete PADS creando una interfaz virtual para luego negociar PPP, y la sesión PPPoE corre en esta interfaz virtual.

Si el cliente PPPoE no recibe respuesta de un servidor, entonces continuará enviando paquetes PADI en intervalos de tiempo crecientes hasta alcanzar el límite definido y detenerse.

Si la negociación de PPP fracasa, la sesión PPPoE y la interfaz virtual quedan en estado "down".

*Configuración*

En primer lugar es necesario crear una interfaz de discado (dialer interface).

`Router(config)#interface Dialer1`

Crea una interfaz virtual de discado (dialer), le asigna un ID (en este caso "1") e ingresa al modo de configuración de esta interfaz.

Esta interfaz será la que utilizará la sesión PPPoE.

`Router(config-if)#ip address negotiated`

Indica que la dirección IP será asignada por el servidor como resultado de la negociación de PPP IPCP.

`Router(config-if)#encapsulation ppp`

Asigna encapsulación PPP para la interfaz.

```
Router(config-if)#dialer pool 1
```

Especifica un dialing pool para que la interfaz lo utilice para conectarse a una subred de destino específica.

Una vez creada la interfaz virtual hay que asociar esa interfaz creada a la interfaz física que se utilizará para la conexión.

```
Router(config-if)#exit
Router(config)#interface GigabitEthernet0/1
Router(config-if)#no ip address
```

La interfaz física no debe contar con direccionamiento propio. La interfaz activa a nivel de capa 3 es la interfaz virtual asociada.

```
Router(config-if)#pppoe-client dial-pool-number 1
```

Vincula la interfaz física que se creó antes (cuyo ID es "1") con la interfaz física.

```
Router(config-if)#exit
Router(config)#
```

*Verificación de la operación de PPPoE*

```
Router#show ip interface brief
```

Permite verificar el estado y la dirección IP asignada a la interfaz virtual que se crea.

La interfaz física se debe ver activa pero sin dirección IP asignada.

```
Router#show pppoe session
```

Muestra las sesiones PPPoE y el puerto físico que utilizan.

# Laboratorio 7.1: Configuración y verificación de enlaces PPP

 Para la realización de los laboratorios de esta Guía he diseñado la topología de una maqueta única que permite cubrir todos los ejercicios propuestos. La descripción e información correspondiente a esta maqueta la encontrará en el inicio del manual.
Para este ejercicio debe concentrarse solamente en una parte de esa maqueta, a la que denominamos "Topología a utilizar".

### Topología a utilizar

Es este laboratorio nos vamos a concentrar específicamente en dos dispositivos de la maqueta: los routers CE y PE.

 Para la asignación de direcciones de cada puerto y terminal diríjase a la tabla "Direccionamiento IP inicial" al inicio de la Guía.

Consideraciones a tener en cuenta para este ejercicio:

- Si bien no se utiliza ningún enlace fuera de los seriales que conectan GTW2 con CE, mantenga operativos los demás puertos y el enrutamiento actual. Esto permitirá contar con una tabla de enrutamiento más nutrida.

- Ambos enlaces seriales deben utilizar encapsulación PPP.

- En ambos enlaces seriales el extremo DCE de la conexión es el router CE. Ambos enlaces tienen un ancho de banda de 4 Mbps.

### Direccionamiento IP inicial

| Dispositivo | Interfaz | IP | Máscara de Subred |
|---|---|---|---|
| GTW2 | S0/0 | 172.16.1.9 | 255.255.255.252 |
| | S0/1 | 172.16.1.13 | 255.255.255.252 |
| CE | S0/0 | 172.16.1.10 | 255.255.255.252 |
| | S0/1 | 172.16.1.14 | 255.255.255.252 |

### Configuración y verificación de encapsulación PPP

En esta primera etapa hemos de trabajar sobre el enlace serial que une los routers GTW2 y CE a través de sus puertos Seriales 0/0-

1. Ingrese a la consola del router CE y configure el puerto de modo que utilice encapsulación PPP. Como consecuencia el puerto debe quedar inoperativo.

```
CE#configure terminal
CE(config)#interface serial0/0
CE(config-if)#encapsulation ppp
CE(config-if)#end
```

2. Repita la misma operación en el router GTW2. Al terminar el enlace volverá a estar operativo.

```
GTW2#configure terminal
GTW2(config)#interface serial0/0
GTW2(config-if)#encapsulation ppp
GTW2(config-if)#end
```

3. Verifique el cambio de encapsulación en la interfaz serial. En el resultado del comando show interfaces debe ver ahora, no solamente que la interfaz está up/up, sino también que la encapsulación es PPP, que el protocolo LCP ha negociado (LCP open), y que se han negociado los protocolos de capa de red transportados (IPCP).

```
GTW2#show interfaces Serial0/0
```

### Implementación de autenticación PAP

1. Cree las credenciales que utilizaremos para la autenticación PAP en el enlace Serial 0/0 de los routers CE y GTW2. Para esta tarea utilice como credenciales las siguientes:

   o Usuario:      Enlace1

   o Clave:        cisco123

```
CE#configure terminal
CE(config)#username Enlace1 password cisco123

GTW2#configure terminal
GTW2(config)#username Enlace1 password cisco123
```

2. Configure el enlace Serial 0/0 del router CE para que utilice autenticación PAP con las credenciales que acaba de crear en el paso anterior. Observe que al agregar la autenticación el enlace sale de operación.

```
CE(config)#interface serial 0/0
CE(config-if)#ppp authentication pap
CE(config-if)#ppp pap sent-username Enlace1 password cisco123
```

```
CE(config-if)#end
```

3. Configure ahora el enlace Serial 0/0 del router GTW2 para que utilice autenticación PAP con las credenciales creadas antes. Ahora, al completar la tarea, el enlace debe regresar a operación.

```
GTW2(config)#interface serial 0/0
GTW2(config-if)#ppp authentication pap
GTW2(config-if)#ppp pap sent-username Enlace1 password cisco123
```

4. Verifique la sesión PPP. Debe observar que está operando sobre el puerto Serial 0/0, incluyendo los protocolos que se han negociado (incluyendo PAP), la identidad del dispositivo asociado y el usuario utilizado en la autenticación.

```
GTW2(config-if)#end
GTW2#show ppp all
```

## Implementación de autenticación CHAP

Para la implementación de CHAP utilizaremos el enlace paralelo que tenemos entre CE y GTW2 a través de las interfaces Serial 0/1

1. Desde la consola de CE, verifique que el puerto Serial 0/1 es el extremo DCE de la conexión entre CE y GTW2.

```
CE#show controllers serial 0/1
```

2. En el modo de configuración global cree las interfaces que utilizará para la autenticación CHAP con el router GTW2. En este caso, el usuario es el hostname de GTW2.

```
CE#configure terminal
CE(config)#username GTW2 password cisco123
```

3. Ingrese a la configuración del puerto Serial 0/1 y ajuste su configuración siguiendo los siguientes parámetros:

   o Encapsulación:      PPP

   o Autenticación:      CHAP

   o Velocidad del enlace:   4 Mbps

   o IP:          172.16.1.14/30

```
CE(config)#interface serial 0/1
CE(config-if)#clock rate 4000000
CE(config-if)#bandwidth 4000
CE(config-if)#encapsulation ppp
CE(config-if)#ppp authentication chap
CE(config-if)#ip address 172.16.1.14 255.255.255.252
CE(config-if)#end
```

4. Ingrese ahora en la consola de GTW2 y cree las credenciales necesarias para la autenticación.

```
GTW2#configure terminal
GTW2(config)#username CE password cisco123
```

5. Ingrese a la configuración del puerto Serial 0/1 y configúrelo de acuerdo a la siguiente información:

   o Encapsulación:               PPP

   o Autenticación:               CHAP

   o Velocidad del enlace:        4 Mbps

   o IP:                          172.16.1.13/30

```
GTW2(config)#interface serial 0/1
GTW2(config-if)#bandwidth 4000
GTW2(config-if)#encapsulation ppp
GTW2(config-if)#ppp authentication chap
GTW2(config-if)#ip address 172.16.1.13 255.255.255.252
GTW2(config-if)#end
```

6. Terminada la operación el enlace debe volverse operativo.

7. Para visualizar el proceso de autenticación active ahora el debug de autenticación para tener las notificaciones en la pantalla de la consola de GTW2 he ingrese al modo de configuración de la interfaz Serial 0/1. Inhabilite la interfaz, aguarde la notificación de que el puerto ya no está operativo, y vuelva a habilitarlo.
   De este modo PPP deberá volver a negociar, negociar la autenticación, y esto se reflejará en los mensajes de eventos.

```
GTW2#debug ppp authentication
GTW2#configure terminal
GTW2(config)#interface serial 0/1
GTW2(config-if)#shutdown

GTW2(config-if)#no shutdown
GTW2(config-if)#end
```

8. Finalmente, verifique la nueva sesión PPP.

```
GTW2#show ppp all
```

9. Antes de concluir el laboratorio dejaremos listos los dispositivos para el ejercicio siguiente.
   Asegúrese de eliminar la autenticación en ambos enlaces, dejando solamente la encapsulación PPP. Al terminar la operación ambos enlaces deben estar operativos.

```
GTW2#configure terminal
GTW2(config)#interface serial 0/0
```

```
GTW2(config-if)#no ppp authentication pap
GTW2(config-if)#no ppp pap sent-username Enlace1 password cisco123
GTW2(config-if)#interface serial 0/1
GTW2(config-if)#no ppp authentication chap
GTW2(config-if)#end
GTW2#show ip interface brief

CE#configure terminal
CE(config)#interface serial 0/0
CE(config-if)#no ppp authentication pap
CE(config-if)#no ppp pap sent-username Enlace1 password cisco123
CE(config-if)#interface serial 0/1
CE(config-if)#no ppp authentication chap
CE(config-if)#end
CE#show ip interface brief
```

 De esta manera concluye este laboratorio.

# Día 28

## Laboratorio 7.2: Configuración y verificación de MLPPP

 Para la realización de los laboratorios de esta Guía he diseñado la topología de una maqueta única que permite cubrir todos los ejercicios propuestos. La descripción e información correspondiente a esta maqueta la encontrará en el inicio del manual.
Para este ejercicio debe concentrarse solamente en una parte de esa maqueta, a la que denominamos "Topología a utilizar".

### Topología a utilizar

 Para la asignación de direcciones de cada puerto y terminal diríjase a la tabla "Direccionamiento IP inicial" al inicio de la Guía.

Consideraciones a tener en cuenta para este ejercicio:

- Si bien no se utiliza ningún enlace fuera de los seriales que conectan GTW2 con CE mantenga operativos los demás puertos y en el enrutamiento actual. Esto permitirá contar con una tabla de enrutamiento más nutrida.

- Asegúrese de inhabilitar el enlace que conecta de modo directo los routers GTW1 y GTW2 desactivando la interfaz Gi0/2 de GTW2.

- Ambos enlaces seriales deben utilizar encapsulación PPP.

- En ambos enlaces seriales el extremo DCE de la conexión es el router CE. Ambos enlaces tienen un ancho de banda de 4 Mbps.

### Direccionamiento IP inicial

| Dispositivo | Interfaz | IP | Máscara de Subred |
|---|---|---|---|
| GTW2 | S0/0 | 172.16.1.9 | 255.255.255.252 |
| | S0/1 | 172.16.1.13 | 255.255.255.252 |
| CE | S0/0 | 172.16.1.10 | 255.255.255.252 |
| | S0/1 | 172.16.1.14 | 255.255.255.252 |

### Configuración de MLPP

1. Acceda a través de la consola a ambos routers y verifique el estado de las interfaces seriales. Ambas interfaces debieran estar operativa en cada router, utilizando encapsulación PPP y con su configuración IP completa

```
GTW2#show interfaces Serial0/0
GTW2#show interfaces Serial 0/1

CE#show interfaces Serial 0/0
CE#show interfaces Serial 0/1
```

2. En el router CE implemente nuevamente OSPF.

```
CE#configure terminal
CE(config)#router ospf 1
CE(config-router)#network 201.1.1.10 0.0.0.255 area 1
CE(config-router)#network 172.16.1.4 0.0.0.3 area 0
CE(config-router)#network 172.16.1.8 0.0.0.3 area 0
CE(config-router)#network 172.16.1.12 0.0.0.3 area 0
CE(config-router)#end
```

3. En el router GTW2 incorpore el enlace del puerto Serial 0/1 al proceso de OSPF.

```
GTW2#configure terminal
GTW2(config)#router ospf 1
GTW2(config-router)#network 172.16.1.12 0.0.0.3 area 0
GTW2(config-router)#end
```

4. Verifique la tabla de enrutamiento del router GTW2. Encontrará 2 rutas con destino a la red 200.1.1.0/24 y otras 2 a la red 172.16.1.4/30.

```
GTW2#show ip route
```

5. Cree una interfaz multilink en el router GTW2 con los siguientes elementos:

- o Número de grupo: 1

- o Dirección IP: 172.16.2.1/30

```
GTW2#configure terminal
GTW2(config)#interface multilink1
GTW2(config-if)#ip address 172.16.2.1 255.255.255.252
GTW2(config-if)#ppp multilink
GTW2(config-if)#ppp multilink group 1
```

6. Ingrese la red 172.16.2.0/30 al proceso de OSPF de GTW2.

```
GTW2(config-if)#router ospf 1
GTW2(config-router)#network 172.16.2.0 0.0.0.3 area 0
GTW2(config-router)#end
```

7. Cree una interfaz multilink en el router CE con los siguientes elementos:

- o Número de grupo: 1

- o Dirección IP: 172.16.2.2/30

```
CE#configure terminal
CE#config)#interface multilink1
CE(config-if)#ip address 172.16.2.2 255.255.255.252
CE(config-if)#ppp multilink
CE(config-if)#ppp multilink group 1
```

8. Ingrese la red 172.16.2.0/30 al proceso de OSPF de CE.

```
CE(config-if)#router ospf 1
CE(config-router)#network 172.16.2.0 0.0.0.3 area 0
CE(config-router)#end
```

9. Remueva la configuración IP en las interfaces seriales de ambos dispositivos.

```
GTW2#configure terminal
GTW2(config)#interface Serial0/0
GTW2(config-if)#no ip address
GTW2(config-if)#exit
GTW2(config)#interface Serial0/1
GTW2(config-if)#no ip address
GTW2(config-if)#exit

CE#configure terminal
CE(config)#interface Serial0/0
CE(config-if)#no ip address
CE(config-if)#exit
CE(config)#interface Serial0/1
CE(config-if)#no ip address
```

```
CE(config-if)#exit
```

10. En el router GTW2 asocie ambas interfaces seriales a la interfaz multilink que creó antes.

```
GTW2#configure terminal
GTW2(config)#interface Serial0/0
GTW2(config-if)#ppp multilink
GTW2(config-if)#ppp multilink group 1
GTW2(config-if)#exit
GTW2(config)#interface Serial0/1
GTW2(config-if)#ppp multilink
GTW2(config-if)#ppp multilink group 1
GTW2(config-if)#exit
```

11. En el router CE asocie ambas interfaces seriales a la interfaz multilink que creó antes.

```
CE#configure terminal
CE(config)#interface Serial0/0
CE(config-if)#ppp multilink
CE(config-if)#ppp multilink group 1
CE(config-if)#exit
CE(config)#interface Serial0/1
CE(config-if)#ppp multilink
CE(config-if)#ppp multilink group 1
CE(config-if)#exit
```

### Verificar la operación de MLPPP

1. Verifique en el router GTW2 la operación del enlace multilink. Debe mostrar que el enlace está operativo, con 2 miembros activos y sin interfaces inactivas.

```
GTW2#show ppp multilink
```

2. Desactive en GTW2 la interfaz serial 0/0 para simular una falla en el enlace y vuelva a verificar el estado del enlace multilink. Aún después de caída la interfaz serial 0/0 la interfaz multilink debe aparecer activa.

```
GTW2#configure terminal
GTW2(config)#interface serial0/0
GTW2(config-if)#shutdown
GTW2(config-if)#end
GTW2#show interface multilink1
```

3. Active nuevamente la interfaz Serial 0/0 y verifique ahora en el mismo router la tabla de enrutamiento. Encontrará que donde antes tenía 2 rutas al mismo destino ahora tiene una única ruta activa a través de la interfaz multilink.

```
GTW2#configure terminal
GTW2(config)#interface serial0/0
GTW2(config-if)#no shutdown
```

```
GTW2(config-if)#end
GTW2#show ip route
```

 De esta manera concluye este laboratorio.

# Laboratorio 7.3: Configuración y verificación de un cliente PPPoE

 Para la realización de los laboratorios de esta Guía he diseñado la topología de una maqueta única que permite cubrir todos los ejercicios propuestos. La descripción e información correspondiente a esta maqueta la encontrará en el inicio del manual.
Para este ejercicio debe concentrarse solamente en una parte de esa maqueta, a la que denominamos "Topología a utilizar".

### Topología a utilizar

 Para la asignación de direcciones de cada puerto y terminal diríjase a la tabla "Direccionamiento IP inicial" al inicio de la Guía.

Consideraciones a tener en cuenta para este ejercicio:

- En este ejercicio se utilizarán solamente los routers CE y PE. Las interfaces que conectan a los demás dispositivos pueden ser desactivadas.

- En el esquema de direccionamiento sugiero la incorporación de 2 interfaces loopback en cada dispositivo para poder luego hacer pruebas. Para que esto funcione adecuadamente es preciso incluir las redes vinculadas a estas interfaces de loopback en el proceso de OSPF.

- En el ejercicio el router CE se comporta como cliente PPPoE y el router PE como servidor PPPoE.

- El ejercicio (y el temario del examen) se centra en la configuración del cliente PPPoE. Para que se pueda verificar su funcionamiento es necesario entonces que el router PE opere como servidor PPPoE. Para esto, ingrese la siguiente configuración en la consola de PE:

```
PE#configure terminal
PE(config)#bba-group pppoe global
PE(config-bba-group)#virtual-template 1
PE(config-bba-group)#exit
PE(config)#interface Virtual-Template1
PE(config-if)#mtu1492
PE(config-if)#ip unnumbered GigabitEthernet0/1
PE(config-if)#peer default ip address pool pppoepool
PE(config-if)#exit
PE(config)#ip local pool pppoepool 200.1.1.10 200.1.1.20
PE(config)#interface GigabitEthernet0/1
PE(config-if)#pppoe enable group global
PE(config-if)#exit
```

### Direccionamiento IP inicial

| Dispositivo | Interfaz | IP | Máscara de Subred |
|---|---|---|---|
| PE | G0/1 | 200.1.1.1 | 255.255.255.0 |
| | Lo0 | 192.168.100.1 | 255.255.255.0 |
| | Lo1 | 172.16.100.1 | 255.255.255.0 |
| CE | G0/1 | --- | --- |
| | Lo0 | 192.168.200.1 | 255.255.255.0 |
| | Lo1 | 172.16.200.1 | 255.255.255.0 |

### Configurar un cliente PPPoE

1. Cree una interfaz de discado (dialer) que utilice la conexión PPPoE, utilizando la siguiente información:

   o El cliente debe utilizar direccionamiento IP provisto por el servidor PPPoE.

   o Utiliza encapsulación PPP.

   o Utilizará el pool "1" para conectarse a una subred destino específica.

```
CE#configure terminal
CE(config)#interface Dialer1
CE(config-if)#ip address negotiated
CE(config-if)#encapsulation ppp
CE(config-if)#dialer pool 1
CE(config-if)#end
```

2. Asigne la interfaz G0/1 al dial group que se acaba de crear. Es necesario asegurarse de que no haya dirección IP asignada a la interfaz (la ha de recibir dinámicamente del servidor PPPoE).

```
CE#configure terminal
CE(config)#interface GigabitEthernet0/1
CE(config-if)#no ip address
CE(config-if)#pppoe-client dial-pool-number 1
CE(config-if)#end
```

### Verificar la operación de PPPoE

1. Verifique que la sesión PPPoE se ha establecido en el router CE.

```
CE#show pppoe session
```

2. En el router CE verifique que la interfaz Dialer 1 haya obtenido una
   dirección IP del servidor PPPoE.

```
CE#show ip interface brief
```

3. Desde el router CE ejecute un ping a la interfaz loopback 0 del router PE.

```
CE#ping 192.168.100.1
```

Concluida la verificación elimine en ambos dispositivos (CE y PE) la configuración
de PPPoE para dejar la maqueta en su estado inicial para los siguientes ejercicios.

```
PE#configure terminal
PE(config)#no bba-group pppoe global
PE(config)#no interface Virtual-Template1
PE(config)#no ip local pool pppoepool 200.1.1.10 200.1.1.20
PE(config)#interface GigabitEthernet0/1
PE(config-if)#no pppoe enable group global
PE(config-if)#end

CE#configure terminal
CE(config)#no interface Dialer1
CE(config)#interface GigabitEthernet0/1
CE(config-if)#ip address 200.1.1.10
CE(config-if)#no pppoe-client dial-pool-number 1
CE(config-if)#end
```

Verifique que se ha recuperado la conectividad inicial del laboratorio.

De esta manera concluye este laboratorio.

## Túneles GRE

GRE es un protocolo de tunelizado que permite crear una ruta para transportar paquetes sobre una red pública encapsulando los paquetes en un protocolo de transporte.

- Se identifica con el ID 47 del campo protocolo del encabezado IP.

- Está definido en los RFCs 1701, 1702 y 2784.

- Soporta múltiples protocolos de capa 3 (IP, IPX, etc.).

- Permite el uso de multicast y broadcast sobre el túnel.

- Agrega un encabezado IP de 20 bytes y un encabezado GRE de 4 bytes (24 bytes en total agregados).

 Dado que el túnel agrega 24 bits al paquete original es preciso ajustar el MTU de las interfaces que atraviesa el túnel GRE.

| Encabezado IP Transporte | GRE | Paquete Transportado |
|---|---|---|

- El encabezado GRE incluye un campo protocolo para soportar el transporte de cualquier protocolo de capa 3.

- Puede incorporar un checksum del túnel, una llave y un número de secuencia.

- No encripta tráfico ni aplica otras medidas de seguridad robustas.

- GRE sobre IPsec es una implementación típica para redes hub and spoke para minimizar la cantidad de túneles que debe mantener cada router.

- No incluye ningún mecanismo de control de flujo.

La implementación de GRE requiere la creación de una interfaz de túnel, en la cual se aplican múltiples encabezados:

- El encabezado propio del "protocolo pasajero", es decir, el contenido transportado por el túnel. Por ejemplo IPv4 e IPv6.

- Un encabezado del protocolo de transporte: GRE.

- Un protocolo para la entrega del transporte, en este caso IPv4, que es el que transporta el protocolo de transporte.

### Configuración de un túnel GRE

```
RouterA(config)#interface tunnel 1
```
Crea la interfaz de túnel, le asigna un ID (en este caso 1) e ingresa al modo de configuración de la interfaz túnel.

```
RouterA(config-if)#tunnel mode gre ip
```
Define que se trata de un túnel GRE. Es el modo por defecto de las interfaces túnel.

```
RouterA(config-if)#ip address 192.168.100.49 255.255.255.252
```
Asigna una dirección IP para la interfaz de túnel.

```
RouterA(config-if)#tunnel source 10.1.1.10
```
Establece la IP de origen del túnel. Es la dirección IP origen del encabezado externo o encabezado para la entrega. Es la dirección IP de la interfaz física a través de la cual ha de salir el túnel.

```
RouterA(config-if)#tunnel destination 172.16.100.1
```
Define la dirección IP en la cual finaliza el túnel. Es la dirección IP de destino del encabezado para la entrega. Es la dirección IP de la interfaz física en la cual se ha de recibir el túnel.

```
RouterB(config)#interface tunnel 1
RouterB(config-if)#tunnel mode gre ip
RouterB(config-if)#ip address 192.168.100.50 255.255.255.252
RouterB(config-if)#tunnel source 172.16.100.1
RouterB(config-if)#tunnel destination 10.1.1.10
```

*Verificación de la operación del túnel GRE*

```
Router#show ip interface brief tunnel 1
```
Verifica el estado de la interfaz túnel.

```
Router#show interface tunnel 1
```
Permite verificar el estado del túnel GRE, la dirección IP asignada, las direcciones IP origen y destino definidas y el protocolo de transporte.

```
Router#show ip route
```
Permite verificar que la red del túnel aparezca como directamente conectada al dispositivo, y que se dispone de una ruta apta para alcanzar la IP de destino del túnel.

# Laboratorio 7.4: Configuración y verificación de un túnel GRE

 Para la realización de los laboratorios de esta Guía he diseñado la topología de una maqueta única que permite cubrir todos los ejercicios propuestos. La descripción e información correspondiente a esta maqueta la encontrará en el inicio del manual.
Para este ejercicio debe concentrarse solamente en una parte de esa maqueta, a la que denominamos "Topología a utilizar".

## Topología a utilizar

 Para la asignación de direcciones de cada puerto y terminal diríjase a la tabla "Direccionamiento IP inicial" al inicio de la Guía.

Consideraciones a tener en cuenta para este ejercicio:

- En este ejercicio se utilizarán solamente los routers GTW1, CE y PE. Las interfaces que conectan a los demás dispositivos pueden permanecer activas.

- Antes de iniciar el laboratorio verifique que hay conectividad entre GTW1 y PE ejecutando un ping desde GTW1 hacia la interfaz G0/0 del router PE.

## Direccionamiento IP inicial

| Dispositivo | Interfaz | IP | Máscara de Subred |
|---|---|---|---|
| GTW1 | G0/0 | 172.16.1.5 | 255.255.255.252 |
| | G0/1 | 172.16.50.1 | 255.255.255.0 |
| | G0/2 | 172.16.1.1 | 255.255.255.252 |

| Dispositivo | Interfaz | IP | Máscara de Subred |
|---|---|---|---|
| CE | G0/0 | 172.16.1.6 | 255.255.255.252 |
| | S0/0 | 172.16.1.10 | 255.255.255.252 |
| | S0/1 | 172.16.1.14 | 255.255.255.252 |
| | G0/1 | 200.1.1.10 | 255.255.255.0 |
| PE | G0/0 | 192.168.1.1 | 255.255.255.0 |
| | G0/1 | 200.1.1.1 | 255.255.255.0 |

### Configurar un túnel GRE

1. Verifique el estado inicial de la tabla de enrutamiento del router GTW1.

```
GTW1#show ip route
```

2. Verifique también la tabla de enrutamiento del router CE.

```
CE#show ip route
```

3. Desde la consola del router GTW1 cree la interfaz Tunnel 0 con las siguientes características:

   o Dirección IP: 172.30.1.1/24

   o Origen del túnel: Interfaz G0/0 del router GTW1.

   o Destino del túnel: Interfaz G0/1 del router PE.

```
GTW1#configure terminal
GTW1(config)#interface tunnel 0
GTW1(config-if)#ip address 172.30.1.1 255.255.255.0
GTW1(config-if)#tunnel source 172.16.1.5
GTW1(config-if)#tunnel destination 200.1.1.1
GTW1(config-if)#end
```

4. Acceda a la consola del router PE y cree una interfaz Tunnel 0 con las siguientes características:

   o Dirección IP: 172.30.1.2/24

   o Origen del túnel: Interfaz G0/1 del router PE.

   o Destino del túnel: Interfaz G0/0 del router GTW1.

```
PE#configure terminal
PE(config)#interface tunnel 0
PE(config-if)#ip address 172.30.1.2 255.255.255.0
PE(config-if)#tunnel source 200.1.1.1
PE(config-if)#tunnel destination 172.16.1.5
PE(config-if)#end
```

### Verificar el túnel GRE que se acaba de crear

1. Verifique en el router GTW1 que la interfaz de túnel está operando correctamente.

```
GTW1#show ip interface brief Tunnel 0
```

2. Realice la misma verificación en el router PE.

```
PE#show interfaces Tunnel 0
```

3. Verifique la tabla de enrutamiento del router GTW1. En este caso ahora encontrará como red directamente conectada la red 172.30.1.0/24 a la interfaz Tunnel 0.

```
GTW1#show ip route
```

4. Desde el router GTW1 verifique la conectividad con el router PE a través del túnel ejecutando una prueba de ping.

```
GTW1#ping 172.30.1.2
```

Concluida la verificación elimine en ambos dispositivos (GTW1 y PE) la configuración de GRE para dejar la maqueta en su estado inicial para los siguientes ejercicios.

```
PE#configure terminal
PE(config)#no interface tunnel 0
PE(config-if)#end

GTW1#configure terminal
GTW1(config)#no interface tunnel 0
GTW1(config-if)#end
```

Verifique que se ha recuperado la conectividad inicial del laboratorio y con esta tarea se concluye este ejercicio.

## iWAN

El desarrollo de las redes actuales, entre otros elementos, está generando una mayor demanda de ancho de banda en las redes remotas. Paralelamente el acceso a Internet se ha hecho cada vez más confiable y económico. iWAN brinda una manera de tomar ventaja de estas conexiones más económicas sin comprometer la performance, disponibilidad y seguridad de las aplicaciones.

iWAN hace que el tráfico sea enrutado a través de conexiones WAN en base a múltiples factores: la aplicación, SLAs, tipo de terminales y condiciones de la red. El objetivo es asegurar la mejor experiencia posible.

Los componentes de la solución son:

- Transporte independiente de la conectividad.
  Se genera una red DMVPN a través de todos los sistemas de conectividad disponibles. De esta manera se tiene una única red con un único dominio de enrutamiento.
  Esto da gran flexibilidad al uso de cualquier medio de conexión disponible y permite converger la red sin modificar la arquitectura subyacente.

- Control de ruta inteligente.
  Utilizando PfR (Performance Routing) mejora la entrega y eficiencia de las aplicaciones. Dinámicamente controla las decisiones de reenvío de los paquetes considerando tipo de aplicación, performance, políticas y estado de las rutas.

- Optimización de aplicaciones.
  AVC y WAAS brindan visibilidad y ayudan a optimizar la performance de las aplicaciones sobre los enlaces WAN.

- Conectividad muy segura.
  Toma ventaja de todas las prestaciones que pueden aportar las VPNs, los firewalls, la segmentación de la red y otros features de seguridad.

# Día 29
# Repaso

 Lo desarrollado hasta este punto es una síntesis del temario que hemos estudiado hasta aquí, síntesis creada con la intención de brindar una herramienta de repaso de esos temas.
Un desarrollo completo de estos temas puede encontrarse en los capítulos precedentes.

 El mejor resumen siempre el que elabora uno mismo; lo que le presento a continuación es simplemente una sugerencia o guía orientativa.

Sus características principales de una WAN:

- Generalmente conectan dispositivos separados por distancias importantes.

- Utiliza los servicios de un carrier.

- Utiliza conexiones de diferente tipo.

## Terminología WAN

### El punto de demarcación

- Punto en el cual terminan las responsabilidades del proveedor de servicio y empiezan las del Administrador de la red corporativa.

### El bucle local

- Enlace que conecta físicamente el punto de demarcación con la red del proveedor de servicio.

### Routers

- Responsable de proveer interfaces de acceso que permiten la conexión a la red del proveedor de servicios. El router corporativo comúnmente opera como DTE.

### CPE

- Dispositivo instalado en el punto de demarcación. Actúa como interfaz entre la red corporativa y la red del proveedor.

*CSU/DSU*

- Dispositivo que permite conectar un DTE a un circuito digital provisto por el proveedor de servicios.

*DTE*

- Dispositivo que es origen o destino de información en formato digital.

*Módem*

- Dispositivo capaz de interpretar señales digitales y analógicas lo que permite la transmisión sobre líneas telefónicas de voz convencionales.

*Conversor de fibra óptica*

- Utilizado para terminar un enlace de fibra óptica y convertir las señales ópticas en eléctricas y viceversa.

### Topologías posibles

- Estrella o hub and spoke.

- Malla completa.

- Malla parcial.

### La conectividad a Internet

Hay 3 mecanismos tradicionales para conectar pequeñas redes a Internet:

- Medios de cobre.

- Medios de fibra óptica.

- Medios inalámbricos.

## Direccionamiento IP asignado por el proveedor de servicio

Este direccionamiento se debe aplicar a la interfaz que conecta hacia el ISP y puede aplicarse de modo estático o automático.

### Configuración de direccionamiento estático

```
Router(config)#interface GigabitEthernet0/0
Router(config-if)#ip address 201.170.15.17 255.255.255.252
Router(config-if)#no shutdown
Router(config-if)#exit
Router(config)#ip route 0.0.0.0 0.0.0.0 201.170.15.18
```

### Configuración de direccionamiento dinámico

Cuando el ISP utiliza DHCP no se ingresan datos manualmente (ni aún la ruta por defecto es necesaria) sino que solamente es necesario activar el cliente DHCP en la interfaz.

```
Router(config)#interface GigabitEthernet0/0
Router(config-if)#ip address dhcp
```

## Opciones de conexión WAN

### Redes WAN privadas

*Líneas Dedicadas*

- No está sometida a latencia ni fluctuaciones de fase.

- Utilizan enlaces de acceso: T1/E1 y siguientes.

- Interfaz del router a conectar: Serial.

- Protocolos de encapsulación: HDLC, PPP.

*Redes Conmutadas.*

- Servicios de circuito conmutado.

- Servicios de paquete conmutado.

   o X.25.

- o  Frame Relay.

- o  ATM.

## Redes WAN públicas y acceso a Internet

A través de Internet es posible mantener comunicaciones privadas utilizando servicios de VPNs.

*VPNs gestionadas por el proveedor*

- • VPNs MPLS capa 2.
  El cliente gestiona su propia información de enrutamiento y puede implementar sobre la WAN aplicaciones que requieren que los nodos se encuentren en el mismo dominio de broadcast.
  Son ejemplos de este tipo de VPNs: VPLS y VPWS.

- • VPNs MPLS capa 3.
  En este caso es necesario que el service provider participe del intercambio de información de enrutamiento con el cliente ya que la adyacencia se establece entre el CE del cliente y el PE del proveedor.

*VPNs gestionadas por la empresa*

Tipos básicos de VPNs:

- • VPN site-to-site.
  Conecta redes LAN a través de una conexión sitio a sitio. A la VPN se accede a través de un dispositivo (router o firewall) que se ocupa de encriptar el tráfico saliente y encapsularlo para que sea enviado a través de un túnel hasta el otro extremo de la VPN.

- • VPN de acceso remoto.
  Diseñada para responder a las necesidades del teletrabajo y los usuarios móviles.
  En este caso cada terminal tiene un cliente de software instalado que es el responsable de levantar el túnel encriptado contra un dispositivo que actúa como terminador de estos túneles.

Hay diferentes mecanismos disponibles para el despliegue de estas VPNs.

- • Túnel IPsec.

- • Túnel GRE sobre IPsec.

- • DMVPN.

- • IPsec VTI.

## Líneas punto a punto

- Alto costo.

- Muy baja latencia y jitter.

- Alta disponibilidad.

- Ancho de banda dedicado.

- Requiere un puerto serial en el router por cada línea.

- Conecta con la red del proveedor a través de un CSU/DSU.

## Encapsulación HDLC

- Protocolo de encapsulación de capa de enlace de datos.

- Provee servicios de encapsulación de tramas en enlaces sincrónicos punto a punto.

- La versión propietaria de Cisco agrega un campo tipo que le permite soportar múltiples protocolos de capa de red.

- En IOS es la opción de encapsulación por defecto.

## Encapsulación PPP

- PPP es un protocolo estándar de encapsulación de capa 2.

- Puede ser utilizado sobre diferentes tipos de enlaces.

- Provee conexiones router a router o terminal a red.

- Sobre circuitos sincrónicos o asincrónicos.

- Incluye prestaciones importantes como gestión de calidad del enlace, detección de errores y autenticación.

- Permite transportar múltiples protocolos de capa de red.

PPP tiene 3 componentes principales:

- LCP.
  Negocia las condiciones de establecimiento y cierre del enlace.

- NCP.
  Permite detectar y operar simultáneamente con múltiples protocolos de capa 3.

- HDLC.
  Se utiliza para el transporte de datos.

El protocolo incluye varias opciones de configuración:

- Autenticación: PAP / CHAP.

- Compresión.

- Detección de errores.

- Multilink.

El establecimiento de un enlace PPP pasa por varias etapas:

1. Fase de establecimiento de la conexión.    LCP.

2. Fase de autenticación (opcional).    LCP.

3. Fase de protocolo de red.    NCP.

4. Transferencia de datos.    HDLC.

5. Fase de cierre de la sesión.    LCP.

### Configuración de PPP

```
Router#configure terminal
Router(config)#interface serial 0/0/0
Router(config-if)#bandwidth 64
Router(config-if)#clock rate 64000
Router(config-if)#encapsulation ppp
```

*Verificación y monitoreo*

```
Router#show controllers Serial0/0/0
Router#show interfaces serial 0/0/0
Serial0/0/0 is up, line protocol is up
  Hardware is HD64570
Internet address is 192.168.13.1/24
MTU 1500 bytes, BW 64Kbit, DLY 20000 usec, rely 255/255, load 1/255
Encapsulation PPP, loopback not set, keepalive set (10 sec)
LCP Open
Open: IPCP, CDPCP
[Continúa...]
```

### Autenticación con PPP

PPP define 2 protocolos de autenticación:

- PAP

  o  Es un mecanismo de intercambio de 2 vías simple.

  o  El intercambio se realiza solamente en el momento previo al establecimiento del enlace y sin utilizar cifrado en las credenciales.

- CHAP

  ○ Es la opción más segura, la preferida y más implementada.

  ○ Utiliza un intercambio de triple vía enviando un texto de desafío (challenge) solicitando respuesta.

  ○ El valor de desafío que utiliza es único y seleccionado al azar.

  ○ Las credenciales nunca se envían entre los dispositivos a través del enlace.

  ○ Repite periódicamente el proceso de autenticación.

*Configuración de autenticación PAP*

```
LAB_A#configure terminal
LAB_A(config)#username LAB_B password cisco
LAB_A(config)#interface serial 0/0/0
LAB_A(config-if)#encapsulation ppp
LAB_A(config-if)#ppp authentication pap
LAB_A(config-if)#ppp pap sent-username LAB_A password cisco
LAB_A(config-if)#no shutdown

Lab_B#configure terminal
LAB_B(config)#username LAB_A password cisco
LAB_B(config)#interface serial 0/0/0
LAB_B(config-if)#encapsulation ppp
LAB_B(config-if)#ppp authentication pap
LAB_B(config-if)#ppp pap sent-username LAB_B password cisco
LAB_B(config-if)#no shutdown
```

*Configuración de autenticación CHAP*

```
Router#configure terminal
Router(config)#hostname LAB_A
LAB_A(config)#username LAB_B password cisco
LAB_A(config)#interface serial 0/0/0
LAB_A(config-if)#encapsulation ppp
LAB_A(config-if)#ppp authentication chap
LAB_A(config-if)#no shutdown

Router#configure terminal
Router(config)#hostname LAB_B
LAB_B(config)#username LAB_A password cisco
LAB_B(config)#interface serial 0/0/0
LAB_B(config-if)#encapsulation ppp
LAB_B(config-if)#ppp authentication chap
LAB_B(config-if)#no shutdown
```

*Verificación*

```
LAB_A#show ppp all
LAB_A#debug ppp negotiation
```

```
LAB_A#debug ppp authentication
LAB_A#debug ppp packet
```

### Multilink PPP

- Está descrito en el RFC 1990.

- Combina múltiples enlaces físicos en un conjunto lógico.

- Prestaciones:

  o Balanceo de carga sobre múltiples enlaces seriales.

  o Permite interoperabilidad entre múltiples fabricantes.

  o Mejora de la redundancia.

  o Posibilidad de fragmentación e intercalado (LFI).

- Opera tanto sobre enlaces sincrónicos como asincrónicos.

- El conjunto lógico MLP se presenta como una única interfaz virtual que conecta con el dispositivo remoto.

- Todas las estadísticas de tráfico se registran sobre la interfaz virtual.

- Se pueden asociar hasta 10 enlaces seriales y hasta 8 enlaces PPPoE.

*Configuración de un enlace multilink*

#### 1. Creación de la interfaz virtual

```
Router(config)#interface Multilink 1
Router(config-if)#ip address 192.168.100.1 255.255.255.252
Router(config-if)#ppp multilink
Router(config-if)#ppp multilink group 1
Router(config-if)#exit
```

#### 2. Asociación de interfaces a la interfaz virtual

```
Router(config)#interface serial0/0
Router(config-if)#no ip address
Router(config-if)#encapsulation ppp
Router(config-if)#ppp multilink
Router(config-if)#ppp multilink group 1
Router(config-if)#exit
Router(config)#interface serial0/1
Router(config-if)#no ip address
Router(config-if)#encapsulation ppp
Router(config-if)#ppp multilink
Router(config-if)#ppp multilink group 1
Router(config-if)#exit
Router(config)#
```

```
Router#show ppp multilink
Router#show interfaces Multilink 1
```

### PPPoE

PPPoE permite emular un enlace punto a punto sobre una red de medio compartido que típicamente es una red de banda ancha.

El establecimiento de la sesión PPPoE requiere completar un procedimiento de 4 pasos.

- El cliente envía un paquete PADI en formato broadcast.

- El servidor al recibir un PADI responde enviando un PADO al cliente.

- El cliente puede recibir varios PADOs. El cliente elije uno de ellos. El cliente envía un paquete PADR al servidor de su elección.

- El servidor o concentrador responde enviando un paquete PADS creando una interfaz virtual para luego negociar PPP.

*Configuración*

```
Router(config)#interface Dialer1
Router(config-if)#ip address negotiated
Router(config-if)#encapsulation ppp
Router(config-if)#dialer pool 1
Router(config-if)#exit
Router(config)#interface GigabitEthernet0/1
Router(config-if)#no ip address
Router(config-if)#pppoe-client dial-pool-number 1
Router(config-if)#exit
Router(config)#
```

*Verificación de la operación de PPPoE*

```
Router#show ip interface brief
Router#show pppoe session
```

## Túneles GRE

- Soporta múltiples protocolos de capa 3 (IP, IPX, etc.).

- Permite el uso de multicast y broadcast sobre el túnel.

- Agrega un encabezado IP de 20 bytes y un encabezado GRE de 4 bytes (24 bytes en total agregados).

- El encabezado GRE incluye un campo protocolo para soportar el transporte de cualquier protocolo de capa 3.

- Puede incorporar un checksum del túnel, una llave y un número de secuencia.

- No encripta tráfico ni aplica otras medidas de seguridad robustas.

- GRE sobre IPsec es una implementación típica para redes hub and spoke para minimizar la cantidad de túneles que debe mantener cada router.

- No incluye ningún mecanismo de control de flujo.

### Configuración de un túnel GRE

```
RouterA(config)#interface tunnel 1
RouterA(config-if)#tunnel mode gre ip
RouterA(config-if)#ip address 192.168.100.49 255.255.255.252
RouterA(config-if)#tunnel source 10.1.1.10
RouterA(config-if)#tunnel destination 172.16.100.1

RouterB(config)#interface tunnel 1
RouterB(config-if)#tunnel mode gre ip
RouterB(config-if)#ip address 192.168.100.50 255.255.255.252
RouterB(config-if)#tunnel source 172.16.100.1
RouterB(config-if)#tunnel destination 10.1.1.10
```

*Verificación de la operación del túnel GRE*

```
Router#show ip interface brief tunnel 1
Router#show interface tunnel 1
Router#show ip route
```

## iWAN

Brinda una manera de tomar ventaja de conexiones más económicas sin comprometer la performance, disponibilidad y seguridad de las aplicaciones.

Hace que el tráfico sea enrutado a través de conexiones WAN en base a múltiples factores: la aplicación, SLAs, tipo de terminales y condiciones de la red.

Los componentes de la solución son:

- Transporte independiente de la conectividad.
  Se genera una red DMVPN a través de todos los sistemas de conectividad disponibles.

- Control de ruta inteligente.
  Utilizando PfR (Performance Routing) mejora la entrega y eficiencia de las aplicaciones.

- Optimización de aplicaciones.
  AVC y WAAS brindan visibilidad y ayudan a optimizar la performance de las aplicaciones.

- Conectividad muy segura.

# Día 30
## Cuestionario de Repaso

Para completar la preparación en vistas al examen de certificación siempre es conveniente revisar nuestros conocimientos y conocer nuestras áreas de conocimiento más fuertes y más débiles.

Una herramienta adecuada para esto es un cuestionario que nos permita revisar el temario del examen para poner a prueba nuestros conocimientos. Ese es el sentido de este cuestionario: revisar conocimientos, conocer nuestras fortalezas y debilidades, repasar los puntos más débiles y familiarizarnos con la metodología de preguntas del examen.

Este cuestionario no conforma un examen, ni tan siquiera una simulación del mismo. Sólo es una herramienta más de estudio. Al finalizar las preguntas encontrarás las respuestas correctas y la justificación de las mismas; la idea es que esto debe servirte como una nueva manera de revisar los mismos temas y retomar aquellos conocimientos que no quedaron suficientemente afirmados hasta aquí. Si una pregunta te hace dudar, es entonces oportuno volver al desarrollo del tema, estudiarlo, y responder ya con mayor conocimiento y seguridad.

## Cuestionario

01. Dos routers se encuentran conectados a través de una línea punto a punto vinculada a sus puertos seriales. Es necesario realizar la configuración de las interfaces de ambos.

    En uno de ellos se realiza la siguiente configuración:

    ```
    Router(config)#hostname RA
    RA(config)#interface Serial0/0/0
    RA(config-if)#encapsulation ppp
    RA(config-if)#ppp authentication chap
    ```

    ¿Cuál de los comandos que se presentan a continuación es necesario para completar la configuración de RA de modo que CHAP opere correctamente?
    Asuma que RB ha sido configurado correctamente utilizando la clave "Cisco".

    A. No requiere configuración adicional.

    B. RA(config)#ppp chap

    C. RA(config)#username RA password Cisco

    D. RA(config-if)#username RA password Cisco

    E. RA(config)#username RB password Cisco

    F. RA(config-if)#ppp chap password Cisco

02. Usted se encuentra configurando OSPFv3 en un nuevo router y se ha encontrado con el siguiente mensaje en su consola.

¿Qué indica este mensaje?

```
*Jan 17 10:15:58:458: %OSPFv3-4-NORTRID: OSPFv3 process 99 could
not pick a router-id, please configure manually
```

      A. El proceso 99 de OSPF no tiene un ID que se encuentre dentro del rango válido de 1 a 64.

      B. No hay direcciones IPv4 configuradas en este router.

      C. No hay interfaces de loopback configuradas en este router.

      D. El enrutamiento IPv6 no se ha activado en este router.

03. ¿Cuáles de las siguientes son 2 bases de datos utilizadas por los protocolos de enrutamiento por estado de enlace? (Elija 2)

      A: La base de datos de LSU.

      B. La base de datos de vecinos.

      C. La base de datos de estado de enlaces por interfaces.

      D. La base de datos topológica.

      E. La base de datos de próximos saltos.

      F. La base de datos de hellos.

04. ¿Cuál de las siguientes metodologías permite a los protocolos de enrutamiento por estado de enlace limitar el alcance de los cambios en las rutas?

      A. Incorporar soporte para direccionamiento classless.

      B. Definir las rutas de destino utilizando prefijos IP.

      C. Enviar actualizaciones exclusivamente cuando hay cambios de topología.

      D. Segmentar la red utilizando un esquema de áreas jerárquicas.

05. Por defecto, ¿Cuál de los siguientes parámetros es considerado por EIGRP para el cómputo de la mejor ruta? (Elija 2)

        A. Mínimo ancho de banda de la ruta.

        B. Confiabilidad.

        C. Número de saltos.

        D. Delay.

        E. Carga.

        F. Costo.

        G. MTU.


06. ¿Cuál de las siguientes afirmaciones es verdadera respecto de las direcciones formato EUI-64 que implementa Cisco IOS para generar direcciones de nodo por el procedimiento de autoconfiguración stateless?

        A. Se agrega el identificador de sitio (site-level aggregator) a la dirección MAC.

        B. Se agrega el ISO OUI a la dirección MAC.

        C. Se expanden los 48 bits de la dirección MAC a 64 bits insertando 0xFFFE entre los primeros y segundos 16 bits.

        D. No sigue los estándares IEEE referidos a direcciones únicas.

        E. Es un mecanismo propietario de Cisco.


07. ¿Cuál de los siguientes comando utilizaría Ud. para determinar si se registran errores entrantes o salientes en la interfaz GigabitEthernet0/0?

        A. `show ip route GigabitEthernet0/0`

        B. `show ip interfaces GigabitEthernet0/0`

        C. `show ip interfaces brief`

        D. `show interfaces GigabitEthernet0/0`

        E. `show mac-address-table`

        F. `show arp`

        G. `show interfaces GigabitEthernet0/0 errors`

08. ¿Cuál de los que se mencionan a continuación es un problema que podría ser resuelto por la implementación de PortFast?

 A. Pérdida de ancho de banda

 B. Timeout de DHCP

 C. Vulnerabilidad de seguridad

 D. Error de coincidencia de dúplex

 E. Error de coincidencia de VLAN nativa

09. Durante un diagnóstico de fallos, ¿Cuál de los siguientes comandos utilizaría para revisar la base de datos de información de RIP?

 A. `show ip rip topology`

 B. `show ip rip traffic`

 C. `show ip rip route`

 D. `show ip rip database`

10. ¿Cuál de las que se presentan a continuación es la dirección IPv6 multicast solicited-node correspondiente a 2001:db8:1001:f:2c0:10ff:fe17:fc0f?

 A. ff02:0000:0000:0000:0000:0001:ff17:fc0f

 B. 2001:0000:0000:0000:0000:0001:ff17:fc0f

 C. ff01:0000:0000:0000:0000:0001:fe17:fc0f

 D. ff02:0000:0000:0000:0000:0001:fe17:fc0f

 E. ff02:0000:0000:0000:0000:10ff:fe17:fc0f

11. Al revisar la tabla de enrutamiento de un dispositivo Cisco IOS, ¿Qué significa la letra D asociada a una de las entradas de la tabla?

 A. Se trata de una ruta estática.

 B. Se trata de una ruta aprendida a través de OSPF.

 C. Se trata de una ruta aprendida a través de EIGRP.

 D. Se trata de una ruta DMVPN.

 E. Se trata de una ruta por defecto.

12. Dos switches Catalyst están conectados entre sí utilizando 2 puertos de cada uno de los switches (Gi0/1 y Gi0/2 en cada uno de ellos).

¿Cuál de las siguientes combinaciones resultará en la conformación de un EtherChannel si ambos dispositivos utilizan PAgP?

A. Switch A - Desirable | Switch B - Auto

B. Switch A - Auto | Switch B - Auto

C. Switch A - Active | Switch B - Passive

D. Switch A - Active | Switch B – Active

13. ¿Cuál de las que se mencionan a continuación es una herramienta avanzada de clasificación de tráfico de aplicaciones de datos?

A. NetFlow

B. NBAR

C. PDLM

D. Wireshark

E. ToS

F. DSCP

14. ¿Cuál de las siguientes afirmaciones respecto de la operación de VLANs en switches Catalyst es verdadera?

A. Cuando se recibe un paquete en un puerto troncal 802.1Q el VLAN ID se determina a partir de la dirección MAC de origen y la tabla de direcciones MAC.

B. Las tramas de unicast con dirección MAC destino desconocida se reenvían solamente a los puertos que pertenecen a la misma VLAN.

C. Las tramas de broadcast y multicast se reenvían a todos los puertos, aun los que pertenecen a diferentes VLANs.

D. Los puertos que conectan switches entre sí se pueden configurar en modo acceso de modo que las diferentes VLANs pueden propagarse a través de ellos.

15. Dos switches Catalyst han sido conectados entre sí utilizando el puerto Gi0/1 de cada uno de ellos que ha sido configurado como troncal 802.1Q.

En el puerto Gi0/1 del switch Sw1 se ha definido como VLAN nativa la VLAN 199, mientras que en el puerto Gi0/1 del switch Sw2 no se especificó una VLAN nativa.

¿Qué ocurrirá?

   A. Los terminales conectados a puertos de acceso de la VLAN 199 de Sw1 comenzarán a recibir tramas 802.1Q gigantes.

   B. Se recibirá un mensaje de "native VLAN mismatch error" en la consola de ambos switches.

   C. Se recibirá un mensaje de "native VLAN mismatch error" solamente en la consola de Sw2.

   D. Los terminales conectados a puertos de acceso de Sw1 recibirán tramas marcadas con 802.1Q.

   E. Los terminales conectados a puertos de acceso de Sw2 recibirán tramas marcadas con 802.1Q.

16. Considere los siguientes mensajes de eventos:

```
*May 01, 01:45:17.747: %SYS-5-CONFIG_I: Configured from console by
console
%LINK-5-CHANGED: Interface FastEthernet0/1, changed state to
administratively down
%LINEPROTO-5-UPDOWN: Line protocol on Interface FastEthernet0/1,
changed state to down
%DUAL-5-NBRCHANGE: IP-EIGRP 1: Neighbor 10.10.11.6
(FastEthernet0/1) is down: interface down
```

¿Cuál de las siguientes es la causa de estos mensajes de eventos?

   A. El vecino EIGRP de la interfaz Fa0/1 se cayó debido a un problema a nivel de capa de enlace en la interfaz.

   B. El vecino EIGRP conectado a la interfaz Fa0/1 participa de un AS diferente por lo que la relación se ha caído.

   C. Se desactivó manualmente (shutdown) la interfaz Fa0/1, como consecuencia de lo cual cayó la adyacencia EIGRP.

   D. La interfaz Fa0/1 ingresó en estado errdisabled, lo que ha causado la caída de la adyacencia EIGRP.

17. El Administrador de la red debe crear 7 segmentos de LAN.

La red implementa solamente RIP versión 1 como protocolo de enrutamiento y en la configuración se ha incluido el comando subnet zero.

¿Cuál es la cantidad máxima de direcciones IP útiles que es posible soportar en cada segmento si la empresa utiliza un bloque de direcciones clase C?

   A. 8

   B. 6

   C. 16

   D. 14

   E. 32

   F. 30

   G. 64

   H. 60

18. ¿Cuál de las que se mencionan a continuación es una virtual MAC address HSRP válida?

   A. 0000.5E00.01A3

   B. 0007.B400.AE01

   C. 0000.0C07.AC15

   D. 0007.5E00.B301

19. ¿Cuáles de los niveles de severidad de mensajes de eventos serán registrados en un dispositivo en el que se ejecuta el siguiente comando? (Elija 4)

```
Router(config)#logging trap 4
```

   A. Emergency

   B. Notice

   C. Alert

   D. Error

   E. Informational

   F. Warning

   G. Notification

   H. Debugging

20. ¿Cuáles de las siguientes afirmaciones son verdaderas respecto de la traducción de NAT estático?
(Elija 2)

    A. Permite que la conexión sea iniciada desde la red outside.

    B. No requiere que se identifiquen interfaces inside u outside ya que las direcciones están estáticamente definidas.

    C. Están siempre presentes en la tabla NAT.

    D. Puede ser configurada utilizando ACLs para permitir que 2 o más conexiones se inicien desde la red outside.

21. ¿Cuáles son las 3 capas que componen la arquitectura SDN? (Elija 3)

    A. Datos

    B. Control

    C. Presentación

    D. Sesión

    E. Aplicación

    F. Transporte

22. ¿Cuántos bits componen el campo DSCP del encabezado IPv4, utilizado en los procesos de marcado de tráfico?

    A. 3 bits.

    B. 4 bits.

    C. 6 bits.

    D. 8 bits.

    E. 12 bits.

    F. 16 bits

23. Un túnel GRE está "flapping", es decir que se activa y desactiva intermitentemente, generando el siguiente mensaje de error:

```
%LINEPROTO-5-UPDOWN:
Line protocol on Interface Tunnel0, changed state to up
%TUN-5-RECURDOWN:
Tunnel0 temporarily disabled due to recursive routing
%LINEPROTO-5-UPDOWN:
Line protocol on Interface Tunnel0, changed state to down
%LINEPROTO-5-UPDOWN:
...
```

¿Cuál de las siguientes puede ser la razón de esta situación?

A. No se ha activado el enrutamiento IP en la interfaz túnel.

B. Hay problemas con el MTU de la interfaz.

C. Hay una lista de acceso en la interfaz túnel bloqueando el tráfico.

D. El router está intentando alcanzar la dirección de destino del túnel utilizando la misma interfaz túnel.

24. ¿Cuál de los que se mencionan a continuación es el protocolo y puerto (si corresponde) utilizado por eBGP en capa de transporte?

A. TCP 441

B. RTP

C. TCP 179

D. UDP 441

E. UDP 179

F. Es un protocolo de capa de red, no utiliza protocolo de capa de transporte.

25. En el contexto de una arquitectura SDN, ¿Entre qué dos planos se utilizan las interfaces soutbound? (Elija 2)

A. Plano de control

B. Plano de switching

C. Plano de datos

D. Plano de enrutamiento

E. Plano de aplicaciones

F. OpenFlow

G. OpFlex

26. ¿Cuál es la función de un FHRP?

    A. FHRP es un protocolo de enrutamiento.

    B. Proporciona información de enrutamiento a dispositivos terminales.

    C. Administra la redundancia de gateways.

    D. Gestiona la redundancia de capa 2.

    E. Complementa la operación de PVSTP.

27. Considerando las afirmaciones que se presentan más abajo. ¿Cuáles (2) de ellas son verdaderas respecto del Router ID de OSPF? (Elija 2)

    A. El RID identifica el origen de los LSAs tipo 1.

    B. Debería ser el mismo en todos los routers que se encuentran en un dominio de enrutamiento OSPF.

    C. Por defecto, la dirección IP más baja del dispositivo será asumida como RID de OSPF.

    D. Cuando no hay un RID de OSPF configurado, el dispositivo automáticamente asume la dirección IP de la interfaz de loopback como tal.

    E. Se crea automáticamente utilizando la dirección MAC de la interfaz loopback.

    F. El RID identifica la interfaz a través de la cual se envían los LSAs tipo 1.

28. En una topología Spanning-Tree y considerando la configuración por defecto de los switches. ¿Qué valor es utilizado para determinar cuál será el puerto raíz en un switch no-raíz?

    A. Costo de la ruta al switch raíz.

    B. Dirección MAC de los puertos.

    C. Número de versión de VTP.

    D. Valor de prioridad del puerto.

    E. Prioridad del puerto y dirección MAC.

29. Un administrador de red se encuentra verificando la configuración de una terminal recientemente instalada estableciendo una conexión FTP a un servidor remoto.

¿Cuál es el nivel más alto del modelo OSI cuya operación se está verificando con este procedimiento?

        A. Aplicación

        B. Presentación

        C. Sesión

        D. Transporte

        E. Internet

        F. Enlace de datos

        G. Autenticación

30. ¿Cuál de las direcciones que se muestran a continuación identifica el grupo multicast all-router?

        A. FF02::1

        B. FF02::2

        C. FF02::3

        D. FF02::5

        E. FF02::9

        F. FF02::a

31. ¿Cuál de los parámetros que se mencionan a continuación puede ser diferente en los puertos que se han de integrar en un EtherChannel?

        A. speed.

        B. configuración de negociación DTP.

        C. encapsulación del troncal.

        D. dúplex.

        E. modo acceso/troncal

        F. dirección IP

32. ¿Cuál de los inconvenientes que se enumeran a continuación puede ser solucionado implementando PortFast?

    A. Estrangulamiento del ancho de banda disponible.

    B. Timeout de DHCP.

    C. Error de negociación de dúplex.

    D. Error de negociación de VLAN nativa.

    E. Error de negociación de DTP.

33. Al verificar una interfaz el técnico verifica que la misma está operando con collision detection y carrier sensing conectada a una red compartida de cable de par trenzado.

A partir de esta información, ¿Qué es lo que sabemos respecto de esta interfaz de red?

    A. Se trata de un puerto de switch de 10 Mb/s.

    B. Se trata de un puerto de switch de 100 Mb/s.

    C. Se trata de un puerto Ethernet en modo half dúplex.

    D. Se trata de un puerto Ethernet en modo full dúplex.

    E. Se trata de una placa de red de una terminal.

34. ¿Cuáles de los que se presentan a continuación son 2 comandos que pueden utilizarse en una interfaz de un switch Cisco Catalyst para verificar el estado de configuración de un enlace troncal? (elija 2)

    A. show interface trunk

    B. show interface status

    C. show ip interface brief

    D. show interface vlan

    E. show interface switchport

35. Antes de instalar una nueva versión de IOS en un router Cisco, ¿Qué debe chequearse en el router y con cuál de los comandos que se proponen se puede obtener esa información? (Elija 2)

        A. La cantidad de ROM disponible.

        B. La cantidad de memoria flash disponible.

        C. La versión de bootstrap utilizada por el router.

        D. show version

        E. show flash

        F. show processes

        G. show running-config

36. ¿Cuáles de lo que se mencionan a continuación son 3 componentes de la arquitectura SNMP? (seleccione 3)

        A. MIB

        B. Agente SNMP

        C. Set

        D. AES

        E. SNMP Supervisor

        F. SNMP Manager

        G. SNMP Collector

        H. Trap

37. ¿Cuál de las que se presenta a continuación es una dirección IPv6 válida?

        A. 2001:0db8:0000:130F:0000:0000:08GC:140B

        B. 2001:0db8:0:130H::87C:140B

        C. 2031::130F::9C0:876A:130B

        D. 2031:0:130F::9C0:876A:130B

        E. 2001:db8:0:130F::08GC:140B

38. ¿Cuál es la función del comando `switchport trunk native vlan 777` en un switch Catalyst?

    A. Crea la interfaz VLAN 777.

    B. Define la VLAN 777 para tráfico no etiquetado a nivel global.

    C. Bloquea el tráfico de la VLAN 777 en un troncal.

    D. Designa la VLAN 777 como vlan nativa en un troncal.

    E. Define la VLAN 777 como vlan por defecto para todo el tráfico de destino desconocido.

39. Un técnico acaba de instalar un switch Catalyst (llamado SwitchB) y necesita configurarlo de modo que sea posible acceder a su CLI remotamente.

¿Cuál de las siguientes secuencias de comandos debería utilizar?

```
A. SwitchB(config)#interface FastEthernet 0/1
   SwitchB(config-if)#ip address 192.168.8.252 255.255.255.0
   SwitchB(config-if)#no shutdown
B. SwitchB(config)#interface vlan 1
   SwitchB(config-if)#ip address 192.168.8.252 255.255.255.0
   SwitchB(config-if)#ip default-gatew 192.168.8.254 255.255.255.0
   SwitchB(config-if)#no shutdown
C. SwitchB(config)#ip default-gateway 192.168.8.254
   SwitchB(config)#interface vlan 1
   SwitchB(config-if)#ip address 192.168.8.252 255.255.255.0
   SwitchB(config-if)#no shutdown
D. SwitchB(config)#ip default-network 192.168.8.254
   SwitchB(config)#interface vlan 1
   SwitchB(config-if)#ip address 192.168.8.252 255.255.255.0
   SwitchB(config-if)#no shutdown
E. SwitchB(config)#ip route 192.168.8.254 255.255.255.0
   SwitchB(config)#interface FastEthernet 0/1
   SwitchB(config-if)#ip address 192.168.8.252 255.255.255.0
   SwitchB(config-if)#no shutdown
```

40. El Administrador de la red necesita configurar un enlace serial que conecta la casa central y una oficina remota. El router en la oficina remota no es Cisco.

¿Cuál de las siguientes sería una configuración adecuada para la interfaz serial del router de la casa central, de manera que logre establecer la conexión?

```
A. Main(config)# interface serial 0/0
   Main(config-if)# ip address 172.16.1.1 255.255.255.252
   Main(config-if)# no shut
B. Main(config)# interface serial 0/0
   Main(config-if)# ip address 172.16.1.1 255.255.255.252
   Main(config-if)# encapsulation ppp
   Main(config-if)# no shut
C. Main(config)# interface serial 0/0
   Main(config-if)# ip address 172.16.1.1 255.255.255.252
   Main(config-if)# encapsulation frame-relay
   Main(config-if)# authentication chap
   Main(config-if)# no shut
D. Main(config)# interface serial 0/0
   Main(config-if)# ip address 172.16.1.1 255.255.255.252
   Main(config-if)# encapsulation ietf
   Main(config-if)# no shut
```

41. ¿Cuál de las siguientes afirmaciones describe un feasible succesor en EIGRP?

A. Un elemento de una ruta de respaldo (backup) almacenada en la tabla de enrutamiento.

B. Un elemento de una ruta primaria almacenada en la tabla de enrutamiento.

C. Una ruta de respaldo almacenada en la tabla topológica.

D. Un elemento de una ruta primaria almacenada en la tabla topológica.

42. Se acaba de encender un router Cisco y acaba de completar la ejecución del POST. Debe ahora encontrar y cargar una imagen de IOS.

¿Cuál de las siguientes es la operación que el router deberá realizar a continuación?

A. Verifica el registro de configuración.

B. Intenta continuar cargando la imagen de un servidor TFTP.

C. Cargará directamente la primera imagen de IOS que encuentre en la memoria Flash.

D. Analiza el archivo de configuración en la NVRAM en búsqueda de instrucciones de arranque.

E. Ejecuta los comando boot config.

43. ¿Cuál de los parámetros que se mencionan a continuación deberá ajustar para influir en la selección de una ruta estática como ruta de backup (respaldo) cuando se está utilizando un protocolo de enrutamiento para el descubrimiento de rutas?

A. La cuenta de Saltos.

B. La distancia administrativa.

C. El ancho de banda del enlace

D. El delay del enlace

E. El costo del enlace

F. La métrica

44. ¿Cuál de los siguientes elementos encontrará en una tabla de enrutamiento? (Elija 3).

A. Dirección de red destino.

B. Métrica de enrutamiento.

C. Distancia en milisegundos a la red de destino.

D. Interfaz de salida para los paquetes.

E. RID del dispositivo que origina la ruta.

D. Interfaz de entrada.

45. Considere la siguiente información:

```
line vty 0 4
 password 7 0307752685200
 login
 transport input ssh
```

¿Cuál de los que se mencionan a continuación es resultado de esta configuración?

A. Implementa SSH globalmente para todo acceso.

B. Le indica al dispositivo que en primer lugar debe intentar establecer una conexión SSH y si falla, utilizar Telnet.

C. Configura la clave 0307752685200 como clave para el acceso por terminal virtual.

D. Configura SSH como protocolo para las conexiones entrantes a través de los puertos de terminal virtual.

E. Permite hasta 7 intentos de acceso fallidos antes de que los puertos de terminal virtual se bloqueen temporalmente.

46. El Administrador de la red acaba de crear un EtherChannel capa 3 que incluye 4 interfaces GigabitEthernet en el Channel Group 1.

¿En qué interfaz deberá configurar la/s dirección/es IP/s?

A. En la interfaz port-channel 1.

B. En la interfaz física parte del Channel Group con ID más alto.

C. En cada una de las interfaces físicas parte del Channel Group.

D. En la interfaz física parte del Channel Group con ID más bajo.

E. En la interfaz física parte del Channel Group con ID más bajo antes de crear el Channel Group.

F. En la interfaz channel-group 1.

47. Respecto de la operación de STP, ¿cuál de las siguientes afirmaciones es verdadera?

A. Ninguno de los switches de la red es root bridge hasta que se completa el proceso de elección.

B. Todos los switches de la red operan como root bridge en el momento en que arrancan.

C. El root bridge es el switch con BID más alto.

D. El root bridge es el switch que tiene prioridad 65535.

48. Se acaban de configurar 2 EtherChannels entre 2 switches, cada uno de esos EtherChannels incluye 4 enlaces físicos.

¿Cuál de las siguientes opciones describe cómo operará STP entre estos 2 switches?

A. Se bloqueará un enlace físico de cada uno de los 2 EtherChannels.

B. Se bloqueará un EtherChannel y el otro permanecerá operativo.

C. Se bloquearán 2 enlaces físicos de cada uno de los 2 EtherChannels.

D. En la implementación de EtherChannel no se bloquean puertos en cualquiera de los 2 canales.

49. ¿Cuáles de las que se mencionan a continuación son 2 características de los túneles GRE?

A. El encabezado GRE incluye un campo tipo de protocolo, lo que le permite encapsular cualquier protocolo de capa 3 del modelo OSI.

B. El protocolo GRE es stateful y por defecto incluye mecanismos de control de flujo.

C. GRE incluye mecanismos de seguridad robustos para proteger la carga del paquete.

D. El encabezado GRE junto con el encabezado IP del túnel crea una carga adicional de 24 bytes por cada paquete.

E. GRE permite implementar autenticación MD5 y cifrado AES-128.

50. ¿Qué dirección de multicast utilizan las actualizaciones EIGRP en redes IPv6?

A. FF01::2

B. FF01::10

C. FF02::5

D. FF02::A

E. En redes IPv6 EIGRP utiliza direccionamiento anycast.

51. ¿Cuál de las siguientes afirmaciones es verdadera respecto a una conexión confiable orientada a la transferencia de datos? (elija 2).

A. Se recibe una notificación de la recepción de los datos.

B. Cuando los buffers de memoria completan su capacidad, los datagramas son descartados y no se retransmiten.

C. Se utilizan "ventanas" para controlar la cantidad de información que se envía antes de recibir una confirmación de recepción.

D. Si expira el temporizador del segmento entre recepciones de confirmaciones, el nodo origen interrumpe la conexión.

E. El dispositivo destino espera por la confirmación desde el dispositivo origen antes de aceptar más datos.

52. ¿Cuál es la función de un FHRP?

        A. FHRP proporciona información de enrutamiento a los terminales.

        B. FHRP es un protocolo de enrutamiento.

        C. FHRP gestiona la redundancia de gateways.

        D. FHRP es un protocolo basado en estándares.

        E. FHRP proporciona información de configuración IP a los terminales.

53. La red corporativa está constituida por 2 routers conectados a través de una conexión serial punto a punto.

La situación de esas interfaces es la siguiente:

```
Router1#show interfaces serial 0/0/0
Serial0/0/0 is up, line protocol is up
Hardware is HD64570
Internet address is 192.168.10.1/30
MTU 1500 bytes, BW 1544 Kbit, rely 255/255
Encapsulation HDLC, loopback not set, keepalive set (10 sec)

Router2#show interfaces serial 0/0/1
Serial0/0/1 is up, line protocol is up
Hardware is HD64570
Internet address is 192.168.11.2/30
MTU 1500 bytes, BW 56000 Kbit, rely 255/255, load 1/255
Encapsulation HDLC, loopback not set, keepalive set (10 sec)
```

Los usuarios conectados a la LAN del Router1 No pueden comunicarse con los conectados a la LAN del Router2. Basados en la información disponible, ¿Cuál puede ser la causa de este inconveniente?

        A. La Unidad Máxima de Transmisión es excesivamente larga.

        B. No se ha configurado loopback.

        C. La máscara de subred es incorrecta.

        D. No coincide la encapsulación en ambos extremos.

        E. Hay una dirección IP incorrecta.

        F. Hay una declaración de ancho de banda incompatible entre ambos routers.

54. ¿En qué capa del modelo OSI tiene lugar la segmentación de un flujo de datos?

  A. Física.

  B. Enlace de datos.

  C. Red.

  D. Transporte.

  E. Distribución.

  F. Acceso.

55. ¿Cuáles de los siguientes son los rangos de ID numéricos que identifican una lista de acceso IP extendida? (Elija 2)

  A. 1-99.

  B. 200-299.

  C. 1000-1999.

  D. 100-199.

  E. 1300 – 1999.

  F. 2000 – 2699.

56. A continuación se presenta una serie de BID de diferentes switches LAN ¿Cuál de los siguientes switches será seleccionado como root bridge en el proceso de selección de STP? (se consignan los BID)

  A. 32768:1122.3344.5566

  B. 32768:2233.4455.6677

  C. 35769:1122.3344.5565

  D. 32769:2233.4455.6678

57. Un router ha aprendido 3 posibles rutas que pueden ser utilizadas para alcanzar una red destino.

Una ruta ha sido aprendida por EIGRP y tiene una métrica compuesta de 20515567; otra ruta ha sido aprendida por OSPF con una métrica de 782. La última de las rutas ha sido aprendida por RIPv2 y tiene una métrica de 4.

¿Qué ruta o rutas instalará el router en su tabla de enrutamiento si los protocolos de enrutamiento se encuentran definidos con sus valores por defecto?

A. La ruta OSPF.

B. La ruta EIGRP.

C. La ruta RIPv2.

D. Las tres rutas.

E. Las rutas OSPF y RIPv2.


58. ¿Qué comando permitirá verificar si el cable que se encuentra conectado a la interfaz serial0/0/0 del Router es DTE o DCE?

A. Router#show interfaces serial0/0/0

B. Router(config)#show interfaces serial 0/0/0

C. Router#show controllers serial 0/0/0

D. Router(config)#show controllers serial 0/0/0

E. Router#show interfaces status

F. Router#show ip interfaces brief


59. ¿En qué circunstancias es probable que múltiples copias de la misma trama de unicast sean reenviadas por un switch LAN?

A. Durante períodos de alto tráfico.

B. Después de restablecer un enlace que se ha roto.

C. Cuando los protocolos de capa superior requieren alta disponibilidad.

D. En una topología redundante inadecuadamente implementada.

E. Cuando se utiliza una topología redundante en anillo.

60. ¿Cuál de los siguientes comandos encriptará todas las claves que se han guardado en texto plano del archivo de configuración?

    A. Router#service password-encryption

    B. Router(config)#password-encryption

    C. Router(config)#service password-encryption

    D. Router#password-encryption

    E. Router(config-global)#password-encryption

    F. Router(config-global)#service password-encryption

61. En el comando que se muestra a continuación, el número de sistema autónomo 65200 ¿A qué dispositivo corresponde?

```
R1(config-router)#neighbor 201.10.200.1 remote-as 65200
```

    A. El router local (R1).

    B. El router BGP peer que tiene la dirección IP 201.10.200.1

    C. Todos los routers vecinos BGP de R1.

    D. La relación entre R1 y el router vecino.

    E. Ninguna de estas opciones.

# Respuestas

Pregunta 01

La respuesta correcta es la E.

La implementación de CHAP en enlaces PPP requiere la conformación de una base local de credenciales de autenticación que está compuesta por el hostname del dispositivo vecino como username, acompañado de la clave compartida por ambos dispositivos.

Esto se define en configuración global.

Pregunta 02

La respuesta correcta es la B.

OSPF utiliza un router ID de 32 bits de longitud.

El mensaje de error denota que el enrutamiento IPv6 ha sido activado y se ha configurado OSPFv3. Sin embargo, el sistema operativo no puede definir un RID para el proceso de OSPFv3.

En entornos dual-stack, donde hay interfaces IPv4 activas, OSPFv3 selecciona una dirección IPv4 como RID. Pero en entornos IPv6 puros es necesario configurar uno manualmente.

## Pregunta 03

Las respuestas correctas son B y D.

La operación de los protocolos de enrutamiento por estado de enlace supone el mantenimiento de 2 bases de datos.

La tabla de vecinos o adyacencias, en la que se mantiene la información de cada vecino descubierto con el que se intercambia información. La tabla topológica en la que se mantiene la información correspondiente a cada uno de los enlaces descubiertos por la operación del protocolo.

## Pregunta 04

La respuesta correcta es la D.

El objetivo y la consecuencia de la segmentación en áreas de un dominio de enrutamiento OSPF es limitar la propagación de los LSAs.
La limitación de la propagación de LSAs no sólo contribuye a la estabilidad de las tablas topológicas (y consecuentemente las de enrutamiento) reduciendo de esta forma los requerimientos de memoria y de CPU.

Es cierto que los protocolos de estado de enlace realizan actualizaciones por eventos, pero incluyen también el envío periódico de la tabla topológica con propósitos de sincronía. Pero al margen de este tema de periodicidad o no, el limitar las actualizaciones a los cambios no impacta en el alcance (cantidad de dispositivos comprendidos) que tiene una actualización.

## Pregunta 05

Las respuestas correctas son A y D.

EIGRP es un protocolo de métrica mixta que utiliza para la elaboración de la misma 4 parámetros: ancho de banda, delay, confiabilidad y carga de las rutas. Pero por defecto utiliza únicamente ancho de banda y delay considerando como ancho de banda el menor ancho de banda de los enlaces que componen la ruta.

## Pregunta 06

La respuesta correcta es la C.

EUI-64 es un procedimiento estándar que permite definir un identificador de host IPv6 de 64 bits de longitud a partir de la dirección MAC de la interfaz.

Para esto toma como base la dirección MAC del puerto e inserta entre los 24 bits menos significativos y los 24 más significativos 16 bits: 0xFFFE.

Pregunta 07

La respuesta correcta es la D.

El comando show interfaces [interfaz] permite verificar la operación de una interfaz del dispositivo. Entre la información aportada por este comando se encuentran los contadores de tráfico de la interfaz los que incluyen los contadores de paquetes con errores.

Suele confundirse con el comando show ip interfaces [interfaz] que muestra la configuración de la misma.

Pregunta 08

La respuesta correcta es la B.

PortFast es una herramienta para la optimización de STP que modifica la operación regular de STP en un puerto de acceso haciendo que transicione inmediatamente al estado de forwarding sin pasar por los estados intermedios. De esta manera acelera la disponibilidad de conectividad para que la terminal conectada a ese puerto pueda comenzar a operar inmediatamente, p.e. haciendo su requerimiento de DHCP.

Pregunta 09

La respuesta correcta es la D.

RIP tiene, como otros protocolos, una base de datos en la que se conserva toda la información de enrutamiento que intercambia con otros dispositivos. Esa información puede accederse con el comando show ip rip database.

Pregunta 10

La respuesta correcta es la A.

En IPv6 el procedimiento de descubrimiento de vecinos utiliza direcciones IPv6 multicast solicited node. Estas direcciones están conformadas a partir de un prefijo reservado para este propósito y los últimos 24 bits de la dirección IPv6 buscada.

El prefijo es FF02::1:FF/104 y en este caso hay que agregarle los últimos 24 bits: 17:fc0f

Puede causar confusión la opción E que presenta los bytes 0xFF:FE que en realidad corresponden a direcciones EUI-64.

Pregunta 11

La respuesta correcta es la C.

Cisco IOS utiliza un código de letras para identificar el origen de la información que ha dado lugar a cada ruta que muestra en la tabla de enrutamiento.

Las rutas estáticas se identifican como S, las aprendidas a través de OSPF como O.

En este caso, D, identifica a las rutas aprendidas utilizando EIGRP.

Pregunta 12

La respuesta correcta es la A.

PAgP es el protocolo propietario de Cisco para la negociación de enlaces EtherChannel. Los puertos pueden operar en 3 modos diferentes, de los cuales Auto es un modo de negociación pasiva mientras que Desirable es el modo de negociación activa. Esto implica que la combinación Auto-Auto no conforma el canal, sino que es necesaria al menos la combinación Desirable - Auto.

Los modos Active y Passive no son propios de PAgP.

Pregunta 13

La respuesta correcta es la B.

La pregunta es por una "herramienta avanzada de clasificación".

La clasificación es una de las etapas de la implementación de QoS en la que se agrupa tráfico de acuerdo a diferentes criterios, el más habitual, en función de aplicaciones.

NetFlow no es una herramienta que detecte aplicaciones sino comunicaciones, flujos (flows) y por lo tanto no es de uso en procesos de calidad de servicio.

NBAR es una herramienta incluida en IOS que permite detectar y clasificar aplicaciones.

Pregunta 14

La respuesta correcta es la B.

Cuando un switch recibe una trama con dirección MAC destino desconocida, esa trama se inunda por todos los puertos salvo el puerto de origen. Este proceso recibe el nombre de flooding o broadcast de unicast.

Pero las VLANs dividen el switch en múltiples dominios de broadcast diferentes, por lo tanto se inundan solamente los puertos pertenecientes a esa VLAN.

Pregunta 15

La respuesta correcta es la B.

El protocolo 802.1Q opera de modo exclusivamente local en cada uno de los puertos que componen un enlace troncal, por lo tanto, al no suponer intercambio de información sobre el enlace no incluye ningún mecanismo de verificación de la configuración de los puertos adyacentes.

Sin embargo, en switches Catalyst, CDP se encuentra activo por defecto e intercambia información sobre la configuración de los dispositivos, por lo que puede detectarse a través de CDP una diferente definición de VLAN nativa en los puertos adyacentes dando de esta forma lugar el mensaje "native VLAN mismatch error" en ambos dispositivos.

Pregunta 16

La respuesta correcta es la C.

Observando la secuencia de mensajes que se menciona:

1. Se acaba de salir del modo configuración.

2. La interfaz Fa0/1 ha sido desactivada manualmente utilizando el comando shutdown.

3. Consecuentemente, a continuación la adyacencia EIGRP establecida a través la interfaz Fa0/1 con 10.10.11.6 se cae.

Esto no requiere más que una lectura atenta de los mensajes.

Pregunta 17

La respuesta correcta es la F.

En el planteo se indica que se está implementando subnet zero, lo que significa que se ha habilitado el uso de la primera (todos ceros) y la última (todos unos) subredes posibles. Por ese motivo, para tener 7 subredes útiles es suficiente crear 8 subredes.

Para crear 8 subredes se requiere un ID de subred de 3 bits.

En una red clase C, hay 8 bits disponibles para identificar el host, si se toman 3 bits para ID de subred quedan finalmente 5 para el host.

Con 5 bits se tienen 32 bits por cada subred, de las cuales 30 son útiles.

Pregunta 18

La respuesta correcta es la C.

Cuando se implementa HSRP se genera un gateway virtual que utiliza la dirección IP asignada para ese propósito y una dirección MAC virtual.

La MAC virtual del gateway se genera a partir de un rango reservado con el siguiente formato: 0000.0C07.ACxx donde xx es el ID de grupo, en formato hexadecimal, por supuesto.

Pregunta 19

Las respuestas correctas son A, C, D y F.

Hay 8 niveles de severidad de los eventos reportados por el sistema de logging, numerados de 0 a 7.

Cuando se define el nivel de severidad de los mensajes a reportar se define el nivel máximo. Esto significa que al definir nivel 4 se está indicando "hasta nivel 4", es decir, de 0 a 4.

En IOS los niveles de severidad se pueden identificar por el número de ID o por el nombre de modo indistinto.

## Pregunta 20

Las respuestas correctas son A y C.

La configuración de NAT estático permite poblar manualmente la tabla de traducciones de NAT, de modo tal que el dispositivo cuenta con la información necesaria para traducir tanto tráfico entrante como saliente sin importar dónde se origina ese tráfico.

Por este motivo, permite que conexiones iniciadas en la red outside sean traducidas y puedan acceder a dispositivos alojados en la red inside, como p.e. un servidor.

## Pregunta 21

Las respuestas correctas son A, B y E.

La arquitectura SDN define 3 capas: la capa de datos que permanece vinculada a los dispositivos o infraestructura de la red, y las capas de control y aplicaciones que se desacoplan de la capa de datos para centralizarse a partir de en un controlador.

## Pregunta 22

La respuesta correcta es la C.

En la estructura del encabezado IPv4, el campo ToS puede ser utilizado para el marcado de tráfico a nivel de encabezado IP cuando se implementa calidad de servicio u otra técnica que requiera el etiquetado de tráfico en capa 3.

De ese campo de 8 bits, 6 reciben el nombre de DSCP permitiendo sistemas más complejos de marcado.

## Pregunta 23

La respuesta correcta es la D

El mensaje de error presentado indica que la interfaz túnel se desactiva debido a un problema de enrutamiento. Entre las posibilidades que se proponen como posible respuesta, la única posible es la D. Las interfaces túnel no requieren que se active el enrutamiento IPv4 en ellas.

## Pregunta 24

La respuesta correcta es la C.

BGP negocia circuitos TCP entre dispositivos vecinos, para sobre esos circuitos intercambiar información de enrutamiento.

Estos circuitos TCP utilizan el puerto 179.

## Pregunta 25

Las respuestas correctas son A y C.

En arquitecturas SDN las interfaces southbound son las que permiten la comunicación entre la capa o plano de control y la capa de datos de la arquitectura.

## Pregunta 26

La respuesta correcta es la C.

Los First Hop Redundancy Protocol están diseñados para gestionar la redundancia de gateways de una red LAN, de modo transparente para las terminales.

## Pregunta 27

Las respuestas correctas son A y D.

El RID es un identificador que relaciona un dispositivo OSPF con la información de enrutamiento generada por él. Se incluye en todos los LSAs generados por ese dispositivo. Debe ser único dentro del dominio de enrutamiento.

Se genera en el momento en que se inicia el proceso OSPF. Se asume el RID configurado, si no se ha configurado uno, se asume la dirección IP más alta de las interfaces de loopback, si no hay interfaces de loopback, la IP más alta de las interfaces físicas en estado up/up en ese momento.

Identifica un dispositivo, no sus interfaces.

## Pregunta 28

La respuesta correcta es la A.

Elegido el switch raíz o root de la red, cada switch no-raíz elige un puerto raíz.

El puerto raíz es el que conecta con el switch raíz a través de la ruta de menor costo, siendo el costo de la ruta el resultado de la suma de los costos de cada uno de los enlaces que se deben atravesar para llegar al switch raíz.

## Pregunta 29

La respuesta correcta es la A.

Al establecer una conexión utilizando un protocolo como FTP se verifica la operación de la integridad del software y hardware de esa terminal: instalación del stack TCP/IP, configuración IP, operación de la placa de red y conexión física.

Por lo tanto, el nivel más alto del modelo OSI verificado es la capa de Aplicación.

Pregunta 30

La respuesta correcta es la B.

En IPv6 las direcciones multicast FF02:: identifican paquetes que tienen alcance exclusivamente local (no se rutean).

FF02::1 refiere a todos los nodos IPv6 de un segmento de red.

FF02::2 identifica todos los router de un segmento de red.

Pregunta 31

La respuesta correcta es la B.

La condición para incluir diferentes puertos en un único channel-group (interfaz virtual sobre la que opera un EtherChannel o Link Aggregation) es que esos puertos operen de modo semejante.

Si se tratara de puertos ruteados (que operan en capa 3), no deben tener asignada dirección IP; la dirección IP se configura en el channel-group.

DTP es un protocolo de negociación de enlaces troncales y una diferente configuración de este protocolo no afecta de modo directo la inclusión del puerto en el channel-group; aunque si como consecuencia de la operación de DTP un puerto negociara de modo diferente que los otros, no sería incluido.

Pregunta 32

La respuesta correcta es la B.

PortFast modifica la operación por defecto de un puerto STP haciendo que encienda en forwarding, no en blocking. Es por esto que impacta en los tiempos de negociación de los puertos eliminando el tiempo de espera que impone STP para transicionar de blocking a forwarding.

Consecuentemente soluciona un posible timeout de DHCP, pero no impacta en la capacidad del puerto, ni en la negociación de dúplex, menos aún en la negociación de VLANs.

Pregunta 33

La respuesta correcta es la C.

De la información que se brinda no se puede deducir si se trata de un puerto de switch o de terminal, ni tampoco la velocidad.

Sí lo que podemos decir es que se trata de una red Ethernet (implementa CSMA/CD), de par trenzado (no fibra óptica), operando en modo half dúplex (si estuviera en full dúplex CSMA/CD estaría desactivado).

Pregunta 34

Las respuestas correctas son A y E.

Lo que requiere la consigna es "verificar el estado de configuración" del enlace troncal.

De los 5 comandos que se enuncian, solamente los 2 mencionados son los que permiten visualizar la configuración y estado de operación de los enlaces troncales.

Pregunta 35

Las respuestas correctas son B y E.

Las opciones presentan 3 elementos a verificar y 4 comandos para hacerlo.

De los elementos a verificar, el determinante para una actualización de IOS es la cantidad de memoria flash disponible para asegurar que es posible copiar una nueva imagen de IOS en esa memoria.

El comando que permite verificar la cantidad de memoria flash DISPONIBLE es show flash. show version permite verificar la cantidad de memoria flash instalada en el router, pero no la que aún está disponible.

Pregunta 36

Las respuestas correctas son A, B y F.

Las arquitecturas SNMP están compuestas de 3 elementos:

Las MIBs que son bases de datos estructuradas en las que se almacena información de cada dispositivo.

El agente SNMP que es la implementación del protocolo activa en cada dispositivo que se desea gestionar.

El SNMP manager, o consola de gestión, que es la terminal en la que se corre la aplicación utilizada para consultar la información en los dispositivos y visualizarla.

Get, set y trap son los diferentes tipos de mensajes que utiliza SNMP para la comunicación entre el agente y el SNMP manager.

Pregunta 37

La respuesta correcta es la D.

Las respuestas A, B y E contienen caracteres inválidos (G y H). La representación de direcciones IPv6 se realiza con caracteres hexadecimales.

La respuesta C reemplaza 2 veces los campos en cero por :: Esto viola la convención para la representación de estas direcciones que establece que :: puede utilizarse una sola vez en una dirección.

Pregunta 38

La respuesta correcta es la D.

En switches Catalyst la VLAN 1 es la VLAN nativa por defecto en enlaces troncales 802.1Q. El comando cambia la VLAN nativa del puerto.

Es una definición que se hace en cada puerto troncal, no a nivel de configuración global.

Gracias a quienes ya pusieron una referencia bibliográfica.

Pregunta 39

La respuesta correcta es la C.

Para poder acceder remotamente a la gestión de un switch es necesario configurar la VLAN de management, que en el caso de los switches Catalyst es la VLAN 1 por defecto.

Esto requiere configurar direccionamiento IP en la interfaz VLAN 1; y activar esa interfaz que por defecto no está activa.

Adicionalmente, para poder acceder desde otro segmento de red, es necesario configurar un default-gateway (no default-network), lo que se hace en configuración global (no en la interfaz).

Pregunta 40

La respuesta correcta es la B

En el caso de interfaces seriales IOS, si no se especifica un formato de encapsulación se asume la encapsulación por defecto que es HDLC, propietaria de Cisco, que por lo tanto no podrá levantar con un router no Cisco.

CHAP es una opción de seguridad de PPP, no de Frame Relay. IETF no es una encapsulación en sí misma sino la variante estándar de la encapsulación Frame Relay (encapsulation frame-relay ietf).

Consecuentemente la única opción posible es la B.

Pregunta 41

La respuesta correcta es la C

Un feasible successor en la tabla topológica de EIGRP es una ruta de respaldo seleccionada por el algoritmo DUAL y almacenada en la tabla topológica (no en la tabla de enrutamiento).

Pregunta 42

La respuesta correcta es la A.

Una vez ejecutado el POST el router carga y ejecuta el Bootstrap, y a continuación carga el Monitor de ROM.

Cargado el Monitor de ROM revisa el registro de configuración para obtener información sobre dónde debe buscar la imagen del sistema operativo para cargarlo. A continuación busca una imagen de IOS y la carga.

Pregunta 43

La respuesta correcta es la B.

Se trata de definir una ruta estática como ruta de respaldo en caso de que caiga la ruta descubierta por un protocolo de enrutamiento. Lo que también se llama "ruta flotante".

Se trata de rutas de diferente origen: una ruta definida por un protocolo, y una ruta estática.

Por defecto en la tabla de enrutamiento se impone la ruta estática pues su distancia administrativa por defecto es 1. Si se configura una ruta estática con una distancia administrativa de 130 o mayor, entonces el sistema operativo seleccionará la ruta definida por el protocolo como mejor ruta, y cuando por algún motivo esa ruta deje de estar presente, entonces la ruta estática ingresará en la tabla de enrutamiento.

Las diferentes métricas no entran en esta consideración pues se comparan métricas solamente cuando hay rutas de igual distancia administrativa.

Pregunta 44

Las respuestas correctas son A, B y D

La tabla de enrutamiento es una base de datos de información de rutas, en la que cada registro contiene diferentes campos:

Origen de la información | Prefijo IP que identifica la red destino | Distancia administrativa | Métrica | Dirección IP del próximo salto (cuando corresponde) | Interfaz de salida a la cual se deben reenviar los paquetes.

Pregunta 45

La respuesta correcta es la D.

La configuración que se muestra corresponde al acceso a través de terminales virtuales.

Para ese acceso define una clave que no se muestra pues ha sido encriptada utilizando el servicio de cifrado de claves (eso indica el número 7). Lo que se muestra no es la clave sino el resultado del hash.

A continuación indica que ha de requerirse la clave antes de permitir el acceso a la CLI, y que ese acceso debe realizarse utilizando el protocolo SSH.

Pregunta 46

La respuesta correcta es la A

Al generar un channel-group compuesto por 2 o más enlaces físicos (sea EtherChannel o Link Aggregation) se genera una interfaz virtual denominada port-channel [ID], no channel group.

Es en esa interfaz donde se deben configurar los parámetros que afectan al channel-group, como es en este caso la dirección IP de un enlace capa 3.

Pregunta 47

La respuesta correcta es la B

Cuando se inicia el proceso de STP el dispositivo envía un BPDU a través de todos sus puertos activos. En esa BPDU se incluye el BID del dispositivo y se coloca a sí mismo como Root Bridge.

En consecuencia, en el inicio el switch opera como Root Bridge. Cuando recibe a través de cualquiera de sus puertos una BPDU con un BID de origen menor que el propio, reconoce al otro dispositivo como Root Bridge y pasa a elegir Root Port.

Pregunta 48

La respuesta correcta es el B.

Cuando se implementa EtherChannel la operación de STP no considera los puertos individuales (puertos físicos), sino el port channel o EtherChannel (puerto virtual) para el cálculo de las topologías activas.

Por lo tanto, cuando hay redundancia de capa 2 entre 2 switches, basada en 2 EtherChannel como plantea la pregunta, STP considerará que hay 2 enlaces redundantes entre ambos switches y por lo tanto bloqueará uno de ellos para dejar solo uno activo (forwarding).

Pregunta 49

Las respuestas correctas son A y D.

GRE es un protocolo estándar de tunelizado que merced a la estructura de su encabezado permite transportar tráfico de diferentes protocolos de capa 3 (IPv4, IPv6, IPX, etc.) sobre redes IP.

GRE agrega un breve encabezado IP (4 bytes) y un encabezado IPv4 externo (20 bytes) para conformar el túnel. Un total de 24 bytes.

No incorpora prestaciones de seguridad (cifrado, control de integridad) más allá de la autenticación del origen de cada paquete.

Pregunta 50

La respuesta correcta es la D

EIGRP utiliza paquetes multicast o unicast para la comunicación con sus vecinos, dependiendo de la actualización de que se trate.

En redes IPv4 se utiliza la dirección multicast 224.0.0.10 y en redes IPv6 la dirección multicast FF02::A (obsérvese que el valor 10, en hexadecimal se representa como A).

## Pregunta 51

Las respuestas correctas son A y C.

Un protocolo orientado a la conexión esencialmente requiere confirmación de la recepción del envío. El que confirma es el destino la recepción de la información (no a la inversa como indica la opción E).

Complementariamente el concepto de ventana deslizante ofrece un mecanismo de control de flujo.

No incluye en sí mismo un temporizador, si bien es cierto que muchas aplicaciones incluyen el temporizador para evitar inconveniente que generan sesiones abiertas que no están activas; pero esto es un agregado a nivel de aplicación.

## Pregunta 52

La respuesta correcta es la C.

FHRP (First Hop Redundancy Protocol) es la denominación genérica de diferentes protocolos que permiten gestionar la redundancia de gateways.

Son FHRP los protocolos HSRP, VRRP y GLBP.

## Pregunta 53

La respuesta correcta es la E.

El inconveniente que se reporta es falta de conectividad, ambas interfaces están up/up y por lo tanto operativas en capa 1 y 2; pero las direcciones IP asignadas a cada interfaz corresponden a diferentes subredes. Ese es el inconveniente.

Aquí no hay direcciones MAC (no son interfaces Ethernet), sino direcciones de hardware, que no van en los encabezados HDLC, eso no produce conflicto entonces.

El parámetro bandwidth es un parámetro informativo de carácter estrictamente local. No se utiliza en la negociación del enlace y sólo impacta en los cálculos de algunos elementos como los protocolos de enrutamiento o los algoritmos de QoS. Bandwidth no es un parámetro operativo sino solamente informativo.

## Pregunta 54

La respuesta correcta es la D.

La segmentación del flujo de datos generado en las capas superiores es realizada en la capa de transporte.

Pregunta 55

Las respuestas correctas son D y F.

En el caso de las listas de acceso numeradas el ID determina el tipo de ACL de que se trata.

Inicialmente los IDs 100 a 199 identificaban listas de acceso IP extendidas. Este rango de identificadores fue ampliado a partir de IOS 12.0.1 agregando el rango 2000 a 2699.

Pregunta 56

La respuesta correcta es la A.

STP selecciona un root bridge por dominio de broadcast en base al valor del BID (Bridge ID) que cada dispositivo envía en sus BPDUs.

El criterio es que se elige como root bridge el switch con menor BID del dominio de broadcast.

Pregunta 57

La respuesta correcta es la B.

En IOS, cuando el dispositivo cuenta con información de diferente fuente para una misma red destino, lo primero que evalúa es la confiabilidad de esa información para optar por la más confiable.

Esa confiabilidad se manifiesta como un valor entero entre 1 y 255 llamado Distancia Administrativa, donde 0 marca la máxima confiabilidad y 255 es información que nunca se utilizará.

Como se indica que todos los protocolos están con sus valores por defecto y no se indica que haya redistribución de ruta, el protocolo con menor distancia administrativa por defecto de los mencionados es EIGRP.

Pregunta 58

La respuesta correcta es la C.

Los comandos "show interfaces" permiten verificar el estado de la capa física de los enlaces, pero no verificar el medio mismo conectado (el cable).

Show controllers permite, más allá de la verificación del estado de la capa física, un análisis del estado de la electrónica del puerto y el cable a él conectado.

Pregunta 59

La respuesta correcta es D.

Cuando una topología redundante a nivel de capa 2 se encuentra mal implementada, es decir, con una implementación deficiente de STP, entonces las tramas de unicast pueden ser reenviadas por múltiples enlaces al mismo tiempo.

Pregunta 60

La respuesta correcta es C.

IOS incluye un servicio de cifrado de aquellas claves que permanecen en texto plano en el archivo de configuración.

Este algoritmo de cifrado es un algoritmo débil, por lo que en la actualidad la mayoría de las claves pueden ser cifradas con MD5 directamente utilizando el keyword "secret".

Pregunta 61

La respuesta correcta es B.

Al configurar BGP es preciso indicar la dirección IP del BGP Peer con el cual se establecerá el intercambio de información de enrutamiento y el sistema autónomo al que pertenece ese dispositivo.

# Índice